/

爱痕湖（局部　绢本　泼墨泼彩　1968 年作）

2010 年 5 月 17 日，此画以人民币 1.008 亿元的天价成交，这是中国近现代书画售价首次突破亿元大关的里程碑事件。这一价格同时也创下了张大千个人作品成交价的世界新纪录。

/

嘉耦图（1947 年作）

2011 年 5 月 31 日，此画以逾 1.9 亿港元的天价成交，又创下了张大千作品售价的世界新纪录。

张大千传

李永翘 著

中国青年出版社

棹歌江上（仿清初石涛　1926 年作）

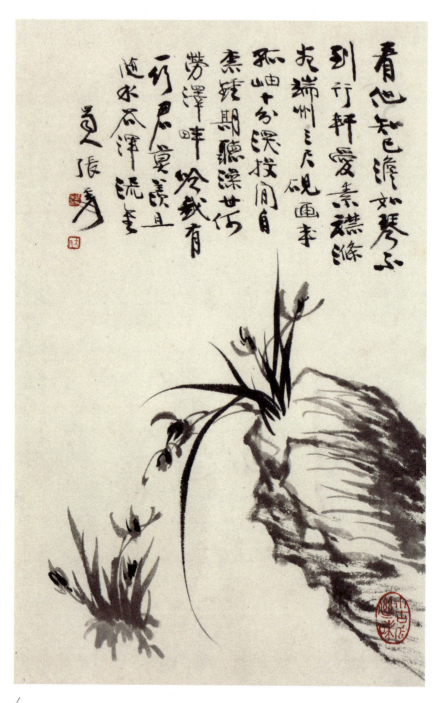

兰石图（仿清初石涛　20世纪30年代作）

流水含雲冷漁人罷釣歸山中
瑰月似落葉烏月城市似
厦才毛生方家正之 大千張爰

渔人钓归图（20 世纪 30 年代作）

海棠鸣禽图（20 世纪 30 年代作）

荷花图（仿清初八大山人　20 世纪 30 年代作）

片帆野艇（20世纪30年代作）

巫峡清秋（20世纪30年代作）

朝鲜金刚山（1931 年作）

梅花高士（1932 年作）

黄山蒲团松（与张善子合作 1933年作）

前言

一

请看几则国内外的新闻报道：

新华社北京 2010 年 5 月 18 日电：

记者从中国嘉德国际拍卖公司获悉，17 日晚，在经过近60 轮激烈叫价后，张大千晚年巨幅绢画《爱痕湖》以人民币1.008 亿元的天价成交。这是中国近现代书画售价首次突破亿元大关。这一价格同时也创下了张大千个人作品成交的世界新纪录。

据中国嘉德书画部负责人介绍，此幅张大千名作是首次出现在市场。作为最能体现现代意义中国文化新形象的作品，它一露面便引起了海内外众多藏家的关注。张大千的这幅《爱痕湖》售价，是中国近现代书画首次突破亿元价格大关，成了中国近现代书画市场新的里程碑。

中新社香港 2011 年 5 月 31 日电：

香港苏富比春拍今日进行了"梅云堂藏张大千画"专场拍卖，其中《嘉耦图》经过多轮叫价，以 1.7 亿港元落槌，成交价逾 1.9 亿港元，又创下了张大千作品售价的世界排名新纪录。

此场拍卖的张大千 25 张画作，拍卖前的总估价为 1.3 亿港元，而最终拍卖连佣金超过了 6.8 亿港元。而创纪录的《嘉耦图》，原本估值仅为 2000 万港元，经过多轮叫价，最后以近 10 倍的价格成交。

法新社 2012 年 2 月 24 日报道：

法国全球艺术市场信息网 Artprice 称，中国已故艺术家张大千的作品是 2011 年全世界艺术品拍卖市场上最卖座的。仅在 2011 年，他的 1371 件作品被拍卖，总额达到了前所未有的 5.54 亿美元（约合人民币 34.89 亿元），超过了毕加索和安迪·沃霍尔（Andy Warhol），在全球排名第一位。

2011 年在全球拍卖额排名第二的是中国画家齐白石的作品，总拍卖额达到了 5.1 亿美元（约合人民币 32.12 亿元）。

同年在全球拍卖额排名第三的是美国波普艺术之父安迪·沃霍尔的作品，总拍卖额达到了 3.25 亿美元（约合人民币 20.47 亿元）。

而毕加索的作品在 2011 年的全球拍卖额中则跌出了前三名，已位居第四。但在过去的 14 年中，毕加索的作品曾 13 年位居世界第一。

美通社巴黎 2013 年 3 月 7 日电：

根据雅昌艺术市场监测中心与法国全球艺术市场信息网 Artprice 联合发布的《2012 年度艺术市场报告——东西方之间的对话》称，中国艺术品拍卖市场份额在 2012 年度达到了 50.69 亿美元，凭借 41% 的全球市场份额夺得了全球之冠。这是中国艺术品拍卖市场在 2010 年赶英超美居于全球第一后连续三年夺冠。而在全球"最值钱"的十大艺术家排行榜中，美国的安迪·沃霍尔居于首位，中国的张大千仅以极微小的差距紧追其后，毕加索则名列第三。

新华网 2013 年 8 月 10 日载：

近日，雅昌艺术市场监测中心推出 2013 年春拍艺术家成交总额前 20 排行榜，张大千以 14.42 亿元人民币的成交总额再度蝉联艺术家成交总额冠军。且其单件作品的平均价竟高达 211.81 万元 / 件，与 2012 年春同比上涨了 49.06%。

根据雅昌艺术市场监测中心的数据，2013 年春拍榜单艺术家总成交额共达 67.38 亿元人民币，其中近现代书画板块的成交总额为 58.62 亿元，当代书画板块成交总额为 4.9 亿元，油画及当代艺术板块成交总额为 3.86 亿元。

以此计算，张大千一人的成交总额即占了 2013 年春拍榜单艺术家总成交额的 21.4%，并占了整个近现代书画板块成交总额的 24.6%，几乎达到四分之一，而且还是此年春拍中当代书画板块成交总额的 2.94 倍，更是春拍中油画及当代艺术板块成交总额的 3.74 倍！这个数字，的确令人叹为观止！

……

看了这些报道之后，有许多美术评论家曾风趣地说："从天府之国四川走出的中国名画家张大千，一个人竟'撼'倒了近现代及当代国内外的全部大画家，'打遍天下无敌手'，登上了'全球第一'的辉煌巅峰。这是我们中华民族和中国文化的骄傲与自豪！"

在读了这些报道之后，国内外更有无数的人纷纷发问：为什么张大千的画价能够在中国近现代及当代浩如繁星的众多"国宝级"绘画大师中脱颖而出，第一个突破了人民币亿元大关，成了中国近现代及当代书画市场价格新的里程碑，并引领着近现代及当代的中国画画价进入了"亿元时代"？他又为何能够在数量更多的近现代及当代的国际绘画大师中独领风骚、独占鳌头，竟超过了久负盛名的西画泰斗毕加索和大名鼎鼎的美国波普艺术之父安迪·沃霍尔，能够在全世界排名第一，坐上了全球第一的"冠军宝座"，成了 2011 年全世界艺术品拍卖市场上最受欢迎的艺术家，并且还成了 2012 年全年和 2013 年春拍中"最畅销"的中国艺术家？

黑格尔曾有一句名言："存在的就是合理的。"这就是说，凡是任何事情的发生都有产生它的诸多因素，都有它存在的合理性。而张大千的画价之所以能在全世界排名第一或者第二，并成了中国"最值钱"的艺术家，也自然是有它的必然原因。

而本书即真实地再现了张大千那多姿多彩并令人眼花缭乱的复杂人生，回顾了他一辈子对于艺术的执著追求、苦苦奋斗、不懈拼搏和开拓创新，以此来探索和寻求上述问题的正确答案。

这也正如张大千自己所言："我一生致力于艺术，就是画到死为止，也不改动。我的生活习惯、我的志向，统统均不会改变。我就是当了和尚，也还是个画画的和尚。"他还曾多次讲："我的画笔不会停，我会一直画到死的那一天！"

张大千一生的奋斗经历、艺术实践与历史事实亦正如其所言。人们从张大千的这些简短言语中，似乎已经可以初步悟解出张大千为何能在全世界排名第一的答案了。

二

早在 20 世纪 30 年代，中国现代美术事业的奠基者、杰出的绘画大师和美术教育家徐悲鸿先生就被张大千的艺术所倾倒，他曾多次公开尊称张大千为"五百年来第一人"。在此前后，国内外画坛对于张大千的褒扬更可以说是连篇累牍。如："诗书画三绝"、"石涛复生"、"仿古大王"、"花鸟超人"、"画荷圣手"、"中国现代黄山画派始祖"、"南张北溥"、"中国画坛上的十

项全能冠军"、"画家中的画家"、"敦煌艺术宝库的伟大发现者"、
"中国石窟艺术现代科学保护与研究事业的开拓者与先行者"、
"中国传统优秀文化的集大成者"、"中国画坛上最用功的第一人"
以及"中国画仙"、"五百年精鉴第一人",等等。

从上个世纪的 50 年代起,张大千走出国门,高举着中国文
化艺术大旗,独自一人去为中国文化艺术在海外"打天下",到
处宣扬中国的优秀传统文化,其名声更是飞扬世界、大噪全球。
他又被国际艺坛和评论界尊称为"东方之笔"、"东张西毕(毕
加索)"、"东方艺术界的最高峰"、"杰出的中国文化大使"、
"当代世界第一大画家"、"中国经典学者兼经典画家的最后一
人"、"当今世界最负盛名的中国画大师"、"中国当代画圣"、
"渡海三家之首",等等。

这一切都表明,张大千在国内外获得了无上崇高荣誉,海内
外各界对他做出了高度评价,其名声显赫绝非浪得虚名,更绝非
是用"炒作"等种种歪风邪气以及非正常手段所能实现的。事实
上,张大千是用他一生的苦学、深研、探索、勤奋、积累、聪明、
智慧、用功、实干,乃至用了他一生的时间、精力、心血和汗水,
甚至是为艺术经历了许多次的生命危险之后,才终于获得了巨大
的成功与响亮的声誉。

所以,著名诗人兼书法家于右任先生曾有一首《浣溪沙》词,
大声赞扬张大千:

上将于今数老张,飞扬世界不寻常;龙兴大海凤鸣岗!
作画真能为世重,题诗更是发天香;一池砚水太平洋!

张大千一生"视艺术犹如性命"（张大千自语），把绘画作为自己的终身职业，更是把绘画作为自己的终生事业，同时更是为了尽一己之长与一生之力来推进整个中国美术事业的蓬勃发展。正如他所言："今日我国画之前途，应由莘莘学子各尽所长，群策群力，以开拓广阔之领域，要为汉画之整个宏伟成就计！不能如古人那样孜孜矻矻仅为一己之成名而已也。故我们于艺术上所树之目标、范围，亦自与前人不可同日而语。"他还曾在中华全国首届美术节纪念大会上公开表态说："我愿意追随同人一致努力，来促进新中国的文艺复兴！"

正因如此，张大千一生对于艺术是爱之敬之、无以复加。他一辈子高度爱国，爱业、敬业、乐业、勤业、创业，并为之兢兢业业，坚持不懈，踏踏实实，埋头苦干，不断进取，开拓创新。他的一生是多彩多姿、多才多艺、才华横溢，更是集诗人、画家、书法家、篆刻家、书画装裱家、书画精鉴家、书画欣赏家、大收藏家、摄影家、旅行家、探险家、美术理论家、美术评论家、美术教育家、园林艺术家、美食家、烹饪家、武术家、戏曲家、慈善家、市场经营家、社会活动家、中国现代绘画复古主义的极力倡导者与首先践行者、中国现代黄山旅游事业的最早开发者、中国现代黄山画派的创始人、敦煌艺术宝库的重要发现者与宣传者、国际敦煌学传统研究范围内在艺术研究上之新领域和新境界的开辟者与突破者、中国石窟艺术现代科学保护与研究事业的先行者与奠基人等于一身，并且在上述的各个方面都取得了光辉夺目、十分骄人的伟大成就。

我国绘画大师、原中国美术家协会主席吴作人先生评价说：

> 张大千先生以他渊博的识见、令人景仰的成就，赢得了

世界各国艺术界、评论界的尊重，增强了中国绘画艺术的世界性影响。张大千先生的建树，是值得我们纪念的；他的声誉，是当之无愧的！

三

1976年1月，当时中国大陆的"文化大革命"依然还是"炮声隆隆"，全国各地进行得如火如荼，而此时的张大千已是年纪老迈，百病缠身，内心极端痛苦与悲伤。他自出国之后就一直在苦苦地思乡、恋乡，愁肠百结，忧心如焚，时时刻刻都渴望着能够尽快叶落归根，可因为多次的"说归未归"，最终却又总是由"兴奋转失落，盛愿成空谈"。他常思常盼欲回神州而不得，便只能是失望惆怅，老泪纵横，极目遥望故山。最后，张大千在无可奈何之下不得不退而求其次，率家从美国迁移到我国的宝岛台湾居住——"聊以自慰"。这用他的话讲："台湾是中国的领土，台湾也是中国的一个省。我回到台湾就好像是回到了四川、广东、江苏、浙江、福建等省一样，也等于是回到了中国！"

然而在这之后，住在台湾的张大千，虽然是"座上客常满，杯中酒不空；谈笑皆鸿儒，往来无白丁"，处在了鲜花、掌声、宴请、展览、观光、讲话和闪光灯的热闹包围之中，可在他的内心深处却总是感到，尽管自己这时离故乡的地理位置已经很近，但却又仿佛更远了。张大千隔着一湾浅浅的台湾海峡，面对着只有一海之隔的大陆故土，愈到晚年，他那极其强烈的怀乡思亲之情却是更加高涨，不可遏止。他对家乡故园和亲朋旧友也是更加萦回九肠、无限恋眷、魂牵梦绕、日思夜念了。

这些，正如张大千的《恋乡》一诗：

海角天涯鬓已霜，挥毫蘸泪写沧桑。

五洲行遍犹寻胜，万里归迟总恋乡！

又如他的《题青城山》等诗作，曾如此之伤心痛哭：

百本栽梅亦自嗟，看花坠泪倍思家。

……

万里故乡频入梦，挂帆何日是归年？

……

半世江南图画里，而今能画不能归！

……

漓江不管人离别，翘首西南泪满襟！

……

寰海风光笔底春，看山还是故山亲。

平生结梦青城宅，蜡屐苔痕画里情！

……

这些字字血、声声泪、"横涂竖抹千千幅，墨点无多泪点多"的悲怆诗句，饱含了张大千那浓得化不开的思乡情感。这正如当时台湾的许多友人所常常无比感叹之言："乡土故国之思，是张大千的丰富感情中最最脆弱的一环！"

四

1979 年冬至节时，年已 81 岁高龄的张大千先生，在他的台北"摩耶精舍"家中用水墨画了一幅《牧童图》。该画面的下半部有一位牧童，头发蓬松，脚穿草鞋，坐在地上，背靠着卧伏在地上吃草的老牛身上，将双手拢在膝盖上面，头枕双手，两眼眯合，正在打盹。老牛的尾巴摇摆着，尾尖虽然已经扫着了牧童的膝盖，但却仍未能打扰牧童的好梦。一眼看去，整个画面尽管非常简洁，人、牛也无任何背景衬托，但却充满了十分浓郁的田园生活气息，表达了大千先生对家乡故国之无限眷恋。

该画画好以后，张大千继续在画纸的上半部空白处，用他老年时特有的笔法题了一首七绝诗云："我是田家旧牧童，眼昏齿豁倏成翁。饭肥问喘诚知愧，且共溪边卧晚风！"然后，他又在诗后补题字曰："口号书以补空。"落款："爱杜多。"接着，他在落款下钤了"大千父"篆书朱文印一方，随即又在画面右部的题诗旁盖上了自己最喜爱的、表明他生辰八字的四柱干支金文书"己亥己巳戊寅辛酉"白文印章，表明了他对此图是极其宝爱。

在此前后，张大千还曾用水墨或者设色画过多幅《牧童图》，其画面的结构虽有所变化，但画上之题诗内容却几乎一样。这表明，晚年时的张大千对于自己童年时在家乡四川内江的牧童生活，是充满了深深的甜蜜回味。

所以，张大千晚年时所创作的这些《牧童图》，其实也可以看成是他的自画像，相当于是他的一篇篇绘画的"早期回忆录"。

正因如此，笔者写作此书的一个最主要目的，就是想通过张大千一生中那极其丰富多彩的艺术人生和艰难曲折的奋斗历程，揭示出他是如何从一个普普通通的"田家旧牧童"，最后成长为叱咤五洲风云的"五百年来第一人"和世界顶尖级中国画大师的"成功奥秘"。

同时，本书的另一个重要目的，也正如本文的开头所言，即力图从张大千的生平与艺术中寻找到他的画价为何能在中国近现代及当代所有的大师中率先冲出，第一个突破了人民币的亿元大关，以及他又为何能够在全球的艺术品销售额排行榜中成为全世界排名第一位的真实原因与正确答案。

自然，作者写作此书的这些目的是否能达到？这还有待于实践和历史的检验，特别是有待于广大的读者去评判。

目　录

第 一 章　秀丽小城中的清贫之家 — 001

第 二 章　张正权一家的种种磨难 — 012

第 三 章　张正权显出了绘画才能 — 021

第 四 章　辛亥革命前后的张家 — 037

第 五 章　进重庆求精中学读书 — 050

第 六 章　被迫当了土匪的师爷 — 062

第 七 章　张正权出家当了和尚 — 099

第 八 章　开了平生的首次画展 — 115

第 九 章　与二哥共同开发黄山 — 132

第 十 章　住进了苏州网师园 — 148

第十一章　"南张北溥"声震全国 — 179

第十二章　面临生死的巨大考验 — 198

第十三章　万里辗转终于回家 — 216

第 十 四 章　为赴敦煌牺牲惨重　　　— 236

第 十 五 章　苦苦面壁三载春秋　　　— 250

第 十 六 章　敦煌旋风刮遍全国　　　— 270

第 十 七 章　抗战胜利举国狂欢　　　— 307

第 十 八 章　白云悠悠永离故乡　　　— 322

第 十 九 章　印度之行感触良深　　　— 344

第 二 十 章　举家迁移远赴南美　　　— 357

第二十一章　侨居巴西建"八德园"　　— 373

第二十二章　离开巴西移居美国　　　— 390

第二十三章　心怀祖国永恋故山　　　— 410

后　　　记　　　　　　　　　　　— 451

第一章

秀丽小城中的清贫之家

1. 山清水秀的美丽内江

在中国的西南方，在号称"天府之国"的四川省的中南部腹地，有一座山清水秀的美丽小城，名叫内江。在地理上，内江处在今日成都和重庆的中间，它正扼控着成渝交通的中枢。

内江的城市虽然不大，但它的历史却很悠久。在汉朝时，此地原名叫汉安。到北周时，汉安又改名叫中江。到隋朝时，隋文帝杨坚披览地舆图，见中江之名心中大不悦，谓此冲犯了其父隋国公杨忠的名讳，又见此地是一水环抱周遭达 90 余里，而邑居其中，于是遂亲自下诏，将中江更名为内江。从此，内江之名遂一直沿用至今。

　　内江不但历史悠久，且其山川十分秀丽，景色特美。有一条弯弯曲曲的如练沱江，碧波荡漾，如诗似画般从内江城边蜿蜒流过。多少年来，沱江水不仅养育了沿江两岸的人民，包括内江城乡的儿女，而且更是给内江城增添了许多魅力。故而古人曾赞：内江的"江山之美，非他邑比"；"佳气西来，洪流东折，虽非都会，美矣江城"。乃至古方志中亦记：内江的"山势峥嵘，起伏棋布，四围江流，环抱一邑，实百里之形胜也"！还有的古籍更云："夫寰宇之内，名山大川，莫如西蜀；而蜀景之胜，美伟绝特，则莫如内江！"……

　　内江的迷人景色，曾引起了历代墨人骚客、文人学士们的吟哦咏唱和竞相赞美。如东晋大文学家郭璞来此地后，称赞这里是"山行依旧合，水去还复来"。唐代大诗人、"诗仙"李白来到内江后，为这里的山水所陶醉，竟流连着不忍离去，为此他曾写下了传唱千古的著名《送别友人范金卿》一诗。在这首诗里，李白赞内江是"青山横北郭，白水绕东城。"——乃至如今的内江城里，还建有"太白楼"，以纪念这位大诗人。到了明代，著名的四川才子、状元杨升庵来到内江后，游山观水，乐不思归，更是干脆猛夸内江曰："丹邱何必问，此是白云乡！"

　　到了清代中叶之后，由于内江地处成都和重庆这两大商埠的中间，又位于川南地区的水、陆交通要冲，于是它更成了一个极重要的物资集散地和贸易中心，商业十分兴盛，人烟更加稠密；同时由于内江的气候温和、土地肥沃，农业一直比较发达，这里又特别适宜栽种甘蔗，其白糖、冰糖、蜜饯甘果等的产量，一直稳居在全川第一，远近闻名，并销往四川及全国各地，故人们又把内江叫作了"甜城"。当时内江与它南面不远处的"盐都"自流井（今自贡市），被誉为是天府之国的两颗璀璨明珠。

但是，在 19 世纪末的黑暗年代里，中国在慈禧太后叶赫那拉氏的专制、黑暗、腐朽、昏庸的统治下，中国不断地向外国列强赔款割地，于是所有的沉重负担都转嫁到了全国老百姓身上，内江自然也不能幸免。这从而使得当时的内江，也是百业凋零，一片贫穷，绝大多数居民皆是困苦不堪，不得温饱，生活在水深火热之中。

就在这样的情况下，清光绪二十五年的农历四月初一，亦即公元 1899 年的 5 月 10 日，国画大师张大千就出生在了这里。

2. 由旺转贫的张氏家庭

不过，当时出生的张大千，还不叫张大千，而是叫他的本名张正权。张正权后来以"大千"为字，并自号"大千居士"，并以此字号蜚声全国、扬名世界，那都是他长大成人之后的事了。

说起来，张正权的祖先，还不是内江人。据现尚存于世的《张氏家乘》记载，张家的先祖原籍是广东番禺。后来，其家又迁到了湖北麻城，并在那里生活了较长的时间。

清康熙二十二年（公元 1683 年），张家的四世祖张德富，由科举得中功名，被朝廷点放候补简放为四川内江县知县。于是张德富遂率领全家，从湖北麻城搬迁来了四川内江上任。张德富在内江当了几年知县之后，颇觉得仕途艰难。他不愿亦不善于钻营，但却感到内江的风光秀美，气候宜人，土地肥沃，民风淳朴，是个居家过日子的好地方。于是，张德富卸任以后，便在内江县

/
出生在四川内江的国画大师、美髯公张大千

一泗滩黄家庙处购置了田园庐舍，从此息影于农，耕读传家，在内江过起了优哉游哉的安定生活。虽说张家当时还算不上是大富大贵，但在内江也算得上是位头面人物了。

张德富自卸任定居内江后，在这里生儿育女，乐享天伦，日子过得倒也自在。时光瞬忽，弹指沧桑，转眼间就过去了200余年。到张正权他们这一辈，已是张家在四川内江的第六代人了。

因此，细究起来，张正权亦即张大千家族，可说是当年"湖广填四川"时来四川生活与繁衍的客家人了。

张正权的父亲张忠发，字怀忠，生于清咸丰十年农历三月三十日，亦即公元1860年4月20日。张怀忠年轻时，家境尚可，因而他也晓识一些文墨，但却离考功名差得甚远。张怀忠自思与科举无缘，于是遂把其雄心壮志移向了商业，并雄心勃勃，准备干出一番事业。由于当时自流井的盐井开采之风正盛，张怀忠遂与人合作，在自流井经营盐业井灶，钻打新井。但因为他刚刚"下海"，没有经验，盐井的钻探地点没能够勘探准确，致使张怀忠投入巨资钻打出的几口新井都不出卤水，全部报废，再加上合伙人见势不妙，将剩下的余款全部携走潜逃，这使得张家为之大亏，落了个一贫如洗，并从此之后一蹶不振。

张怀忠没奈何，只得孤零零一个人回了内江老家。由于没有了资本，又没有其他的长技，张怀忠这个昔日的"斯文人"，被生计所迫，也不得不脱下了长衫，干起了收买破烂的营生。天长日久，老实憨厚的张怀忠甚至连收破烂一事也维持不下去，只好穿上短褂，干上了不要本钱的以抛洒汗水、靠出卖劳动力维生的"下苦力"生活。其生存的艰难和生活的窘迫，可想而知。为此，张怀忠曾给自己取了一个别号，叫作"悲生"。其满腔的愤懑愁苦、

张大千的父亲张怀忠

张大千的母亲曾友贞

曾友贞 1918 年所作《耄耋图》，显示出高超的艺术水平

悲观失望，由此号即可窥见一斑。

张正权的母亲曾友贞，也是内江本地人。她生于清咸丰十一年农历十一月二十四日，亦即公元 1861 年 12 月 25 日。曾家原也是内江的一个望族。曾友贞从小就知书达理，嗜书善画，特别是爱好刺绣。她长大之后，闺中活路样样皆能，尤其是擅长单线白描和工笔花鸟等画，在当地颇为知名。后来，张怀忠的友人、四川名学者和著名藏书家傅增湘曾称赞曾友贞说："张夫人清才雅艺，有赵达妹氏的机、针、丝三绝之称。"

曾友贞没有料到的是，她在闺中学得的这些手艺，在成家后却帮了她的大忙。就在丈夫经商失败以后，家中的几张嘴巴就全靠她出售绘画和替人刺绣来维持。由于曾友贞的绘画功底十分深厚，其画出的工笔花鸟栩栩如生，而她的花卉图案和刺绣艺品等也都很新鲜逼真、活泼可爱，很受内江妇女，特别是大户人家的喜爱，故而人们见了她也都不呼其名，而是叫她为"张画花"或"张绣花"。尽管曾友贞当时的卖画所得很是微薄，但全家人靠着它饥一顿饱一顿地尚可勉强糊口。也正是靠着曾友贞的勤劳和其高超的绘画技艺，张家才挨过了其经济最为艰难困苦的时期。

曾友贞还有一点没有料到的是，她深厚、娴熟的绘画技艺，当时不仅养活了全家，而且对于她几个子女后来的人生道路和艺术成就，竟都起到了决定性的重大作用与影响。她是其子女们学习绘画的启蒙老师，给了他们浓烈的艺术熏陶，培养起了他们对于绘画的浓厚兴趣，给他们打下了十分扎实的艺术功底，并给他们树立起了做人的优秀、正直的榜样。因此，后来她的二儿子张正兰（张善子），即以花卉、走兽、人物等画蜚声中外，尤擅绘虎，被中外称为"虎画大师"；而她的八儿子张正权（张大千），更是在青年时就以绘画名闻全国、声震中外，后来更是享誉世界、飞扬全球——其子女中一下子就出了两位世界级艺术大师，这实与曾友贞的培养、教导是分不开的！

3. 张正权的哥哥与姐姐

张正权出生之前，张家已经生有七男一女共八个小孩。但由于贫穷、饥饿和疾病的折磨，先后死了四个，即长子、五子、六子和七子。在儿子中，张正权排行第八，所以父母们有时叫他"八儿"，哥、姐们则唤他是"小八"或"八弟"。

在当时，张正权的哥哥与姐姐有：

二哥张正兰，单名泽，字善子，生于清光绪八年农历五月二十七日，即公元1882年7月12日。由于长兄早夭，张善子实际是家中孩子们的"老大"，他从小就跟着母亲学画，于山水、人物、走兽、花卉、蔬果等无所不工。他后来曾去日本留学。为提倡中国的"尚武"精神，张善子特别喜欢画虎，又曾以养虎和绘虎闻名于世，故又自号"虎痴"，人称"虎公"，是中国画坛的一代绘虎大师。张善子比张正权大17岁，对其八弟的帮助与教导极多。因而后来，张正权曾充满深情地说："我的画，都是二哥教导出来的。""我的绘画艺术之所以能够有此成就，实在是要感谢我的二家兄的教导！"

三哥张正齐，单名信，字丽诚，生于清光绪十年农历二月六日，即公元1884年3月3日，比张正权大15岁。张丽诚为人忠厚、性格爽朗、和善乐观。张丽诚稍大时即出外学徒，吃苦耐劳，

张大千的二哥张善子

张大千的四哥张文修

张大千的三哥张丽诚和三嫂罗正明

为人诚信，勤勤恳恳，很受人信任。他后来投身商业，不断发展，致使家中渐富。后来张丽诚又与人合伙，创办了福星轮船公司，继而又开设了兴昌烟业公司等，贸易大展，成了张家生活和张正权后来学艺的主要经济来源。

四哥张正学，单名楷，字文修，生于清光绪十一年农历十二月二十一日，即公元 1886 年 1 月 25 日，比张正权大 13 岁。张文修秉性聪颖，喜好读书，深谙文墨，19 岁时即考中了秀才。后来科举废除，张文修又入过陆军，当过教师，做过园艺，干过商务等诸活，但皆不长久。由于张文修从小就爱钻研医学，后刻苦自学，致医术精进，又考取了中医牌照，遂以悬壶济世，行医于上海、北京、四川等地，大享盛名，被称为"名医"。张正权小时，四哥文修在文学、诗词等方面对他的帮助甚多。

大姐张正恒，小名琼枝，生于清光绪十九年，即公元 1893 年，比张正权约大 6 岁。张琼枝从小就跟着母亲学习绘画、绣花及做女子花红等，由于她心灵手巧，又勤劳肯干，后亦学得一手好手艺，并以此教八弟学习。张正权从大姐琼枝处得益极多，姐弟二人的感情甚深。

此外，当时张家还有一位童养媳，名叫罗正明，是父母给老三张丽诚娶下的尚未过门的媳妇。罗正明生于清光绪十五年农历二月十二日，即公元 1889 年 3 月 13 日。她比张丽诚小 5 岁，但比张正权大 10 岁。罗正明也是内江人，出身于贫寒人家，心地善良，手脚勤快，从小就十分懂事。张正权小时，多是由罗正明照顾，相当于是"长嫂当母"。这位未过门的三嫂，把张正权当成了自己的小弟弟，对之尽心尽力，百般呵护，其双方感情的深厚非一般的嫂叔关系所能比。

这样，张正权出生时，全家共有八口人。由于孩子们都在"吃长饭"，故而家庭生活的全部重担，都落在了没有固定经济来源且临时收入也常常很是微薄的曾友贞、张怀忠二人的头上。长年累月，其生活压力之沉重、度日糊口之艰难，真是压得张氏夫妇喘不过气来。

但在当时，像张氏这样的吃了上顿没下顿的一穷二白的贫困家庭，在内江、在四川、在中国，却可以说比比皆是啊！

第二章
张正权一家的种种磨难

1. 吃别人的奶水长大

正因为张家太穷了，张正权一出世，便面临着饥饿的威胁。

当时，曾友贞虽然刚刚生了孩子，但因为生活压力所迫，她在床上躺了还没有几天，便不得不强撑着虚弱的身体爬起来，为人绘画，替人绣花，以挣钱吃饭。但很快，由于她实在是太过劳累，又吃得少、吃得差，她的奶水没有了。刚刚来到人世的张正权，便懂得了什么叫饥饿。

于是，每当张正权吃奶的时候，母亲与婴儿之间就要发生一场令人心酸的"激烈战斗"。

饥饿的小八含着母亲干瘪的乳房，用力吸吮着。但不多一会儿，他就把乳头给吐了出来，挥手蹬脚地哇哇大哭。曾友贞含着泪水，把另一只干瘪的乳房送上去，可小八吸了几口之后，又把乳头给吐了出来，哭声更大。曾友贞狠了狠心，又把前一只乳头塞进了孩子的嘴里，并搂紧了孩子，不让他把乳头给吐出来。婴儿又拼命吸吮起来，曾友贞只觉得一阵撕心裂肺般的疼痛。她咬紧牙关强忍着，让孩子吮吸着。

但一会儿后，小八乱蹬乱挠，又把乳头给吐了出来。在他那还没有长牙的牙龈上和小嘴周围，已经染满了红色。曾友贞放下孩子，双手用力挤压自己的乳房，只见慢慢渗出的已经不是乳汁，而是一滴滴的鲜血！

这时，孩子哭了，母亲哭了，父亲哭了，站在周围的几个哥哥姐姐也全哭了。因为他们都清楚记得，他们的几个小弟弟，就都是这样给活活饿死的啊！

于是，全家人紧急动员，再三商议的结果，一定要千方百计，无论如何，也要设法去找回些奶水，以挽救小八，不让他再走其五哥、六哥、七哥的夭折道路。

然而，在当时普遍赤贫的情况下，要找回一些米汤糊糊、玉米羹羹之类的普通食物，都尚且不易，更何况这新鲜的人奶！

好在天无绝人之路！在全家人的拼命努力和遍寻之下，三嫂罗正明终于从她的一个原邻居处找到了一位善良的张大妈——张大妈也刚刚生了孩子，奶水还比较充足。她答应愿意给小八代喂奶，同时还有一个"重要条件"，即不收"工钱"。这一下，总算是解了曾友贞一家的燃眉之急。

就这样，从此以后每天两次，都由罗正明背着或抱着小八，去张大妈处吃奶。由此，尚在襁褓里的张正权，其小脸蛋才开始透出了红扑扑的颜色。

后来，当张正权长大之后，曾友贞经常教育他说："孩子，多亏了你张大妈的好心，让你吃了她的奶，这才救了你一命！你要给我记住：这人呀，不管啥时候，只要自己有能力，就都要发好心，施善心，能帮人处且帮人！你记住了么？"

每当这时，张正权总要点点头，表示已经记住了。久而久之，这些话语都仿佛在张正权的心里生了根。乃至到了后来，张正权叫作了张大千之后，他的乐善好施、乐于助人，尤其是他重友轻财，愿意倾其所有去尽心尽力地帮助穷朋友之事，在中国的画坛上和社会各界，那都是大大的有名，并传为了千古佳话。

2. 张家突然遭到了官府的查抄

在张大妈无私的帮助下，张正权总算饥一顿饱一顿地平安度过了他的婴儿期。

断奶之后，张正权的饮食就完全和大人们一样了——或是稀粥，或是苕汤，或是野菜糊糊。由于营养不良，张正权长得头大身小，瘦骨嶙峋，其肋骨就像是搓衣板，而且还常常是衣不蔽体。只有他的两只大眼睛，清澈有神，目光炯炯，常常饶有兴趣地转动着，看着这人世间周遭的一切。

三嫂罗正明每天出去拾柴火、挖野菜、拣苕根的时候，都要背着或带着张正权。罗正明忙活的时候，就让张正权一人坐在地上玩耍。有时张正权饿了，罗正明即把刚拾得的红苕根，自己嚼烂，然后哺喂给张正权。有时张正权玩累了，一个人在山坡上沉沉睡去，罗正明即赶快脱下自己的衣服，盖在张正权的身上，防其受凉。罗正明对于其八弟，真是倾注了无限的深情。这对当时幼小的张正权来说，罗正明既是自己手足情深的三嫂，又是对他照顾得无微不至的"母亲"。

就在这样的情况下，处于贫穷和饥饿中的张正权慢慢长大。

但就在这时，一向本分的张家却突然飞来横祸，遭到了官府的突然查抄。

原来，清光绪二十六年庚子年，亦即公元 1900 年，中国发生了声势浩大的义和团运动。北方的义和团蜂拥而起，南方的诸省也纷纷响应。在四川，离内江不远的自流井、大足县、荣县、宜宾等 23 个州县，也都掀起了程度不等的打教堂、逐教士、惩教民的自发斗争。成都、重庆等地的教士纷纷逃离四川。在川的帝国主义势力，遭到了巴蜀人民的沉重打击。

就在 1900 年夏天，四川的义和团运动掀起高潮的时候，素来热血喷涌、正直爱国、爱憎分明的张家老二张善子，出于对西方列强侵略中国的愤怒，也在邻县的大足县龙水镇，率人打了教堂，殴了洋教士，由此惹下了"弥天大祸"。

当年 6 月，由英、美、德、法、俄、日、意、奥八个帝国主义国家组成的"八国联军"向中国疯狂进攻，于 6 月 17 日攻占大沽炮台后，7 月 14 日攻陷天津，8 月 14 日攻陷北京，慈禧太后慌忙挟光绪皇帝和亲贵大臣等人经山西逃往西安，把北京城和老百姓留给了侵略者任意蹂躏。"八国联军"侵占北京后，在中国土地上犯下了烧、杀、奸、抢、掠等种种罪行，致各地城乡顿成废墟，尸如山积。中国首都北京和人民群众遭到了空前的大浩劫，被沉入了苦难的深渊！

/
爱国、正直的张善子，曾为辛亥革命立了大功

/
张大千的弟弟张正玺（君绶）

无耻的卖国贼慈禧太后，为了保住自己的一己私利，不惜下诏全国："量中华之物力，结与国之欢心。"并于逃亡途中即迭发"上谕"：对各地的义和团和反帝斗争"务必痛加剿除"。在这样的情况下，四川各地的清朝官府衙门亦急急忙忙"遵旨办理"，因而率众打了教堂的张善子，也被官府列入了"务必捉拿，速速严惩"的黑名单。

于是在一天深夜，张氏一家正在熟睡之际，官府突然派来了大批兵丁，来张家抓人和抄家，顿时打破了张家较为宁静的生活。

好在那天晚上张善子没有住在家里，兵丁们见没有抓到人，遂拿屋中的各种物品来出气。他们把每一个细密角落都搜遍后，见没有找到"要犯"的踪影，又没有搜到什么值钱的东西可肥己，于是大怒之下，遂把张家的坛坛罐罐都砸了个稀巴烂，又把桌子掀倒，杂物打翻，顿时就把张家给抄了一个底朝天。张家突遭这飞来横祸，奈何不得，只能任凭着官兵们为所欲为。

当时年纪幼小的张正权还不懂得究竟发生了什么事。他只见那些凶神恶煞似的差官面目狰狞、行为蛮横，全家人都浑身发抖地站在一边，他不由吓得哇哇大哭。但随即，他的嘴巴便被母亲给紧紧地捂住了，因一个差官用刀指着张正权说："这个小龟儿子再号丧，老子就一刀捅死他！"

虽说张正权当时还不知道究竟发生了什么事，但在那天夜里，那些差官们的可怕身影却给张正权留下了终生难忘的记忆。

3. 张文修考秀才却考进了监狱

张家自从被抄之后，张善子知道内江已经无法待下去了。面对残酷的现实，年轻的张善子对清王朝已经彻底绝望，同时为了逃避官府的缉拿，他不得不怀着苦闷的心情，悄悄告别了家乡和父母，同当时的大批热血青年一起浮槎东渡，去日本寻求救国救民的道路。

张善子离家出走之后，家中少了一个挣钱的得力帮手，再加上清兵抄家时连搜带抢及胡摔乱砸，这使得张家在经济上的损失很大，致使张家的生活愈发艰难。

于是，为了让全家人每天都能够喝上点稀粥，张氏夫妇又全力肩负起了艰辛的重担。

就这样，日子过了一天又一天。虽然难熬，转眼之间即到了光绪三十年（1904 年），张正权长到了 5 岁。

就在这一年，张正权又新添了一个弟弟，名叫张正玺，字君绥。在君绥之前，曾友贞还生过一个女儿，但不久便夭折了，故张君绥排行第九。由于张君绥是张怀忠夫妇的最小的儿子，又长得眉清目秀、聪明乖巧，很是得到全家人的疼爱。张正权对他的这个小弟弟更是喜欢。

也在这一年，张正权的四哥张文修，年纪轻轻即入了邑庠（考中了县秀才）。乡邻们齐来贺喜，说是张家新得贵子，又有一人高中功名，堪称是双喜临门，前程无量。张家人听了，自是高兴和欢喜不迭。

但俗话说："祸福无常。"正当张家人为这两件喜事，特别是为张文修考中了县秀才而笑容满面、眉飞色舞之时，没料到竟突然传来了噩耗，说是赴资州（今资中）去应府试的张文修，却不知为了什么，竟被官府给拿了去，被关进了资州大牢。

张怀忠慌了，连忙赶往资州，打听详情。他到处求爷爷告奶奶一番，又花费了不少银钱，好不容易，这才算是弄清楚了整个事情的详细经过。

原来，张文修在资州府应试时，一开始，他还是胸有成竹，一路过关斩将，非常顺畅。没想到，就在功名快要拿到手的"吃终场饭"的最后一轮考试中，张文修偶一疏忽，在试卷中竟犯了"大忌"，无意中触犯了清朝的文字狱——他在试卷中竟直书了清世祖顺治皇帝福临的名号，由此竟犯了清律的"大不敬"罪！于是，他马上便"从天堂直入地狱"，被打入了资州大牢，听候严惩。

张怀忠听了这些事，不禁跌脚连连叫苦。他深知，清朝廷对于文字狱的惩处极严、极重、极狠，轻者抄家、流放，重者则要祸延九族，满门抄斩！而从清顺治时开始，经康熙、雍正、乾隆等历朝历代，文字狱就像是一张无形的网，牢牢地网罩了中华大地。各地的各级统治者往往从文人的作品中故意摘取字句，然后罗织罪名，构成冤狱，用来镇压知识分子，而且其刑罚极其残酷，株连众多，这从而使因文字而招祸者层出不穷、屡见不鲜、比比皆是。故清诗人龚自珍有名句谓："避席畏闻文字狱，著书只为稻粱谋。"（《咏史》）正说明了清时文字狱的祸害之深、之惨和之烈。这使得当时的文人们一听见文字狱三字，都无不为之胆战心惊！

张怀忠打听到了这些事后，深知事态之严重，已经远远超出了自己的预料。但身陷囹圄的张文修作为自己的亲生骨肉，又岂能够见死不救？于是，张怀忠只好想方设法，到处借贷，又八方去托门子、走路子。经过了千辛万苦，这才好不容易把奄奄一息的张文修从资中大牢里给救了出来。

年轻气盛的张文修经过这次牢狱之灾悲愤莫名，又饱受了囹圄里的折磨、痛苦与惊吓等，回家后即大病了一场。

后来，张文修痛定思痛，在教导他的八弟张正权时，曾以自己的亲身经历作为惨重教训来反复告诫张正权：长大之后，最好是做一个平民百姓，不论从事什么职业都可以，但"绝对绝对不能从政——即走搞政治、当官员的这条路"！

当时张文修的这些沉痛话语及沉重表情，给了少年张正权深刻的印象，并对张正权长大成人后的人生发展道路也带来了重要的影响。

第三章
张正权显出了绘画才能

1. 张正权跟随母、姐、兄学画

张正权 6 岁时，跟着母亲和姐姐开始读书、识字，读《三字经》
《千家诗》等启蒙读物。不久，他又跟着母亲和姐姐开始学习绘画。

张正权读书、识字，这是张家的老规矩。因嗜书善画的曾友
贞强调，不论家境如何贫寒，但子女们的读书、识字那是万万不
能少的，一个人立在世上，无论做什么，都必须要知书达理，绝
不能做一个"睁眼瞎"，因而张家的子女，个个都是饱读诗书，
接受了中国传统文化的浓厚熏陶。

而对于子女们学习绘画，曾友贞则没有硬性规定，她视孩子
们的天性而定。孩子中对此有兴趣、愿意学习绘画的，她则是热

情教育、鼓励，手把手地教他们绘画技艺。但如果对此无兴趣的，她也不逼强求，任随子女们的个性去自然发展。因而，在张家，老三张丽诚和老四张文修就都没有长时间学习绘画。但尽管如此，由于长期的家庭熏陶，老三张丽诚和老四张文修虽说是并不以绘画为专业，但他们对于绘画作品仍有着精深和独特的鉴赏能力，也懂得许多绘画技法。因此在张家，可说是人人都能画。

而小小年纪的张正权，自打读书开始，便跟随母亲曾友贞和姐姐张琼枝学习绘画。他非常喜欢绘画，觉得绘画这事情"很好玩"，可以把自己看见的和想要的东西都画在纸上，表达出了自己的一种情感，同时又好像有某种说不出的成就感和成功感，使人鼓舞。另外，当时张正权觉得自己的母亲和姐姐太忙了，因她们为了支撑家用，日日不停地在为别人画画，每每常至夜深。张正权觉得自己"长大了"，应该为母亲和姐姐"分劳"，以减轻一点她们的负担。

对于张正权的这些心思，曾友贞和张琼枝自然高兴。她们遂非常热情地教张正权从简单到复杂，如何临摹、如何观察、如何绘画、如何用笔、如何谋篇布局等。张正权对此学得很快，而且一拿起画笔，他就舍不得放下。由于他从小就受到家中的艺术熏陶，耳濡目染，加之他很有些绘画天赋，对绘画极有兴趣，而且他聪明好学，又勤奋努力，再加上母亲和姐姐的细心指点，分门别类、一样一样地教，张正权也很认真地一项一项地学，所以张正权一上手就路子很宽，并很快就掌握了绘画的基本要点。渐渐地他的充满了童趣的画幅也基本上成形了。不光是母亲和姐姐看了他的画儿常点头微笑，就连三哥、四哥回来见了，也常常连称："要得！要得！"

张正权受到这些鼓励，他学画和绘画的劲头更足，兴趣也更大了。

穷人的孩子早当家。从此以后，张正权除了读书、识字，帮家中打柴、放羊，力所能及地早早就帮家庭干些活儿之外，他一门心思都扑在了绘画上。

后来，张善子从日本回到内江后，对于八弟的绘画志向也极喜欢，于是又手把手地耐心教导张正权学习如何绘人物、走兽、故事等画，这从而使得张正权的技艺更有了大大的提高。

由于张正权对于绘画的浓厚兴趣，再加上他不断地刻苦用功，久而久之，到张正权 10 岁左右时，他已能画出较复杂的花卉、蔬果、雀鸟、人物、走兽等画，还颇有几分笔墨情趣，人见人夸，将他誉为了"神童"。而这时，张正权也已成了母亲和姐姐在绘画上的得力帮手。由于这些画儿是要拿去市场卖的，因此母亲和姐姐对于张正权的要求也愈发严格，不允许作品上出现丝毫的错误或者败笔，否则就会前功尽弃。这种"从实战出发"的严格要求，也养成了张正权的一丝不苟、严肃认真的创作态度与工作作风。而且，在保证质量的前提下，母亲和姐姐还要求张正权手脚麻利，尽量提高绘画速度，这样才能在一定的时间内尽可能多地绘出几幅合格的画来。这些，对于后来成为职业画家的张大千的性格与习惯的形成，都产生了潜移默化的深远影响。

正因如此，在家庭的熏陶，母、姐的启蒙和二哥的全面培养、教导下，张正权的画艺进步很快，笔路很广，下笔极快，为他后来在艺术上的蓬勃发展打下了牢实而又广阔的根基。乃至数十年后，已经在全世界享有盛名的张大千，曾充满深情地回顾说："予画幼承母训。稍长，从仲兄善子学人马故事，先姐琼枝为写生花鸟"。与此同时，他还经常向别人说："我的画，是由我的母亲、哥哥和姐姐教出来的。""我之所以绘画艺术有此成就，是要特别感谢我二家兄善子的教导！"

由此可知，张正权之所以能从当年的一个普通的放羊娃变成后来蜚声世界的艺术大师张大千，这除了张正权本身长期的不懈努力、虚心学习和苦苦磨炼等之外，饮水思源，这的确是同张氏一家对于张正权的鼓励引导、长期培养和谆谆教导分不开的。

2. 张正权差点儿去见了"阎王"

在旧中国，饥饿和疾病是中国人民生命中的两大头号杀手。

张正权刚一出生，就受到了饥饿的严重折磨。虽然经过多方努力，张正权幼时终于挨过了饥饿，慢慢长大，但刚刚 11 岁的张正权，又突然受到了疾病的威胁，差点儿去见了"阎王"。

原来，清宣统二年（1910 年）的春天，张正权突然得了一场严重的伤寒病，上吐下泻，高烧不止，甚至神志昏迷、狂躁呓语。家中人见之，无不为之大急。

这时候，二哥张善子已在内江找了一份工作，有些收入；三哥张丽诚出外学徒已经满师，自己开了一家小杂货铺，因以诚信待人，又以薄利多销，故生意较好；四哥张文修也在外面教塾馆挣钱；再加上曾友贞、张琼枝仍然在家中绘画和卖画不止，也有收入，因而张家这时的经济状况已经今非昔比，比以前要好得多了。

病急乱投医。家中人见张正权突然得此大病，个个都十分焦急，急忙请了一位"名医"来给小正权治病。这位"名医"架子十足，又口若悬河。他刚来到张家，即把胸脯拍得咣咣响，说他可以打包票、包治好，而且这种病对他来说，不过是小事一桩、手到擒来，云云。张家人一听，人人都喜出望外，个个都对这位"名医"恭维、作揖不止。

果然，这位"名医"在瞧了张正权的病后，似胸有成竹，立刻开了一个方子，命张家人立即照此拣药、煎药，给张正权服下去。然后，这位"名医"即喜滋滋地拿了张家的大笔"诊金"，扬长而去。

张家人拿着这位"名医"的方子，不敢怠慢，立刻去药店拣药、抓药，回家煎好后即给张正权服了下去。

在全家人希望的目光中，张正权服了药后即沉沉睡去。

哪知道，当天夜里，张正权即变得狂躁不安，大吵大闹，竟折腾了一个通宵。

第二天，使全家更感到惊吓的是，张正权的头发竟一把一把地往下脱落，弄得满枕头、满床都是他掉的头发。而尤其叫全家人感到惊恐的是，张正权还拼命指着喉咙，满脸涨红，哇哇乱吼，但却嘶哑得发不出声。

结果，在这位"名医"的"手到擒来"下，张正权的伤寒病不仅没有治好，反而是病情更加加重，竟成了一个光头加哑巴。张家人更是大急，急忙去找那位"名医"理论，谁知那位"名医"听见了风声，竟早已逃之夭夭，不知所终。

这一下，全家人围着病情越来越重的张正权束手无策，更是焦急万分。

这时，四哥张文修想方设法，请来了自己的同窗好友刘选青来为弟弟诊治。这刘选青也是一名秀才，精于医道，为当时地方上有名的"儒医"。他仔细为张正权望闻问切，在摸过脉、看过

病后连连跌足摇头道："庸医误人，庸医误人矣！如此之病，如
何用得虎狼之药？！"刘秀才沉吟了半天，才开出了一张方子，
然后言："文修兄，令弟此病，休怪小弟直言，被误诊，耽搁了！
姑且先开一张方子，试着吃吃看吧。如果服了此药，病人有些效果，
那么我再来。如果还不行，那恐怕就只是凶多吉少，小弟我……
也无能为力了。"

当张家人心情沉重地煎好此药，提心吊胆而又满怀希望地喂
张正权服下之后，他又沉沉地睡着了，整整睡了10多个小时，而
且十分安静。

尤其令全家人欢喜的是，张正权醒来以后，竟嘶哑着叫出了
一声："妈！"

这之后，刘医生又来过几次，连着换开了几张药方。刘秀才
真不愧是位名医，张正权接连吃了他的几服药后，不但病情大有
好转，而且头发也开始重新生长，喉咙也渐渐能够发声，又能慢
慢讲话了，只是张正权的体力太虚弱，还得要慢慢调治。

就这样，刘选青医生把处在死亡边缘的张正权给拉了回来！

3. 首次开荤便大啖老虎肉

张正权这年的这场大病，再加上庸医误诊，险些使他见了"阎
王"。经刘选青医生将他抢救回来后，虽然他的病情渐有好转，
但他的身体经此折腾后仍很虚弱，几乎是天天躺在床上休息、治病。

正在此时，恰好乡间有亲友来报信，说有猎户近日在山中捕
猎到一只母老虎，而且肚中还有虎胎。刘医生一听，非常高兴，

谓此物对张正权将大有助益。他要张家想尽一切办法去把那老虎胎买回来。

当张家想方设法，辗转托人，以高价从那猎户手中买回了此虎胎肉之后，刘医生大喜，急命将此老虎胎剁块熬汤，让张正权连汤带肉都吃下去。

但此时，张文修的一句话，却让刘医生犯了难。张文修说："刘兄啊，实不相瞒，我这八弟，是从小就吃不得荤的！"

原来，张正权幼时，因为家贫，很少食肉。后来家境渐好，偶有打牙祭让他吃肉时，可不知怎的，张正权一沾肉食，就会恶心呕吐，甚至就连吃了一点荤油，他都要呕吐不止，这令家中人苦闷。这样试了几次，都是如此。于是，张家人互相告诫说："勿让小八食肉，免得引出麻烦！"

因此，张正权从小直到现在，可说是一直吃素长大的。平时，他哪怕是碰上一点荤油之类的都要翻胃呕吐，更何况这种连常人都觉得腥膻味十分浓烈并非常难闻的虎胎肉呢？自然，若是这样原汤原味地让张正权吃下去，那他又怎能吃得下？即使是勉强吃下了，最后他肯定还会原封不动地给"倒"出来，那只能是白白浪费和糟践了这重金购回的、而且是只可偶遇而不能强求的虎胎肉。如果是发生了这种情况，虽然可惜，但如果又由此勾出了尚未痊愈的张正权的其他什么毛病，那麻烦可就大了！

刘医生听完，沉默不语，并暗暗称奇，因行医多年，他还从未遇见过如此"怪事"。但他也深知，像张正权这样，肯定是不能直接吃这虎胎了。既然如此，那势必要另外想个法子才行。

刘医生捻着胡子，思索再三，又想出了一招。他叫张家人去找来几张起码要有200年历史以上的老瓦——总之是越老越好，将虎胎切成小块，放在老瓦上用小炭火将之慢慢焙干，再将干虎肉研碎成极细的粉末，最后再把它冲在滚烫的醪糟（酒酿）水里，让张正权吃下去。刘医生说，这样服用，可以免去老虎肉腥膻味难闻、让人难以下咽的弊病了，但其之补力和疗效就要比直接食虎肉差一些，不过它对病人的身体还是极有好处的。

张家人一听，非常高兴，连忙依计而行。好在当年的老屋甚多，要找几片 200 年以上历史的老瓦并不是什么难事。至于焙干、研末等更不是什么难事了。尤其令人高兴的是，让张正权吃了这些之后，他竟没有任何不良反应。

于是，从此之后，张正权每天都要吃下一小撮虎胎肉。当时的他，并不知道这些就是老虎肉，而只知道这是很贵很贵的"药面面"。也正如刘医生所讲的那样，这只虎胎对于张正权的身体的确大有裨益。渐渐地，张正权的脸色转为红润，头发也黑刷刷地长出来了。他觉得自己的身体比以前更为强壮，力气也比以前要大多了。

当时，张正权也没有想到，自己从幼时一直吃素到 11 岁，而第一次开荤的，竟然是一般人一辈子都很难碰到、更难以吃到的老虎肉！后来已成名的张大千，曾经为此事一直捉摸不透而引以为奇！

4. 生平头一次卖画就赚了大钱

张正权的伤寒病好了之后，刘医生认为他最好能再调养一段时间，而且最好能易地疗养，这样能够恢复得更快、更彻底一些。

于是在这一年的秋天，张正权被送到了他的伯父家里。

张正权的祖父张朝瑞，一共生了两个儿子，老大叫张忠才，老二即正权的父亲张忠发。张忠才一家当时也住在内江。他们对这个能写善画的小侄儿十分喜爱，还派了一位细心的堂姐专门照料张正权的生活饮食和起居。

张正权住在伯父家里，过得很是开心、舒适。由于是在"养病"期间，张正权可以不做功课，也免去了背书写字。家中的大小活儿，伯父母和堂兄、姐们又都不要他插手，只是叫他自己一个人随便尽情地玩耍。张正权住在伯父家里，真有一种说不出的"解放了"的感觉。

然而，张正权当时的玩耍仍是和绘画分不开。一天，张正权正在伯父家的大门前，蹲在用青石板铺成的地上，用色土画娃娃玩时，来了一位挎着小包、到处为人算命卜卦的"河南女"。不知是这位"河南女"走累了，还是被张正权画的画儿给吸引住了，她竟停了下来，站在一旁看张正权绘画。

看着看着，这位陌生的"河南女"竟发出了感慨："嘿，这是哪家的小娃娃，画的画儿可真不赖呀！"接着她又问道："喂，小娃娃，你会在纸上画画吗？"

"当然会！"张正权头也不抬地回答说，依旧在地上画他的画。

"河南女"兴奋了，连忙从挎包里取出一套破烂的小纸卷，打开来放在了张正权的面前，继续问："你会照这个样子画吗？要上颜色的！"

张正权抬头一看，只见对方手中捧着的破烂小纸卷上，每一张上都绘着一幅画，分别是山、水、人物、花鸟、庙宇、宫殿、动物等什么的，有的画面较简单，有的画面则较复杂，但总体来说，都画得十分简陋，而且是笔墨很精糕，比他以前绘过的画儿差远了。张正权看着这些，毫不犹豫地点点头说："行！"

"河南女"一听，大为高兴，说："太好了！小兄弟，我这儿一共有24张画，代表了24种命。我这里带有纸，一直都想找人画，想不到在这儿遇见了你。小兄弟，你帮我画这24张画，画完后，我就给你……呃……80个小钱，怎么样？"

张正权一听，也很高兴。他不知80个小钱有多少，但闲着也是闲着，于是他赶紧答应道："好，你等着，我去取笔墨和颜色来！"

张正权说着，飞快地奔进屋里，搬了一张小竹桌和两个小板凳出来，竹桌上还放着砚台、毛笔等。张正权放下凳子，请"河南女"坐下后，他自己也趴在小竹桌上画开了。

张正权在"河南女"带来的白纸上面，按照旧纸卷上原有的图画，一张张地画着。他只是照着旧画儿上的画意画，格式并没有死搬原来的——因他觉得那些画画得太差了。如原来的一个画卷上，只画了几条粗细曲线，再加上一个"水"字，就代表"河"。而张正权画时，就真把这条"河"给画活了——他将河画得弯弯曲曲，再在河边添上一些水草，甚至再加上了几只飞鸟，更显得活灵活现，"水气"十足。这使得"河南女"非常欢喜，一个劲地称赞着："中，画得好，画得好！"

张正权聚精会神地画着画儿。他除了把那些简单的画面画得比原来的更加活泼、更加复杂，也更加漂亮之外，对那些结构稍微繁复一些的画面，如什么"耗子婆亲"、"矮子爬楼"、"百子献寿"、"抬头见喜"、"马上封侯"、"年年有余（鱼）"等图画，则画得比原来的要更加精致、更为细腻。最后再一上颜色，则使得这些小画卷更是花花绿绿的十分形象、好看。张正权下笔的速度很快，不多一会儿，这24张小纸卷便全部画完了。

"河南女"一见到这些新画，呵呵直笑得合不拢口，并啧啧地连声夸道："中，中，小兄弟，你真了不起，画得好，画得好！比我原来的这套画不知好到哪儿去了！不瞒你说，我已经用了好几套画了，就数你这套画得好，最好看！真是谢谢你啦！"

说着，"河南女"从挎包里掏出一大把小钱，从中数出了80枚，将之塞给了张正权，然后连声称谢着走了。

"河南女"走后，张正权捧着这沉甸甸的80枚小钱，也乐得合不拢嘴。他好高兴啊！从小到大，他还从来没有得到过这么多的钱哟。而这，是靠他独立劳动挣来的，是靠他自己绘画挣来的，而且还只是一会儿的工夫。从此，张正权对绘画的兴趣就更浓了，对绘画的钻劲和干劲也更大和更高了。

多少年过去之后，特别是面对着今日世界艺术品拍卖市场的火热兴旺、名家艺术品拍卖成交价的飞速暴涨，尤其是张大千绘画作品率先过亿元人民币的天价成交，曾有人非常感慨地说，如果当年那位专为别人算命的"河南女"也能为她自己算一下命，预测一番"财运"的话，那她就应该把张正权为她画的这24幅小纸卷给留下来、珍藏起来！这24幅属于张大千一生中最早的"商品画"，姑且不论其文物价值、艺术价值、研究价值、收藏价值等，仅仅只是其"经济价值"一项，就必将是翻了多少个几何级数的"80枚小钱"，而达到令人瞠目、不敢想象的天文数字！

5. 耗费"巨款"大吃老鼠肉

张正权自从有了卖画得来的这 80 枚小钱后，就犹如拥有了一笔"巨款"。他当时觉得，自己真是"差足傲王侯"，是天下最阔的"阔佬"了。

那么，拥有了这笔"巨款"，他究竟应该怎么用呢？

张正权本来想把这笔钱交给伯父母。伯父母的家中虽不富裕，可他们说啥也不肯要，反而是夸奖张正权，说他很能干，小小年纪就可以挣钱了，又夸他有孝心、很懂事。他们让他把这笔钱留着，自个儿慢慢用好了。

已是农历的冬月了，内江城乡的大小人家都纷纷开始忙碌起来：灌香肠，熏腊肉，置办过年的物品等，准备迎接新年。这时，也是孩子们最为高兴的时候，他们奔前跑后，唱着："过年了，穿新衣，戴新帽，吃着嘎嘎（四川方言：大肉）哈哈笑！"

同附近的其他人家一样，张正权的伯父家也开始做腊肉了，一家人都欢天喜地。但那些金黄喷香的腊肉，张正权对之却无动于衷，因为他"不吃肉"！

在此之前，细心照料张正权生活的那位堂姐，早就对张正权的一直吃素很不以为然。她想，一个人一点不沾油水又要养病，这身体又咋个才能好嘛？于是有一次，他趁张正权不注意时，悄悄地把一些腊肉丝混在了张正权吃的酸菜挂面里。

张正权大口大口地吃着面，堂姐在一旁紧张地看着。张正权吃到了这些腊肉丝，不知道它们是什么，只是觉得其味道很特别：香香的、咸咸的、怪怪的，很耐嚼，很好吃，于是把它们都嚼烂，吞了下去，感到很舒服，一点儿都没有翻胃。

看到这里，旁边的堂姐高兴得跳了起来，欢喜叫道："哈，八弟，你可以吃肉了，你已经吃了肉了！"

从此，张正权在伯父家里正式"开了荤"。不过他当时喜欢的还仅只限于腊肉而已。

张正权自从有了卖画所得的这80枚小钱之后，便动着脑筋想如何花掉这笔"巨款"。一天，他怀揣着钱来到了大街上，想买点儿什么。张正权在街上走着走着，花花绿绿的各色商品对他似乎都没有什么吸引力。忽然，一股浓郁的卤肉香味扑鼻而来，张正权不由自主被这股香味直牵引到了此店前。原来这是一间烧腊铺，刚刚做好的烧腊食品才出锅。张正权瞧着店前烧腊那些诱人的颜色，嗅着那四溢冲鼻的香味，馋得他是直咽口水。张正权问了价格后，不由自主地摸出四枚小钱，买了一两烧腊肉。他吃的是津津有味，好像比伯父家的腊肉还要好吃。

打这开始，张正权对此物是牵肠挂肚。每天，张正权都要去那间烧腊铺，花四个小钱买一两烧腊肉来吃。不多久，他的钱已经用去了一大半。

一天，张正权又来到了那间烧腊店。他闻着，今天的味道特别香，似乎比平时的要香许多——他已是这里的"老主顾"了，就自个儿打开了装烧腊的蒸笼看，只觉得一股更浓的香气扑鼻而来。张正权指着笼中一小块香味最浓的黑色烧腊肉，说要买。谁知店伙计一看，却摇着头说不卖，说那是老板自己做来吃的老鼠肉，概不外售。但张正权不依不饶，非要买一点来吃不可。张正权纠缠了半天，店小二念他是熟客又是个小孩，遂赌气答应卖给张正权一些老鼠肉烧腊，不过价格却比平常的翻了一番——每两肉要八枚小钱。张正权毫不犹豫，当即倾其所有，共买了四两老鼠肉。

张正权捧着这些老鼠肉，从烧腊铺出来，马上就开怀大嚼。他乐滋滋地吃着这些老鼠肉，觉得是他平生以来所吃过的最最好吃的东西。那个香、那个嫩、那个爽口、那个舒服，真是妙不可言！乃至许多年以后，他一提起此事，都还要情不自禁地由衷感叹："哎呀，那肉是真香，真好吃！我现在一想起来，都还忍不住要流口水！"

吃老鼠肉这件事，给童年时的张正权和成人后的张大千，留下了难以忘怀的美好回味。他后来还曾再想吃吃老鼠肉，可是家里人不准他吃了，再说也没有人愿意专门做老鼠肉给他吃，因而他"想也是白想"。

就在 11 岁这一年，张正权由病得差点儿死去，到用老虎的虎胎肉开荤，到他生平第一次的卖画赚钱，到他大嚼特嚼老鼠肉，这些经历，的确是十分独特与传奇。尤其是老虎肉和老鼠肉，这是一般人在一生中都很难吃到的，又或者是不敢吃，或者是不愿吃，但张正权在 11 岁时就把它们都吃到了。而且，他把自己第一次卖画所得的"巨款"就全部花在了吃上，不论多贵都毫不心疼、毫不犹豫。

由此联想到后来，"画"与"吃"成了张大千的两大嗜好。他的讲究美食，"食不厌精，脍不厌细"也成了中外画坛与海内外食苑的佳谈。他不仅成了一个吃遍了世界各地的珍馐美味、奇菜异馔的著名美食家，而且他还成了一位精通中华烹饪的大师，并培养出了多位享誉国际的中国烹饪高手，乃至他所创制的"大风堂菜肴"已成了今日的国际美食，特别是成了中国菜肴中的一块著名品牌。

正因如此，张大千后来总结说："一个真正的画家要懂得欣

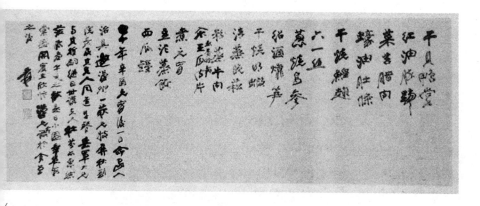

张大千晚年宴请其好友、历史名人张学良夫妇等人时所书写的请客菜单之一

赏饮食，才能养成敏锐的分辨能力。经由感官去直接感受，这已
经是比欣赏艺术容易了很多很多。如果一个艺术家，连欣赏美食
佳肴的这个能力都没有，那又如何能有更抽象的能力去真正欣赏
艺术呢？！"

第四章

辛亥革命前后的张家

1. 张正权来到了资州城

1911 年的农历春节前，张正权从伯父家回到了父母的身边。全家人聚在一起，欢欢喜喜地过了一个年。

春节过后，四哥张文修应资州张孟筠之聘，欲往其家去教家塾。四哥向父母建议，想叫张正权跟他一道同去，一是可以让八弟继续"易地调养"，二是让八弟跟着他，还可以随他学习、增长见识，等等。父母很高兴地答应了。

于是，春节刚过，张正权便跟着四哥来到了资州。

资州（1913 年改名为资中）位于内江西北方向约 100 华里处，面临沱江，依山傍水，风景秀丽，是川中一座颇有名气的文化古城。

　　资州的历史很悠久，传说是由尧的第九子资子帮助大禹在这里治洪水时所开辟的。早在汉代时，这里即置县。资州的人文更是荟萃，名人辈出。相传东周时著名的天文学家、律算家、音乐家苌弘，即出生在这里。因苌弘曾教过孔子音乐，故他又被称作了"孔子之师"。到西汉时，这里又出了一位大音乐家兼文学家王褒（字子渊），他擅长辞赋，是骈文的开山之祖，其留下的《九怀》《圣主得贤臣颂》《甘泉宫颂》《洞箫赋》《赠周处士》等作品极为有名，曾被历代所传颂。

　　而中国自隋代实行开科取士制度以来，一直到清末废除科举制度为止，四川出的状元公人数屈指可数，但资州前后就出了两位：一位是南宋绍兴二十一年（公元1151年）的状元赵逵，其文似眉州苏轼，故有"资州小东坡"之称，且其为人刚正不阿、高风亮节，曾经勇斗秦桧，彪炳史册；另一位则是清光绪二十一年（1895年）的骆成骧，他协助维新、推行新政、热心教育、平易近人，曾是北京京师大学堂的创始人，后被人们唤作"布衣状元"，在民间有着很高的威信。因而自古以来，资州就有着极其浓厚的文化风气与氛围。

　　因此，张正权这次来到资州，他感到非常高兴，因为这是他第一次"出远门"，更何况来到的是这样一座历史悠久的文化古城，处处都使他觉得新鲜、奇特。白天，他随着四哥在张孟筠的家塾馆里读书、习字、写诗、背词；晚上，他则坐在油灯下，听四哥讲资州、内江等地的历史典故和风土人情，或是做功课、画画儿，等等，生活过得很是充实。

　　而到了家塾馆不上课的日子，张正权就更是喜悦。因为每到这时，四哥便要带他出去"走一走"，或是去游山玩水，或是去观赏资州著名的名胜古迹。在资州期间，张正权跟着四哥去了城北的文庙瞻仰，又去了城外的重龙山、白云山等风景名胜地游玩，并观览了永庆寺、三贤池、来鹤亭、君子泉，还有重龙山北崖的唐宋石刻与历代名人碑迹等。张正权觉得自己真是眼界大开，兴奋不已。

张正权印象最深的一次是他跟着四哥去资州重龙山观景。时值阳春三月，风和日丽，大地吐绿，春暖花开，兄弟俩站在山头四望，只见长空万里，四围苍翠，阡陌纵横，沱江似带，麦田如浪，房屋栉比，鸟雀欢叫，端的是一幅美景图画。四哥一时兴起，高声念出了明代奉直大夫张鉴的一首《雾锁资州重龙》诗：

> 非烟非雾重龙镇，雨霁尤奇色更浓。
> 老树模糊山掩霭，游人如在白云中。

张正权观着风景、听着此诗，感到非常贴切。他隐约觉得，此诗说出了自己想说而又不知道该怎样才能说出和表达的意思。他由此沉思：自然风光再美妙、再迷人，也还需要文人雅士的诗词歌赋等文章。把它们给说出来，给概括、总结、比拟与描绘出来，这样才更好，也才能更引起人们的共鸣与向往。而自己要做到这一步，首先就需要把书读好，以增长见识和本领，大大地提高自己。

从此，张正权对读书更加用功并愈发地兴致勃勃。同时，他对于资州的浓郁文化风气和美丽如画的名胜风光，更是刻骨铭心、深印脑海，在许多年后都还是如同昨日、记忆犹新。

2. 琼枝大姐出嫁了

在资州生活了几个月后，四哥张文修带着张正权又赶回了内江。因为已满18岁的大姐琼枝就要出嫁了，他们得回来"送一送"。

张正权舍不得让姐姐走，天天偎依着姐姐嘤嘤地哭。张琼枝也舍不得离开弟弟，更舍不得离开父母和几位哥嫂，于是一把鼻涕一把眼泪地哭得是更为伤心。这些凄惨的哭声，冲淡了办喜事的热闹气氛，而显出了一种不祥的预兆。

终于，娶亲的日子到了，张琼枝哭得是更加哀伤。她发自肺腑的悲痛连许多前来贺喜的女眷也跟着纷纷掉泪。在悲恸中，张琼枝拜别了父母和哥嫂等众人，又含泪与弟弟张正权、张君绥告别后不得不坐上了花轿，被夫家的人抬走了。

在刺耳的鞭炮声、锣鼓声和唢呐声中，张正权望着姐姐的背影泪水长流。他似乎感到，这次姐姐一走，仿佛就是永别，他可能再也见不到自己亲爱的姐姐了。

果然，没过多久，夫家就有人来报信，说是新媳妇张琼枝因为娶过去后就一直生病，加上最近又误服了药物，已经救治无效身亡了。

张家人一听，顿时大悲，全家人都哭得死去活来，张正权哭得更是伤心。

一朵18岁的鲜花，就这样子凋谢了。

从此，张正权失去了他的绘画启蒙老师，失去了他的慈爱可亲又聪明美丽的大姐，而且是永远失去了。

一直到后来，张正权也仅仅只知道，大姐的夫家姓潘，也是内江人，其他就什么都不知道了。

大姐张琼枝的突然去世，让当时的张正权深深懂得了：什么叫作人生脆弱、什么叫作生命无常。

3. 张正权参加了"少年保路同志会"

这一年的夏天，内江的天气特别闷热。而与闷热的天气同样使人难以忍受的是，当时内江的政治气候也变得越来越躁动难耐。

原来这时，正是清王朝的统治摇摇欲坠、四川即将掀起大规模保路斗争风潮的前夜。

所谓"保路风潮"又叫"保路运动"，是指1911年（清宣统三年）5月始，四川、湖北、湖南、广东人民为反对卖国的清政府出尔反尔将已归民办的川汉、粤汉铁路权悍然收归"国有"，然后又将筑路权出卖给英、法、德、美四国银行团而掀起的爱国保路斗争。这一斗争，在四川发生得尤为激烈，参加了当时"四川保路同志会"的人数达到了空前的数十万人，其成员遍布了社会各界，甚至就连娼、优、皂、隶等人都有参加。乃至当时四川的"保路之声，波荡千里"、"振臂一呼，全蜀响应"、"此次风潮，尤为剧烈"……

就在当年轰轰烈烈的爱国保路运动中，在内江的张正权一家也全部都参加了进去。

早在这年5月，清政府的"将铁路收归国有"的"上谕"刚刚传到内江，在日本留学时就参加了同盟会的张正权的二哥张善子对此悲愤交集、坚决反对。他当即在内江万寿宫召开的全县各界群众大会上慷慨陈词，呼吁"抗争到底"。不久，省会成都的保路同志会成立之后，张善子又积极活动，与内江城乡的一些开明士绅联合发起，于7月25日成立了内江县保路同志会，领导着内江人民掀起了一场浩浩荡荡的爱国保路运动。

就在这场运动中，12岁的张正权也热情投身进去，参加了内江少年保路同志会。从此之后，张正权常与一批和他差不多大的少年儿童们一起挥舞着小旗，列队走在内江的大街上，用童音齐声高喊："夺路国民，送诸外人，是谓'国有'？是谓'政策'？""既夺我路，又夺我款，夺路夺款，又不修路！""路亡川亡，川人宜哭，大家起来，共同保路！"……每到此时，大街上的行人们，常常向他们报以热烈的掌声。

4. 张善子为辛亥革命立下了功绩

四川蓬勃发展的保路运动引起了清政府的极大恐慌。北京的清皇族内阁一方面下旨撤掉了同情川人保路的原四川护理总督王人文的职务，一方面又急调来有"屠夫"之称的赵尔丰新任四川总督，并命赵对四川保路运动"切实弹压，毋任嚣张"；同时又令驻武汉的川粤汉铁路督办大臣端方率大军从湖北入川镇压。在这种情况下，愤怒至极的四川人民愈加怒不可遏，掀起了更加激烈的罢市、罢课、罢税的"三罢"斗争。

9月7日，新任四川总督赵尔丰又举起了屠刀，在成都疯狂屠杀请愿群众，造成了震惊全国的"成都血案"。消息传来，四川各地的人民群众义愤填膺，纷纷揭竿而起，立刻将保路同志会变成了"保路同志军"，从四面八方开往省城，打响了围攻成都的战斗。与此同时，四川各地的保路同志军还高举起了反清义旗，到处剪发辫、杀清官、攻城池，掀起了声势浩大的全川武装大起义，为辛亥革命一举推翻腐朽透顶的清王朝拉开了声势浩大、无比壮烈的伟大序幕。

9月25日，离内江不远的四川荣县在同盟会员吴玉章、王天杰等人的领导下宣布独立，自理县政，建立起了辛亥革命时期由同盟会领导下的第一个县级政权。荣县独立的时间比武昌起义还要早半个月。

10月10日，湖北革命党人乘端方带领大军入川弹压、后方空虚之际，发动了武昌起义，迅速占领了武汉三镇，宣布成立中华民国湖北军政府，废除清朝年号，建立起中华民国，并通电全国，号召各省立即起义，推翻清朝。自此，辛亥革命的滔滔巨浪更是以雷霆万钧之力、摧枯拉朽之势，席卷了整个神州大地。全国各省与各地纷纷先后宣布独立或起义，清王朝大势已去。

10月13日，川粤汉铁路督办大臣端方率领着大军从湖北抵达重庆，随即向成都方向进发。就在端方军队路过内江时，张善子曾与其他的同盟会员一起利用沱江在内江地区曲折蜿蜒、盘曲回环的特点巧布迷阵，把行船走水路的端方及其大军拖延在内江水上绕路，乃至端方率其大军于11月18日才到达资州，耽误了其"火急救援成都"的关键时日，为四川各地的武装起义赢得了极其宝贵的时间。

与此同时，张善子还以自己是四川省咨议局议员的身份，时时上端方的行辕打探消息，然后将情报密送给革命党人，使义军对端方的行踪了如指掌。然后，张善子又同其他党人一起积极活动，秘密酝酿组织内江的独立。

就在这样的情况下，四川的反清武装起义如火如荼。11月1

日，威远县独立；11 月 17 日，大竹县独立；11 月 21 日，广安
州城的大汉蜀北军政府宣布独立；11 月 22 日，重庆的蜀军政府
宣布独立；11 月 26 日，内江县在吴玉章、喻熙明等人的组织下，
也成立起了内江军政府，宣布独立。在内江的独立过程中，张善
子也积极参加了进去，做了很多的工作，为辛亥革命做出了极大
的努力与贡献。

11 月 27 日，端方手下的湖北新军在资州发动起义，杀掉了
被朝廷新任命的钦差大臣兼署理四川总督端方，并宣布资州独立。
同日，四川成都也宣布独立，并成立起了大汉四川军政府。这标
志着四川全省已经光复。

在辛亥革命的伟大胜利下，内江、四川，乃至全国都进入了
一个新的历史时期。

5. 张善子当上了"少将旅长"

1912 年 1 月 1 日，孙中山在南京宣誓就任中华民国临时大总
统，宣告中华民国正式成立。2 月 12 日，清朝末代皇帝溥仪在北
京宣布退位，统治中国长达 268 年的清王朝就此灭亡。

这一年春天，在重庆成立的蜀军政府与在成都成立的大汉四川
军政府宣布合并，共同组成了统一的四川军政府，并通电全国，宣
告四川已经统一，接受南京临时政府的号令。孙中山曾经高度评价
四川人民在辛亥革命中的伟大历史作用与巨大功绩。他说："若是
没有四川保路同志会的起义，武昌革命或者还要推迟一年半载的！"

因而，在辛亥革命胜利以后，四川军政府"论功行赏"，以

张善子当上了"少将旅长"

张善子在辛亥革命中有功，同时兼有"兵学专长"，遂委任其为蜀军第一师第二旅的"少将旅长"。此项任命，纯粹是属于"荣誉"性质的——因当时在张善子的手下，并没有一兵一卒，甚至他自己连把手枪都没有，完全是属于一个有名无实的"光杆司令"，但盖有四川军政府煌煌大印的"少将委任状"，那却是童叟无欺、货真价实的。

张家对家里忽然出了一位"将军"，自然是感到门第生辉、无比高兴。这时，张正权已经进了内江天主教开办的教会学校——华美初等小学堂读书。他对于二哥突然变成了"旅长"，常常也兴奋得合不拢口。他感到，这世道的确是变了，以前瞧不起他们的人，现在见了他们也常常是老远就鞠躬作揖，堆满了笑容。哪怕就是在学校里，许多老师和同学见了他这个"旅长弟弟"，态度也比以前要和蔼多了。

这时，张正权的三哥张丽诚学生意早已满师，而且已和三嫂罗正明完婚，夫妻间很是恩爱。全家人商量，虽然老二张善子成了"少将旅长"，但没有一分钱的粮饷，而荣誉又当不得饭吃，且全家的用度正一天天增多，没有固定的经济来源将是个大问题，于是由张怀忠和张丽诚出面经办，筹集了一些资金后，在内江城西的文昌宫附近开设了一家杂货店，招牌就叫"义为利"。

杂货店开张之后，由于张家父子待人诚信无欺、客气热情、价格又公道、经营又灵活，使得生意很是兴隆。于是，过了一段时间后，张家父子乘风顺势、扩大规模，又经营起了布匹、鞋庄等业务，也都是一帆风顺，获利甚丰。由此，张家才渐渐摆脱了贫困，在经济上日益富裕了起来。

也就在这一年，年已30岁的张善子才和比他小一岁的张李氏结了婚。新婚之后，张善子住在家里，除了忙些同盟会的事务和交际应酬之外，就是在家中舞笔弄墨，陶醉于他的绘画爱好之中，同时也忘不了教张正权学画。

张家的这种和和睦睦、平静恬实的生活，令当时的许多人羡慕。但谁知，张家的这种宁静生活没有过上多久，就又遭到了一场大祸。

6. 张家遭到了第二次抄家

1912 年 3 月，窃国大盗袁世凯窃取了辛亥革命的胜利果实，在北京就任了中华民国临时大总统，从此开始了北洋军阀的黑暗统治。

在四川，袁世凯大玩了一通调虎离山之诡计后，使得四川的军政大权都完全落入了他的忠实心腹胡景伊的手中。

1913 年，袁世凯阴谋独裁、复辟帝制，为此又大耍了一系列阴谋手段。他先是在上海暗杀了国民党代理理事长宋教仁，接着又向英、法、德、日、俄五国银行团举行了"善后大借款"，紧接着即派兵南下。在此情形下，是年 7 月，孙中山为了维护共和，发动了讨袁战争，史称"二次革命"。

在孙中山的号召下，当年 8 月 4 日，重庆的国民党人宣布独立，并成立了"讨袁军"，公推熊克武为总司令，派兵向成都进发。四川都督胡景伊一边派兵抵挡熊军，一边向袁世凯去急电请援。袁世凯马上电令川、滇、黔、鄂、陕等各省都督立即合兵围剿熊军。在各省袁军的联合攻打下，重庆的"讨袁军"势单力薄、寡不敌众，很快失败。熊克武被迫逃离重庆，出走日本。

与此同时，南方各省的"讨袁军"在袁氏大军的分别围剿下，也相继失败。南京被袁军占领，"二次革命"遭到了惨败。袁世凯利用其军事强权，下令在各地搜捕革命党人，在全国掀起了一片白色恐怖。

在"二次革命"的前后，张善子一直住在内江。他虽然没有参加"讨袁军"的军事行动，但他坚决反对袁世凯的倒行逆施，又严词拒绝了袁氏爪牙的收买，并对讨袁表示坚决赞同。因而"二次革命"失败后，张善子的名字也被四川都督胡景伊列入了袁系在全国通缉的"要犯"名单，并且还经过了袁世凯的"亲笔御点"，已行文各地并重金悬赏："捉拿张善子，就地正法！"但张善子本人依旧还蒙在鼓里，只是时不时隐约听见一些对自己不利的消息。

这一天，张善子正坐在家中绘画。突然，他听见屋外有物件坠地之声，遂开门出来一看，原来是龙眼树上有只喜鹊衔落了一颗硕大的龙眼。当张善子极目远眺时，忽然发现有一大群兵丁气势汹汹正向他家走来。张善子心知不妙，赶紧向家中人大吼一声道："我跑了！"随即从后门穿过围着院子的竹篱笆缺口，抄小路逃跑进山，往其外祖父曾太公家去躲避。

不多一会儿，一大群兵丁来到了张家，他们果然是来抓张善子的。这伙兵丁个个如豺似虎、凶神恶煞，见没抓着张善子，就把张家给翻了一个底朝天，见着值钱的东西就直朝自己的怀里塞。张家由此又遭到了一场大劫难。

这一天，张善子虽然没被官府捉住，但正在家里的老三张丽诚和老四张文修却被兵丁们给抓了去，说是作为"人质"——他们啥时候拿住了张善子，啥时候才放其两个弟弟。

当天晚上，张家人商量，决定派已经14岁的张正权连夜到外祖父曾太公家去报告消息，同时向躲在那里的张善子送些衣服及商量对策。

当天晚上，张正权夹着小包袱出了门。为了防止别人发觉，也为了赶时间，张正权抄小路，过坟山、蹚溪流，往曾太公家匆匆赶路。这是他第一次走夜路，更是他头一次于深夜中过坟山。荒坟场中的荒草萋萋、坟影幢幢、虫兽乱鸣，把张正权给吓得不轻。他咬紧牙关、硬着头皮、连走带跑，终于来到了外祖父家，见到了正躲在那儿的二哥张善子。

这之后，张正权又多次摸黑上外祖父家，去给二哥送东西或者报信。已经习惯了的张正权对于走夜路也不再感到胆寒了。有时候走得累了，他甚至还随便就坐在坟包旁休息休息，哪怕他坐的这座坟头已垮，里边露出了已经朽坏的棺木，甚至还有些瘆人的尸骨，他都已经不再害怕。

就这样，张正权锻炼出了他的胆量，也锻炼出了他的"不怕鬼"精神。乃至后来他常说："胆小的人，通常都是自己在吓唬自己！"

后来，经过曾太公、张怀忠、张善子等人的多次商量，张家闹了一次假分家。张怀忠接着又托人走门子、通路子，往衙门里上上下下四处打点，破费了许多的钱财，这才终于把关在县牢里的张丽诚、张文修兄弟给放了出来。

在当时，袁世凯爪牙的势力正旺。为了避免官府再来家里抓人，张氏全家反复商量，决定让张善子再去日本躲避，张文修也暂去重庆避避风头，家中只留下张丽诚帮助张怀忠经营生意。好端端的一家人，就这样又被拆散了。

第五章
进重庆求精中学读书

1. 张正权进了求精中学

张正权的四哥张文修到了重庆之后，托朋友在重庆的求精中学找到了一份教师职务。立稳脚后，他马上向内江家里写信，报告了自己的情况和重庆的局势，并说他已同校方谈好，让张正权去该校读书。

家中商量，内江仍在袁世凯爪牙的统治之下，并且还在抓捕张善子，张正权留在家中也是凶多吉少，不如让他去重庆躲避一下，这样既能读书上进，又能开阔见识，这倒是个上策。

于是，民国三年（1914年）的春天，张正权来到重庆，进了求精中学。

求精中学位于重庆上清寺的曾家岩，一面临街，一面靠着嘉陵江，校园的面积颇大，周围风光秀丽，环境也较为优美、静谧，是个读书上学的好地方。该校是个教会学校，系由美国传教士鹿依士在1891年创办。学校侧重于西化教育，请的教师多是外国人，其中又多是传教士，许多科目都采用了英语教学，因而学生们的英文都很好。由于该校设置的课程较全面，教学质量较高，故而学生们的学习成绩一般都较好，毕业后的出路也较宽。如当时的许多求精毕业生，可以直接升入成都的教会大学——华西协和大学继续深造，或由校方推荐到美国、加拿大等地的大学留学。若是家境困难不愿再读书的，则可以报考海关、邮局、洋行等捧"金饭碗"。因求精的学生操起英语来个个是呱呱叫，再加上有一层教会关系，招工单位也乐于接收。所以当时有人说："一入了求精，就等于终身有了依靠。"

由于求精中学是属于住读，又是属封闭性管理，收的学费较高，但富家子弟们并不在乎这点儿钱，因为这是一条通往今后留洋镀金的好捷径；而贫家子弟们虽没钱，但可以通过刻苦读书来争取奖学金，或是通过教会、教士、熟人等种种关系的介绍，可申请少交甚至免交学费，且毕业出来后就可以找到一个好职位，故而当时不论贫富，许多人都以能入该校读书为幸。

张正权之所以能入求精，一是靠他四哥张文修的引荐，二是靠内江福音堂传教士张令高写的"介绍信"。张令高代表内江福音堂，证明张正权"笃信天主，诚实善良，勤奋好学，品德优秀，故特为举保"。这样双管齐下，张正权遂成了求精中学的学生，学校只象征性地收了他一点儿学费。

张文修之所以力主张正权进求精，除了为张正权的将来打算之外，还有一个很重要的考虑就是，当时的四川都督胡景伊正是求精中学的第一届毕业生。胡在求精中学毕业后，才被选派去了日本士官学校留学，学习军事，由此节节高升，坐上了川督宝座。当年重庆也是在胡的管辖之下，虽然当地也在大肆搜捕革命党人，但对于顶头上司的"母校"，且又是外国的教会学校，地方当局仍不能不心存顾忌，因而这对于张氏兄弟来说，可说是当时最好的避风港了。

基于这同样的原因，就在第二年的春天，九弟张君绶也从内江来到了求精，与张正权成了同学。

2. 最最讨厌数学课

张正权进入求精中学后，被编入了初中班。全班同学有 30 人左右，主要是来自重庆府及其附近的学生。学生们的家境贫富不一，年龄也参差不齐，其经历与背景也各不相同。

张文修在求精中学的高中部任教，主要讲授国文与历史。张正权一进学校，张文修就给他讲：虽说离开了内江，但现在的局势严峻，还是处处小心为妙，尽量不要暴露他们俩的兄弟关系，平时也不要多接触，若有人问就说是内江教会介绍来的好了。因而直到很久以后，除了有几位最要好的同学知道张正权就是张文修老师的亲弟弟外，其他人仅知道张正权入求精是内江的张令高牧师"牵的线"。

求精中学自创办以来，校长一直都是外国人。张正权在求精中学读书期间，校长是美国人瑞朴，副校长是加拿大人赫荣盛。

他们也是求精中学的最后一任外国人校长。当时，这两位校长的岁数都很年轻，大约都只有 20 来岁，比有些求精中学的学生岁数还要小。

由于求精中学是教会学校，因而学校对于学生的宗教教育很多，对学生的宗教道德、宗教礼仪的要求都很严。如学生们在吃饭之前必须要背诵祈祷文，临睡之前要做祈祷，要定期进教堂做祷告、听布道等。好在张正权的父母以前就信洋教，他在内江读的又是教会小学，因而对于这一套倒不陌生。

但在求精中学时期，使张正权感到最不习惯和最为烦恼的莫过于上数学课了。为了全面培养学生，求精中学给学生们开的课也多，有国文、历史、数学、英语、宗教、物理、化学、音乐、博物、体育，等等，大约有十多种。张正权对于其他的科目都很喜爱，但唯有数学一门，他一上课就头大，听起来就像是听天书，云里雾里"坐飞机"。不论老师怎么讲，他就是对那些公式、定理啥的闹不明白。且无论他是如何的埋头刻苦、努力用功，每次的数学考试，他总是没有一次能够考及格。乃至到了后来，一提起数学，张正权就感到头疼。

因此，当时也出现了一种很有趣的现象：在上国文课、历史课、英语课、写字课、博物课等课的课堂上，张正权是这些课程的"骄子"，常常得到这些任课老师的夸奖与表扬；但一到数学课时，张正权马上就"威风扫地"，经常受到数学老师的斥骂与责罚，并常常是从上课起就罚站一直到下课。越到这时，张正权越是"擀面杖吹火——一窍不通"。弄到后来，每每一提起数学，张正权就伤心至极。

3. "君爱美人我爱竹"

在求精上学期间，张正权的欢乐还是要远多过烦恼。特别是他在学校里显示出的杰出绘画才能，使他在学校里声名远扬，甚是威风。

张正权到了下课闲余时，又拿出了自己的画笔，在宿舍里面画开了。刚巧，与他住在同一间宿舍的同班同学傅渊希，也十分喜欢绘画，而且特别喜欢画竹。更巧合的是，他们俩还有一个共同点，那就是其他的功课皆佳，唯有数学最差，都常常受到数学老师的责骂，二人对数学都不由得"深恶痛绝"。在对绘画的喜爱和对数学的痛恨上，二人更可以说是情投意合、同病相怜。

由于学校里没有开设美术课，于是张正权、傅渊希二人就只好在课后待在宿舍里自己绘画取乐。他们二人的绘画都很有功底，但各自喜好的题材不同。张正权当时喜好画美女（古装仕女），傅渊希却喜爱画翠竹，因而他俩就经常"合作"：张正权画出个美人后，由傅渊希补景；或傅渊希画好翠竹后，再由张正权补绘个仕女上去；有时兴起，二人或者互相指题绘画，或者在对方的画上题诗填词，彼此引为笑乐。有时二人画得入神，竟致偷偷画到夜深才睡，乃至寝室之中二人的各种画稿狼藉。

不久，张、傅二人的绘画秘密终于泄露，同学们纷纷前来围观。有人喜欢傅渊希画的那些枝干挺拔、亮节高风的青竹，但正处于青春期的青年学子，更多的还是喜欢张正权画的那些环肥燕瘦、栩栩如生、倩影动人、脉脉含情的仕女，觉得更是他们心目中的"偶像"。他们常常夸张正权画出的这些美人画比他们见到过的真实女人还要漂亮、好看和迷人。从此向他俩索画者接二连三，络绎不绝。

打这以后，张正权的绘画"生意"异常兴隆，他的美人画更是画个不停。同学们喜欢他的慷慨大方豪爽助人，更喜欢他能够按照索画者的要求和个人之喜好画出高的、矮的、胖的、瘦的、现代的、古代的、中国的、西洋的各式美人，即索画者心目中最心爱的"美女"和"梦中情人"。

很快，张正权"会画绝色美女"的消息传遍了整个学校。一些张正权不认识的同学也纷纷来向他求画。而张正权不管来者是何人、理由是什么，他一概都是来者不拒，这使得他在课后更是忙得不可开交。为了能够尽快"交货"，他尽力提高了自己的绘画速度；而为了画不重复，同时又保证有高质量，他更是为之绞尽脑汁、精益求精，尽量使每幅画都各有特色。这种各方面的实际锻炼，对于他后来的以绘画为职业实在是助益极大。

在求精中学时的绘画生活给当时的张正权和傅渊希带来了极大的欢乐。乃至许多年后，年已耄耋的傅渊希老人还给笔者津津有味地回忆起了他与张正权在求精中学宿舍中画画的种种趣事，其情其景宛如昨日。傅渊希老人说，当年他还曾给张正权写过一首诗，其中有一句就是："君爱美人我爱竹，为人绘画乐亦乎！"张正权见后，与傅渊希互相乐得捧腹哈哈大笑。

除了绘画之外，张正权在课余时还喜欢练字，即学习书法。因为这不但是学校的要求，也是他自己喜欢做的事情之一。他当时最喜爱临写碑帖，尤其常临《石门铭》等碑，喜其字体自然飘逸，又浑穆沉实。经过较长时间的苦练，张正权的书法在当时学生中也已是十分纯熟与漂亮，表现得出类拔萃、相当的出色。没想到这写字的技艺，后来竟帮了他一个大忙。否则，张正权后来会是个什么样，他能不能成为张大千，甚至他能不能活下去？实在都很难说。

4. 游水又差点儿去见了"阎王"

在求精读书期间，张正权还喜欢做的事情之一，那就是夏天下河"洗澡"。

重庆是一座著名的山城，更是中国的一座著名的"火炉"，夏天的天气非常炎热，温度很高。求精中学刚好就在嘉陵江的边上，于是耐不住热的学生们常常就互相邀约着，纷纷下河里"洗澡"，去凉快凉快，以避暑热。

张正权素来身体就不怕冷，而是最怕热了——有人说他这是吃了老虎胎的结果，因而他早在家乡内江的堰塘里和沱江边就学会了游水。故当他来到求精后，夏天里热得无法，张正权便常约着傅渊希等一帮同学下嘉陵江的河边上去游水。

这一天，张正权、傅渊希，还有副校长赫荣盛三人相约着一起到嘉陵江里去游泳。在他们三人中，要数傅渊希的水性最好，因为他从小在长江边长大，16岁就投入新军，参加过辛亥革命，于游水、爬山都有一套，还带过兵、打过仗，曾当过军队里的一名"副目"（副班长）。直到成都、重庆两地的军政府合并后，他才离开军队进了求精读书，当时傅才刚刚20岁出头，正值年轻力壮之际。

张正权的水性在班上算是不错的了，但他与傅渊希相比起来，自然就要相去甚远。而副校长赫荣盛当时虽也只有20多岁，可他来自冰天雪地的加拿大，故而游泳技术就很是一般。但他为人和蔼，很喜欢和学生们"打堆"，同时他对重庆这"鬼天气"更是受不了，因此常和张正权等求精学生们下河去凉快凉快。

这一天，当张、傅、赫三人又照常下河游水的时候，竟差点儿出了大事。

往常，他们三人游水，多是游到嘉陵江中凸露出的一块大岩石上，然后再游回来。可是那一天发大水，嘉陵江水陡涨，江面比平时宽了许多，那块江岩离岸边也比平时远了很多，而且水流特别急，人一下去就打晃。一见此景，赫荣盛首先打了退堂鼓，决定就在嘉陵江边游游，凉快凉快就算了。

年轻力壮的傅渊希对此大水仍然是信心十足，决定仍照常游水。年轻气盛的张正权打量了一下江面，挥挥手说"没问题"，于是也跟着下水了。

不料，那天嘉陵江的水势的确是太大了一些。当傅渊希好不容易才游上那块江岩，气喘吁吁地爬上去一看，只见赫荣盛早已转回岸边了，只有张正权一个人还在拼命向着岩石游来。

可是，正当张正权快到这块岩石的时候，他却觉得自己的力量似乎快要用完了。他感到那湍急的江流正在把他拼命朝后卷、向下拉。他的两臂已经酸软，每划一下都仿佛是软乎乎地使不上劲，而那块岩石却不知怎的老是接近不了。他的大脑好像快要出现空白了，只是双手还在下意识地不断刨水，两脚还在努力地蹬动。他看见傅渊希站在岩石上，正焦急地双手高举在向他大喊着什么。张正权渐渐感到无力、感到心慌、感到气紧、感到恐惧，此刻的他真希望这一切是在梦中。

站在江岩上的傅渊希看见这些，知道张正权快不行了。他顾不得多想，跳进水里，奋力游到张正权身边，把正在江中苦苦挣扎着的张正权给救上了岩石。

在嘉陵江中的那块岩石上，张正权和傅渊希二人躺了很久、很久。他们仰望着蓝天白云，胸脯剧烈起伏着，久久都没有说话。最后，他们俩休息够了，这才慢慢地游了回来。

这件事后，张正权仍和往常一样，在天热时的课余后照旧下嘉陵江里去游泳，也没有什么害怕。只是经过了这一次"教训"，张正权更小心些了，再也不莽撞地去"蛮干"了。

只是在时隔数十年之后，求精的许多老人，特别是傅渊希先生回想起当年的情景，仍后怕不止。傅渊希老人曾经无比感慨地对笔者说："那一天的情况，真是太悬、太悬了！因为这种事儿，要是万一没弄好的话，这人可就给玩儿完了！那咱们后来的国画大师，不就……"

5. 刘伯承来求精做了体育教官

张正权在求精中学期间，还发生了一件大事，即刘伯承来求精做了教官。

刘伯承（1892—1986年），原名刘明昭，四川省开县赵家场人，是中国著名的革命家和卓越的军事家。他青年时即参加了辛亥革命，后又参加了护国战争与护法战争，于1926年加入了中国共产党，参与领导了南昌起义，后来久经沙场，所向披靡，战功卓著，成了中国赫赫有名的伟大的军事家和中国人民解放军的十大元帅之一。

张大千的老师刘伯承

当时，刘伯承只有20多岁，是驻重庆的蜀军模范排排长。重庆镇守使署为了在学生中普及军事知识，特派刘来求精中学做了体育教官。刚好，张正权他们这一班，也归刘伯承教课，张正权有幸得到了刘伯承的教诲。

在刘伯承来之前，学校的体育课是一位叫霍必士的洋人在教。这位霍必士是个印度人，个子很高，块头也大，但不会汉语。因其教课非常死板，学生们暗中给他取了一个绰号，叫作"大洋马"，也叫"活必死"。这位"大洋马"上起体育课来，老是站在那儿高喊："Right Face！"（向右转）、"For March！"（开步走）等，而自己却站在原地丝毫不动，把学生们都给"教死"了，故学生们对他十分反感，都称他是"光说不练的教师爷"，是一个不折不扣的"假把式"、"活必死"。

但刘伯承一来，情况就大为不同了，体育课显得非常的活跃。刘教官喊出的口令，清楚明确，刚武有力，学生们的精神皆为之一振，感到十分的喜欢。刘教官的教学非常认真，任何繁复的或者较为难做的动作，他总是自己先做示范，再分解步骤，讲解要点，然后再教学生们去练习掌握，并且是随时给予纠正，直到所有的学生都学会为止。而且，刘教官的正步走、枪上肩等许多军事操练动作，其姿势更是非常的漂亮和到位，显露出了标准的军人气魄和英姿，更令学生们看得入迷，并佩服得五体投地。他们说："刘教官真是呱呱叫，大洋马简直就没法比！"

刘伯承上起课来，虽然十分严肃，对学生的要求非常严格，但在课后他却从不摆教官架子，对学生们的态度极为友善、和蔼可亲。他还经常与学生们互相称兄道弟，嘻嘻哈哈打成一片。刘伯承不仅向学生们传授体育和军事知识，他还常常向这些青年学子们谈论人生哲学，讲解当前的政治局势，青年人应当具有的远大抱负和应该承担的神圣使命，以及古往今来爱国爱民的历史故事和大道理，常常听得学生们连连点头，茅塞顿开。这使得学生们对这位大不了他们几岁的年轻教官更是喜欢，并充满了尊敬与爱戴。

在刘伯承的教导之下，求精学生们上体育课的热情和兴趣愈来愈高、越来越大了。而张正权也正是最喜欢上刘老师的体育课的学生之一。在刘老师指导下，科学地锻炼身体，使张正权的身子骨长得更加结实，而且张正权还懂得了应该如何做人、将来应当如何为祖国服务、如何报效国家与民族的大道理。这对于他后来的事业可说是受益无穷。

但可惜好景不长，刘伯承在求精中学只待了一年多，便被上级调走，去参加那名闻中外的"护国战争"去了，学生们对之非常不舍。乃至刘伯承走后很久，求精的学生们还经常念叨着刘老师，念叨着刘老师教给他们的知识与本领，回想起刘老师和他们在一起的那许多生动的、难忘的日子。

中国有句古语说："一日为师，终身为父。"时过多年以后，已经名满天下的张大千依然对刘伯承老师念念不忘，并对刘老师充满了深深的尊敬与感激。到了 20 世纪 80 年代初，已经定居台湾的张大千，接到大陆亲人打来的电话时，常常第一句话就问："你们的刘（伯承）太老师的身体现在怎样了？他老人家的精神好吗？记住，一定要向他老人家转达我这个老学生的问候，向他老人家请安！"

第六章
被迫当了土匪的师爷

1. 重庆即将成为战场

　　1915 年 12 月 12 日，袁世凯不顾全国人民的坚决反对，悍然宣布实行帝制，宣告自己"顺天承运，承受帝位"，旋改国号为"中华帝国"，建元洪宪，史称"洪宪帝制"。13 日，袁世凯接受了"百官朝贺，三呼万岁"。接着，袁世凯又为自己和百官设定了各种"朝服"，并率领着文武百官，穿着预先定制的各种各样稀奇古怪的"礼服"，举行了"奉天承运"的"祀天大典"，闹得是一片乌烟瘴气。

　　袁世凯的倒行逆施激起了全国人民的极大愤慨。1915 年底，蔡锷、唐继尧等通电全国，宣告云南独立，并组织起了护国军，讨伐袁世凯，轰轰烈烈的护国战争就此开始。1916 年 1 月，贵州省宣布独立。接着，广西、广东、浙江、山东、四川、陕西、湖南等省都先后宣布独立，袁世凯的大势已去。同年3月，袁世凯被迫宣布取消帝制，仍称大总统，但全国人民誓师讨袁、坚决逼袁退位。在全国人民的一片唾骂和反对声中，袁世凯于6月6日病重死去。

这一年的春天及初夏，由于云、贵、川三省的护国军与袁氏军队在四川展开了激战，战火弥漫全川。川东重镇重庆也是护国军的进攻重点，重庆即将成为战场，于是求精中学和当时的大多数重庆学校一样，也决定提前放暑假，以早点疏散学生回家去躲避战乱。

于是，当年5月，张正权带着其弟张君绶和几位家住在安岳、隆昌、永川等地的同学结伴回家。由于他们都没有钱，大家决定：只能是全体徒步走着回老家。

5月27日，张正权、张君绶和其他几名同学一共八人离开重庆，开始了徒步的长途跋涉。

当天晚上，张正权等人走到了白市驿，护送一位家在此地的同学到了家。因为大家都无旅费，故行前就已讲好，护送一名同学到家后，除了在这家免费吃、住外，还由这同学家里拿出一元钱来，作为大家第二天走到下一站的伙食费。好在同学们的家在沿途都有，这样一来，各自就都可以顺利归家了。

2. 回家途中遇见了数拨土匪

第二天一早，张正权等七人继续往前走，于当天晚上到达了位于璧山、江津、永川三县之间的丁家坳。这里没有同学家。当张正权他们正在为当天晚上的食宿发愁时，忽然遇见了正受命在此地招安土匪的老师刘伯承。刘伯承见到昔日的学生们来了，很是高兴，连忙为他们安排食宿，张正权等人也欢欢喜喜地饱餐了一顿。

饭后，当刘伯承听说张正权等这批学生娃竟要长途跋涉着徒步走回家里时，非常吃惊。他力劝学生们赶快顺原路返回重庆去，不要再继续往下走了，因为沿途的土匪队伍乱七八糟，并且是多如牛毛。

但学生们思家心切，同时觉得大家都是穷得嗒嗒滴，哪怕就是土匪来抢，也没有什么东西可抢走。于是大家商量的结果，还是决定继续冒险走下去。

刘伯承见劝不回学生们，只好默然。第二天动身的时候，他也给了学生们一元钱，充作当天的伙食费。这天晚上，张正权他们赶到了永川，把一名同学送回了家。

次日，当张正权他们继续往西赶路时即发现情况不对了，路上的行人比往日的要少了许多，就连空气中都显出了一丝紧张。这时，张正权等一行共还有六个人。他们商议：为了保险起见，遂把人分成了两组，每组三人，分别先后走路，以防不测。

果然，刘伯承的话应验了。这天，走在头里的张正权一组，走了还没有多远，就遇到了一伙土匪。这些土匪们穷凶极恶，首先就把张正权拴裤子的上海皮带给抢了去，害得张正权一路只好双手提着裤子走。

接着，张正权他们在一路上又先后遇见了五拨土匪。但因为张正权等人确实已无任何东西可抢，搞得这些土匪们都很是悻悻。

张正权他们也觉得"很惭愧"："我们真是穷得嗒嗒滴，竟是连被抢的'资格'都没有，说起来也真是太可怜了！"

3. 在邮亭铺终于被土匪绑架

当天晚上，张正权一行人来到了邮亭铺。这是一个位于永川、大足、荣昌三县之间的一个大集镇，地处交通要道，位置十分重要。张正权他们走进镇子一看，这个往常非常繁荣的大集镇，此时却是关门闭户、死气沉沉，所有的居民都面露惊惶，个个神色紧张，显露出一片恐慌气氛，好像即将有一场大祸来临。

张正权他们找到了邮亭铺上的教堂，打算投宿。谁知教堂的磐牧师却告诉他们，今日白天，邮亭铺的民团打死了来抢劫的两名土匪，照老规矩，今晚土匪们一定要倾巢出动来镇上报复。镇上能逃的人家都逃了，不能走的也人人自危。现在别说是不认识的生面孔不敢留，哪怕就是亲戚朋友都不敢收，怕被土匪们认为是民团，连累着大家都遭殃。磐牧师神情惊慌地叫学生们："你们赶快走、赶快走，越快越好，走得离这里越远越好！"说完，他砰的一声关上了教堂的大门，就把六个学生关在了外面。

这时，天色已经擦黑。张正权他们是又累又饿、全身乏力，已经走不动了。六个学生就蹲在教堂的围墙外，感到实在是进退两难。他们若是勉强继续走，但又不知土匪会从哪个方向来，若是在半路上碰见了土匪，天色又黑，那肯定会更危险。最后大家商量的结果，还是决定留下来，就在教堂的外面过夜。至于说晚上会发生什么事情，那也只能是听天由命了。

　　同学们商量好了后，各自在教堂外找了一个地方，或坐或躺下歇息。张正权躺在一块冰冷的石板上，肚子饿、腿脚疼、心里怕，真是觉得凄惶至极。不知怎的，他这时突然想起了一个成语，叫作"丧家之犬"。他感到，他们目前的这种处境和这句成语真是贴切。不知不觉，他睡着了……

　　不知道过了多久，突然，夜空里响起了密如爆豆的枪声和令人恐怖的喊杀声，把张正权他们惊醒了。同学们胆战心惊地抬头一看，只见在火光映红的夜空中各种装束的土匪成群结队，端着枪或提着刀，呐喊着向镇上冲来，密密麻麻的枪声、喊杀声不绝于耳。在火光中，只见老百姓哭的哭、叫的叫，正在四散逃命。这一下，张正权他们也慌了，六个人不禁拔脚便逃，顿时作鸟兽散。

　　没跑多远，张正权只觉得自己的后脑勺被猛地一击。他跌倒了，立刻就被一群土匪给抓住了。土匪们高喊："又逮到了一个'爬壳'（民团）！"张正权赶紧叫道："我不是'爬壳'，我是学生，我是学生！"幸亏他这一叫，土匪们用火把来照亮了他的脸，这才把子弹退了膛。张正权知道，如果土匪们认为他是"爬壳"，那他肯定就是必死无疑了。

　　土匪们当时虽没有对张正权开枪，却马上把他给五花大绑了起来，押进了土匪绑架的群众里。不久，张正权被押到了公路边，只见公路的两旁都站着成串的被绑着的男女老少。在被绑架的群众中，他忽然看见了同学樊天佑，而其他的同学，包括他的弟弟张君绶，则一个都没有看见。张正权心想，能看见被绑架的，总算是人还活着，而没有看见的，则十有八九是凶多吉少了。他这时，真有着一种死去活来的感觉。

4. 被迫当了土匪的"师爷"

半夜时分，土匪们押着长长的群众队伍，扛着、背着各种各样抢劫得来的财物，离开了火光冲天的邮亭铺。

张正权随着人们高一脚低一脚地走着。土匪对待群众就像对待牲口一般，吆吼声、怒骂声和鞭打声不时响起，赶着人群摸黑前行。

不知道走了多久，张正权他们来到了一个名叫"千斤磅"的地方，被押进了一家大客栈的牲口棚里。接着是土匪们吃饭、喝酒，大摆"庆功宴"，而张正权是又冷、又饿、又累、又害怕、又伤心，只能眼巴巴地在牲口棚里望着。

土匪们吃饱喝足后，开始"过堂"了——即把人们挨个儿拉去"审问"。凡是当过民团的人，则统统拉去枪毙，一个不留；而其他的人，不论贫富，则通通被当成了"肥猪儿"（绑票），并视其家庭的经济情况，要其家中拿钱来赎。

轮到张正权"过堂"了。土匪们先弄清了他确实是从重庆大码头来的学生后，认为逮着了一头"大肥猪"，要张正权立刻写信给内江家里，必须拿四挑（四千两）银子来赎。张正权和土匪们争论再三，说实在是没有这么多钱，土匪火了，把枪一拍说："你个龟儿子再不写，老子们就马上毙了你！"

张正权被逼无奈，只好提起笔来，一面流着眼泪，一面写起了这封令他好不伤心的赎身信。

不料，土匪们看见张正权写的赎身信后，认为他写起字来"溜溜刷"（又快又好）。他们的眼珠一转，决定不要张正权的赎身银子了，而是要张正权"入伙"，当他们的"师爷"。张正权死活不干，情愿拿银子来赎身。但土匪们又把枪一拍，指着张正权骂道："你个臭龟儿子，要是敢再不识抬举，老子就马上送你去吃花生米！"

张正权深知，土匪是说得出来做得到的，杀掉个把人，对他们来说毫不稀奇。在这种情况下，张正权"好汉不吃眼前亏"，只得答应了。土匪们转怒为喜，马上命令："快送师爷去休息！"

就这样，为了求生，张正权于万般无奈之下被迫"入伙"，成了"师爷"。

5. 好像被人当成了"猴耍"

第二天，土匪们要去打劫另一个集镇，遂派人将张正权先送回其匪巢去。

土匪们怕"师爷"走不惯山路，还特意为张正权预备了一顶轿子（滑竿），并派了两名武装土匪跟着。张正权坐在滑竿上，被抬回了匪巢龙井口。

轿子一到龙井口，张正权便被寨子里的村民们给围住了，说是来看看"重庆大码头洋学堂里来的大学生"究竟是个啥样子。在众目睽睽之下，张正权觉得自己成了"展览标本"，羞辱难忍。

没过多久，张正权被领去见了龙井口匪巢的"大哥"。"大哥"上下打量了张正权一番，感到满意。

接着，"大哥"拿出了一件长衫、一顶带红结子的瓜皮小帽，还有用绳子拴着的一对象牙图章，赠给了张正权，说是"给师爷的见面礼"，并要张正权马上就把这套行头穿上。张正权不敢不穿，但却感到自己受到了严重侮辱，觉得自己被人装扮成了一个小丑，就像是江湖上耍把戏的猴子任人打扮、供人取笑和寻乐。但张正权当时却既不敢怒，更不敢言。

张正权穿好这身"师爷"的行头之后，"大哥"对之反复打量，感到更加满意，于是挥挥手，张正权遂被带了出去。

从此，张正权留在龙井口寨的匪窝子里做了"师爷"。他或是替土匪们算算账，或是给土匪们写写告示，或是替土匪们绑架来的"肥猪儿"（绑票）写赎身信，等等。白天，他虽然还能到处走动一下，土匪们也个个都尊称他"师爷"。但一到晚上，张正权却不准出房门一步，并有武装土匪在门外看守，名曰"保护"，其实是怕这位被绑来的"师爷"逃跑了。

就这样，日子过了一天又一天，张正权本人也不知道已经当了多久的"师爷"。

6. 被迫参与抢劫并做了回"雅贼"

一天晚上，张正权正要睡觉，忽然有土匪来通知他说，今天夜里大家要出去"发财"，"大哥"命令带"师爷"一道去。

张正权本不想去，但又不能不去，只好跟着土匪队伍出发了。

大约在午夜时分，土匪们接近了一处宅院。他们悄悄包围宅院后，猛然发出一阵喊，就端着枪直冲了进去。

原来，这是一个大户人家的宅院，大概主人事先得到了风声，已带着家人全逃了，只留下了一处空院。但屋中的财产细软等物，还没有来得及全拿走，于是土匪们毫不客气，打起灯笼火把就在各房里翻箱倒柜，到处搜抢值钱的东西。顿时，这座寂静的宅院充满了大呼小叫，各种衣服物品等四处狼藉。

张正权呆呆地站在屋子中间，看着土匪们在手忙脚乱地搜财物、抢东西，他却不知道自己应该做什么才好。正在这时，有土匪指着他骂道："师爷，你像根死木头一样戳在那里干啥？你也得赶快动手拿东西呀！咱们黑道上的规矩，是任何人都不能空手而归的啊！"

张正权无奈，只好用眼光到处搜寻，看看自己能拿点啥。忽然，他的眼睛一亮，发现在这家人的书房里面放有许多书籍，墙壁上还挂着一些字画。张正权赶紧走过去，在书架上和桌子上略翻了翻，发现有一部《诗学涵英》，是教人如何作诗的，书中还附有历代的许多诗词名篇。张正权对之很喜欢，于是拿起这本书就走。

谁知，张正权还没有走上几步，一个土匪就怒气冲冲地夺过了他手中的书，掼在地上骂道："你个蠢龟儿子，啥子东西不好抢，非要去抢输（书）！听到没有，'输'字犯忌！"

张正权涨红了脸，被迫无法，只好再向四周寻去。书房里再没有别的，只见墙上挂着有四幅《百忍图》，倒还笔精墨妙，有些意思。张正权于是搭起凳子，把这四幅《百忍图》给取了下来、卷在一起，并趁土匪们没注意的当儿，又把那本地上的《诗学涵英》给悄悄地裹进了画中，一并夹在腋下赶快大步出了房门。

土匪们这一趟"发财"回来，"油水"不小，都很高兴。张正权对于此次之行，虽然是脸红心跳，但又想，尽管自己被逼着"上了梁山"，也干起了"越货"勾当，但抢的不是书就是画，倒也不失为一个"雅贼"。

回来之后，张正权把这四幅《百忍图》挂在了房内，日日欣赏,一是领会其画意,二是揣摩其画技。他决定,为了保住生命,必须要寻机逃出匪窟,但他目前还须得要心字头上一把刀——必须要一忍再忍。与此同时,张正权也翻开了《诗学涵英》,从中开始学习作诗。

从此,张正权有了诗、画相伴,他在匪巢中的日子也觉得好打发多了。

7. 土匪巢中竟遇见了进士老师

就这样,张正权身在土匪巢中竟然学习起如何作诗来了。于是,在张正权的住处及其附近,在这满是"炮筒筒"(枪杆)的土匪窝里竟经常响起了张正权那时而高吟、时而低回的琅琅诵诗声及土匪们那极端粗野、狂放的嚣骂声和号叫声,与张正权那文绉绉、酸溜溜的读书声、吟诗声混在一起,形成了极其强烈的反差和非常滑稽的奇特景象。

一天,张正权在住处的后院吟诗时,忽然听见角落里的一间小黑屋中传来了一阵痛苦的呻吟声。张正权走过去一看,原来在这间小黑屋中新关了一位被土匪们最近抓来的老人。通过交谈,张正权方知这位老人原是清朝时中过科举、有过功名的进士老爷,其老家住在大足县珠溪镇。他前些日子出外走亲戚,被土匪们于半路中给绑了来,当作了一条"特大肥猪儿"勒索,要他家出一万两银子来赎。老人一辈子两袖清风,哪里有这笔巨款赎身?于是土匪们就天天折磨他,害得老人浑身是伤,苦不堪言。

张正权得知这些情况后,无比难过,但对之又无能为力。老人知道了张正权的身世后，也对之感到非常痛心。他见张刻苦好学，在匪巢中仍不忘学习，于是主动提出愿教张正权如何作诗。

天上突然掉下来了一位进士老师，张正权喜之不尽，于是遂利用自己的"师爷"身份，想方设法处处为进士老师求情说项，尽量让土匪们少折磨老人，从而免掉了老人的许多皮肉之苦。老人为此对张更是深为感激，从此教张正权更加尽心尽力，使得张正权的诗艺大进。

就在这环境险恶的匪窟中，患难中的张正权和进士老人相濡以沫、互相帮助，在苦痛中度过了许多快乐的时光。

但有一天，当张正权再来到后院时，却发现那间小黑屋已空，老人已经不见了踪影。张正权大急，急忙询问看守土匪，但土匪却躲躲闪闪着含混其词。张正权心知，老人必然已凶多吉少。他发疯似地到处寻找老人，但却再也打听不到这位进士老人的任何消息。

从此以后，张正权对在匪巢内学诗和作诗都觉得兴味索然了。

8. 用脑袋为同学担保

没过多久，因有官兵来剿，张正权所在的这股土匪队伍转移了驻地，和另一股土匪队伍合驻在了一个小山村里。

另一股土匪队伍的首领是个跛子，人称姚跛子，此人极凶恶阴险。就在姚跛子的队伍中，张正权突然看见了他在求精中学的同学樊天佑。原来走到邮亭铺的那天夜里，张正权一行在邮亭铺的教堂外互相逃散后，樊天佑即被姚跛子的手下绑架。姚跛子要樊家拿出一大笔钱来赎身，但樊家本来就很清贫，根本就拿不出姚要的数目，于是樊天佑在匪巢中受尽虐待，痛苦不堪。张正权一见樊就大吃一惊，因樊天佑蓬首垢面，人已经瘦得不成样子，而且两只手还被反绑着，手和胳膊都已经发肿、发黑了。

樊天佑一见张正权，就禁不住号啕大哭，口口声声要张正权赶快设法救他，否则他定死在这土匪窝里。张正权也难受极了，与樊天佑一起抱头大哭。但张、樊二人的哭声却惹恼了看守樊天佑的土匪。土匪指着张、樊二人破口大骂，并挥动着鞭子来打樊天佑。张正权无奈，只好与樊天佑依依道别，并答应一定要设法救他。

张正权见过樊天佑后难受至极，也气愤至极。他直接去找了自己那支土匪队伍的首领"康大哥"，希望"康大哥"能够帮忙，代向姚跛子说情，放了樊天佑。"康大哥"听张正权一五一十讲完后，很是欣赏张正权的仗义、对朋友同学够义气，便答应愿意帮忙。张正权大喜，赶紧把这好消息告诉了樊天佑，好让樊早点放心。

第二天，"康大哥"、张正权、樊天佑和姚跛子进行了异常艰难的赎身谈判。

姚跛子的态度依然非常蛮横，一开口仍要樊天佑出四挑银子（即四千两银子）的赎金。张正权赶紧向姚解释，说是樊家很穷，实在拿不出这么多钱。但姚跛子把眼睛一瞪说："哪怕就是一条瘦狗，老子也要咬下它三斤板油！"此话一出，顿使谈判陷入僵局。

这时，"康大哥"插话了。他说："姚老弟，依愚兄看来，这樊家是没有什么钱。否则，如果是有钱的人家，他咋会舍得让自己的宝贝娃娃从重庆大老远的徒步走着路回内江？如果你非要他出那么多银子，他家又出不起，最后货砸在了你手里，那岂不是反要赔了夫人又折兵——既赔了你的伙食费，还要倒贴你的看守钱。俗话说得好，能饶人处且饶人。我说姚老弟，你哥子是个聪明人，就看在愚兄我的面子上，适可而止，适可而止吧，如何？"

这姚跛子以前曾是"康大哥"的手下，姚见"康大哥"亲自出面了，他不能不卖"康大哥"的面子。于是又经过了几番激烈的讨价还价，姚跛子最后才终于同意，只要樊家出 800 元现大洋作赎金，并同意先放樊天佑回内江取钱。但他还有一个附加条件：即要张正权用脑袋为樊天佑做"担保"，且必须以 10 天的时间为限。如果樊天佑在 10 天之内没有把 800 元现大洋送来，那他就要杀掉张正权。姚跛子眼露凶光挑衅地说，只要张正权敢答应"作保"，他就可以马上放人！

这一下，球被踢到了张正权这边。张正权面临着极其艰难的生死抉择！

顿时，屋内变得鸦雀无声，空气都似乎被凝固了。

张正权的脑子这时飞快地旋转着，考虑着种种可能性。他看见樊天佑的脸色惨白，眼中含泪，轻声向他连声低语道："不，不，张正权，我宁可死，你也决不能答应！"而张正权还看见，姚跛子正在得意地狞笑着，仿佛料定了张正权也决不敢答应此事。屋内只有"康大哥"似旁若无事，在大口大口地喝着茶。

张正权见着这一切，不知从哪儿来的勇气，他将心一横、牙一咬，干脆回答说："行，我答应！"

张正权的话音刚落，霎时里只见姚跛子目瞪口呆，似被钉坐在了板凳上，露出了极其失望的神色。而"哇！"的一声，樊天佑却大哭了起来。"哈哈哈哈！……"一直坐着喝茶的"康大哥"

这时却突然爆发出一阵大笑，并仰头向姚跛子说："姚哥子，事情就这样定了！这君子一言……"姚不无气恼地回答："驷马难追！放人！"说完，姚跛子即气鼓鼓地带着手下人骂骂咧咧地全走了，留下了樊天佑。

时间紧急，樊天佑决定马上动身。分手的时候，樊天佑和张正权相拥着又大哭了一场。樊天佑担心，自己就是回了家，也凑不齐800块银元啊，那岂不是把好同学的命给白白搭上了？张正权告诉樊，他已给家里写了信，请樊带去，一是向家人报告自己的消息，二是让家中也帮樊凑凑钱，三是请家里再想方设法，也凑钱来把自己给赎回去。张正权再三叮嘱樊天佑，不管能否凑足800元钱，在10天之内，他一定要赶回来，否则自己的小命就完了！张正权一边含着泪叮嘱说，樊天佑也一边流着泪点头答应。

在分别时，天上下起了小雨。张正权和樊天佑依依难舍，真可谓是"流泪眼观流泪眼，断肠人送断肠人"。这时张、樊二人的脸上，已分不清流的是雨水还是泪水了。

就这样，樊天佑走了，张正权的一颗心也沉了下去。

9. 突然又成了国军的"司书"

樊天佑走后，杳无消息。每过一天，张正权就在木柱上刻一道痕记。不知不觉，转眼间已过去了约一个星期，但樊天佑还是没有音讯。

到了第九天的头上，还是没有一点儿关于樊天佑的消息，张正权急得就像是热锅上的蚂蚁，团团乱转。这天下午，张正权又到村口去打望的时候，恰好遇见了姚跛子手下的几个土匪，他们正在磨一柄大刀，说是明天要用来砍一颗人头。磨声霍霍，吓得张正权是心惊胆战。

姚跛子的土匪们磨好刀，还故意拿起来在张正权的脖子上比画了一番，说是看从哪儿下手比较顺手，这更是把张正权给吓了个魂飞魄散。

张正权无法，想来想去，再次去找"康大哥"，请他帮助帮助。

谁知"康大哥"听了之后，只是轻描淡写地说，请"师爷"放心好了，他自有"良策"。但张正权不知道康的"良策"是什么，心里还是一个劲地直打鼓。

就在第二天的凌晨，"康大哥"的这支土匪队伍悄悄开拔，离开了这个小山村。张正权夹在队伍里面匆匆走着，虽然他不知道这是要去哪里，但他暗想，这会不会是为了自己的事，"康大哥"为了避免同姚跛子发生武装冲突，而故意率队躲开呢？而张正权又想，不管因为什么原因吧，自己离开了姚跛子，这就算是拣了一条命，"康大哥"对自己是有救命之恩。想着想着，张正权显得特别高兴，在队伍中走得很起劲。

快到中午时，"康大哥"的队伍来到了永川县的来苏镇，这里位于邮亭铺的南面40多华里。到了来苏镇，"康大哥"才向众人宣布，说他久已厌倦了土匪生活，并早已同官府暗中联系好，愿意接受政府的"招安"，今天就是按照原定的计划，来此地接受官方的"改编"的。

张正权一听，真是喜出望外，高兴得一蹦老高，笑得直合不拢嘴。因为他听见"康大哥"说，从此之后他们就不再是人见人恨的土匪，而是光明正大、堂堂正正的"国军"了。如此一来，他不仅能脱离姚跛子的砍头威胁，自己也不再是属于土匪了。而且，既然是"国军"了，那说不定他还可以请假回家，这样一举数得，该是多大多好的事啊！张正权的心里充满了对"康大哥"的感激。

张正权知道这来苏镇上有一座福音堂，还有一位求精的老同学正在此地教书，并曾向张正权要过画儿。当天中午，张正权就向"康大哥"请了假，来到来苏镇上，找到了这位老同学，请他设法向内江的家中报告这一"特大喜讯"。

不巧的是，第二天上面即命令这支新改编的部队去东南方向五六十里远的松溉镇驻防及集训，于是张正权他们又来到了松溉镇。该镇位于长江边上，处在泸州和江津县之间，这里以盛产窑器闻名。

在松溉，这支土匪队伍被正式改编成了国军第三营第四连。每人按照原来职位的高低，也都分别被授予了相应的军职。于是，"康大哥"遂成了康连长，一些原来的内、外管事等大小头目则被分封成了副连长、排长、副排长、班长、副班长等。张正权这位"师爷"，也被封为了该连的"司书"。一时间里，人人都在弹冠相庆。

10. 张正权仍被国军当成了"肉票"

"康大哥"的这支被新招安的"国军"在松溉一住，便住了有大约一个月。

这支"国军"在松溉没有具体任务，每天就是下操、集训等。日子一长，新鲜劲头一过，野性惯了的"哥子们"个个都是无精打采。特别是军营里的清苦生活，每天那几顿千篇一律、清汤寡水般的平淡伙食，更是使得以前出手阔绰、满嘴油水、大鱼大肉惯了的一些土匪头目们牢骚满腹。于是，有些人为了"找俩钱花"，又动起了歪歪脑筋。

一天，张正权被一位姓罗的排长给专门找了去。罗排长开门见山就说，"康大哥"曾经救过"师爷"的命，对张有救命之大恩，可"康大哥"现在有困难，想必"师爷"也绝不会袖手旁观吧？

张正权问罗排长，此话是什么意思？罗排长忙答，说是招安至今政府尚没有拨下来一分钱的粮饷，"康大哥"现正为了这事万分着急，因此希望张正权能够写封信回去，叫家中送些银子来，以救"康大哥"的燃眉之急。罗还讲，虽说上级命令部队里不准让任何人请假回家，但只要张家送了银子来，他就可以完全做主，打包票立马放张正权回家去。这种对双方都有好处的事情，那又何乐而不为呢？

张正权听了这些话，真是又急又气。心想，搞了半天，哪怕现在都已经给招安了，结果你们还是把我当成一张"肉票"看待！但他也知道，这个罗排长不好惹，遂含糊着先答应了下来。

罗排长一走，张正权立即去见了康连长。他一五一十向连长详细报告了此事，并说，如果这是连长的意思，他感谢连长以前对他的救命之恩，哪怕就是倾家荡产，他也一定照办！

康连长一听，勃然大怒，疾呼快传罗排长。罗排长一来，康指着他的鼻子就是一大通的臭骂，直骂得是飞沙走石、天昏地暗、祖宗八代统统涉及，把罗给骂了一个狗血淋头、唯唯诺诺。罗最后只好跪下，向康连连磕头求饶说："小的再也不敢了！"

但与此同时，张正权却分明看见，罗排长向他射来的一道道凶光令人胆寒。

张正权知道，自己从此又多了一个"仇人"。于是，他更是格外的处处小心提防、时时谨慎、时刻不离康连长的左右。

就在这种提心吊胆的生活中，日子过了一天又一天。

11. 侥幸逃掉了一命

没有多久，第四连接到命令，离开松溉，重返来苏。

张正权计算日子，距上次离开此地的时间，大约已有一个多月了。因为挂念家中的消息，部队一到来苏，张正权即立刻请假去了镇上，去找他的那位同学，看看家中来信没有。

在来苏镇的福音堂内，张正权找见了他的那位同学，刚好福音堂的牧师也在，于是三人坐在一起喝茶、聊天。正在这时，他们忽然听得外面枪炮声大作。张正权出门来一看，枪炮声正是来自于他们部队的驻地方向。张正权当时就想回营，但被同学给拦住了。张正权无奈，只得待在福音堂内耐心等待。

直到下午，枪声方稀。张正权心想，大概是土匪来攻打这支招安部队，但被康连长他们给打败了。张正权刚要出门，突然福音堂内涌进来一大批武装民团。他们一见张正权就大叫大嚷："这里还有一个，这里还有一个，快抓起来，快抓起来！"不由分说，张正权当时就被五花大绑，给捆成了一个"粽子"。

张正权被捆着押进了来苏镇区公所。在这里，他遇见了几个四连的"战友"，他们也都被五花大绑着，有些人还受了伤。从他们的口里，张正权才知道了，刚才打的那一仗，被打的正是他们连。

原来，当时的地方上为了减轻匪患，政府虽也采取了"招安"的办法，但实行的都是"假招安"，当局对土匪队伍绝不信任。一有机会，安排妥当，就进行围剿，务求消灭。这一次，官兵就出动了一个营的正规部队，并调集了大批的武装民团配合，在新"招安"来的第四连刚刚抵达来苏镇且立脚未稳、毫无防备之时，就打了他们一个包围战。这一仗下来，康连长和他的手下人马几乎全部被歼。

张正权为此真是有一种说不出的气愤与悲痛。他对当局的不守信用和背信弃义深感寒心。同时，他更对自己当时不在队里而感到庆幸。否则，他现在究竟是死是活，实在难测。

命运之神的翅膀啊，又一次眷顾了张正权。

12. 政府区长公然勒索了绑费

快到晚上了，张正权他们这一群俘虏被一个接一个地押到公堂上去受审。这种审讯很简单，几句话盘问下来，凡是曾当过土匪的就马上给拉出去就地正法——枪毙；若不是呢，则斟酌处理。

轮到张正权受审了，张正权口口声声反复声明自己是重庆求精中学的学生，绝不是土匪。就在这时，来苏镇上的同学和福音堂的牧师也都赶了来，齐声证明张正权所说的句句是实，是被土匪们绑架来的，并且他们愿意为张"作保"，这才使得张正权避免了被"当场正法"。

尽管张正权的身世已经被审清楚了，但审讯者还是不愿意马上放人，说是还要研究研究。

最后，他们研究的结果是，决定把张正权交给审讯者之一——已经退休的前任区长王某"暂时看管"，等他们派人去张正权的老家内江县调查之后再做出处理决定。

就这样，张正权又成了官家的"俘虏"，被押到了来苏镇的前任区长王某家。

在王某家里，张正权不仅是俘虏，而且还成了一个不需要支付工钱的苦力。王某家里的任何轻重活儿都要张正权干，不让他有一丁点儿时间休息，而且是让他吃得很差、吃得更少。张正权待在这里，不仅是没有一点儿自由，而且其生活过得比被土匪绑架去了还更加苦不堪言。

可是，忽然有一天张正权的这种苦难命运得到了改变。

原来，王某经过一段时间的打听，听说内江的张正权家里还"颇有几个钱"，于是对张的态度立马大变。他摆下了一席盛宴，专门招待张正权，搞得张正权是受宠若惊。王某摸着他的八字胡，笑嘻嘻地扯东扯西，表示亲热和关切，最后才步入正题说，要张正权立刻写信回内江家中要钱，以"酬谢"这段时间张正权在王家的"伙食费"、"住宿费"、"安全费"、"看管费"、"茶水费"、"陪伴费"等各项费用，合计钱款不多，总共只要2000两银子即可。只要钱一拿来，他保证把张正权给放回去。说完，王某就把早已准备好的笔墨纸砚放在了张的手边。

张正权看着这一切，知道了这是王某早已安排好的计谋。他若是不答应的话，其后果将非常难测，肯定是不堪设想，说不定他会被王某给活活折磨死。无可奈何之下，张正权只好提起笔来，写下了这封赎身信。

自从张正权写了要钱信后，王某对他的态度立刻大变，每日对他好吃好喝招待着，再也不让他干任何活儿，几乎把张当菩萨一样供起，反弄得张正权百无聊赖。

几天之后，内江家中得到张正权的来信，立刻派了四哥张文修从内江赶到荣昌，又赶到来苏与张正权见上了面。兄弟二人相见，百感交集，悲喜难抑，互相抱头痛哭不止，并有说不完的千言万语。

张文修向王某交纳了银子后，第二天一早，他即带着八弟张正权乘轿回家。直到这时，张正权才真正感到自己是自由了、解放了，结束了他这段噩梦般的生活。

从四哥的口中，张正权还知道了九弟张君绶和几位同学均已平安归家，樊天佑也回去了——他从土匪窝里回去后，曾去张家报告过情况，哪知当张文修赶到那个小山村时，张正权的队伍已经开拔了，姚跛子的土匪队伍也不知去向，当时家中大急。直到他们收到王某派人送去的信后，全家人才知道张正权还活着。

张正权曾经问四哥，王某到底敲了他们多少钱，四哥避而不答，只是说："这钱嘛，是身外之物，只要人能够活着，那就是大幸！"

张正权听见这些，也不禁陷入了沉思，并感慨万分。他想，自己被土匪们绑了去，结果土匪们还没有要他向家中写信要钱；而自己被官府"解放"后，末了官府倒逼着他向家里写信，要"赎身费"。这岂不是滑了天下之大稽？！这个世道啊，真个是是非颠倒、黑白混淆，让人搞不清楚、摸不着头脑了！

红叶双栖（仿宋代林椿　1935 年作）

松下高士（1938 年作于上海）

汉家双雄（与张善子合作　1938 年作于重庆）

黄山黄帝炼丹台（20 世纪 30 年代作）

秋山萧寺（仿元代王蒙　1940年作）

荷花（1940 年作）

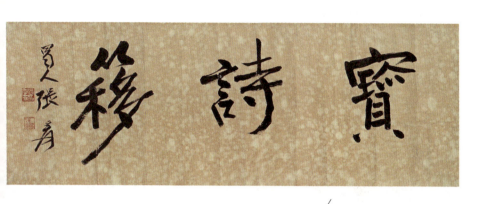

书法·宝诗籀（20世纪40年代作）

灵谷深松图（20 世纪 40 年代作）

围棋赌墅（1944年作）

柳下高士（1944 年作）

麻姑献寿（1944年作）

西岭春云图（临五代巨然仿唐代阎立本　1945年作）

仕女图（1945 年作）

桐荫高士（1945 年作）

松月抚琴图（与溥儒合作　1946 年作于北平颐和园）

华岳仙掌峰（1946年作）

第七章
张正权出家当了和尚

1. 不愿意赴日本留学

张正权被四哥接回内江之后，全家人见着他，那份欢喜自不待言。尤其让张正权高兴的是，留学日本的二哥张善子，听说八弟身陷匪窟，生死不明，也特地从日本赶了回来，设法营救。这一下全家团聚，热闹非凡，天天都像是过节一般。

此时，袁世凯早已死去，黎元洪继任大总统，任命了云南护国军总司令蔡锷为四川省督军兼省长。蔡锷将军在1916年的7月底赴成都走马上任，但他在成都待了没几天，即因为喉疾发作，被迫于8月9日离成都东下赴日本就医，临行前曾发表了传诵一时的《告别蜀中父老》书，恋恋难舍，深情依依。

自蔡走后，在护国运动中入川的滇、黔军队，为了争夺四川的地盘、政权、资源和财富，又同川军重新开战，在四川打得乌烟瘴气，一片混乱。这使得当时的四川是更加的兵匪祸结、战火弥天，老百姓苦不堪言，纷纷逃难，生活过得动荡不安。

在这种情形下，张正权想再回重庆求精中学继续读书已不可能了。于是全家商量的结果，决定让张正权跟随二哥也去日本留学。

张正权听见这个决定之后，他虽然高兴，但同时也感到闷闷不乐。因为他觉得，自己刚从匪巢归来，安稳日子还没有过上几天，就又要远离父母亲人出国闯荡，这实在是有些不忍。另还有一个重要原因，即他舍不得离开自己的未婚妻谢舜华。

谢舜华是张正权的表姐，实际上只比张正权大三个月。他们俩从小在一块儿长大，可谓是青梅竹马、两小无猜。随着二人渐渐长大，他们俩的感情也越来越深，只要在家里，他们俩就谁也离不开谁。因此，双方家长早就为他们二人定了亲。

这次张正权被土匪绑去，家中最着急、哭泣得最多的人要数谢舜华了。而当张正权平安回来后，最高兴、最激动的人自然也是谢舜华了。因而，张正权不愿意现在就出国留学，他是想多陪陪谢舜华一些日子。

张正权的心思，家里人自然清楚。于是，经过家中人的反复开导、动员，特别是张善子的左说右训，再加上谢舜华也劝他"好男儿应为前程着想"，张正权这才答应了下来。

于是，1916 年的冬天，张正权跟着二哥离开了家乡内江，坐船东下，经重庆、上海远赴日本，开始了他的留学生活。

这次出行，长江两岸，特别是长江三峡的绮丽迷人的风光极大地开阔了张正权的眼界，并给他留下了极其深刻的印象，这为他后来的职业画家生涯奠定了牢实的根基。但张正权也万万没有想到的是，他这一走竟是同未婚妻谢舜华的永别！

2. 学习染织时仍自学绘画

1917 年初，张正权跟着二哥从上海坐船来到日本。按照事先的安排，张正权进了日本京都公平艺术学校学习染织。

"现在不染纸了，要染布！"张正权对于家中的这一决定，并不乐意，但又无可奈何。因为父母亲和三哥等人商量，根据当时四川的各方面情况看，他们打算今后开办一个染布坊，于是特意叫张正权先来日本学习染织，好担当未来"张氏染坊"的"顶梁柱"。尽管张正权不太情愿"染布"，但他素来孝顺，不愿意也拗不过家中的意见，只好先学着再说。

好在染布既是一门技术，也是一种艺术，张正权对此学习也甚为努力，因而他在学校的功课也学得极佳。而与此同时，张正权仍未放弃他对绘画的爱好。在课余，张正权几乎把全部时间都用来绘画。张善子对八弟的这一行动也很是支持。他除了到处搜罗张正权学画所需之金石书画、参考资料、笔墨颜料等物，以使张正权能"后顾无忧，粮草充足"外，他还常常带张正权去参观各种画展以及去日本各地的名胜古迹和各个风景胜地观光游览，以扩大八弟的见识和学习别人的长处。因此，一段时间下来，张正权的画艺进步极大。

就这样，张正权在日本京都学习顺利、画艺大进，度过了一段快乐的日子。

3. 爱国心切成了带着翻译的留学生

不久后发生的一件事却使得张正权受到了极大的震撼与极深的刺激。

当时张正权在京都的公平学校中也要学习英语。班上除了有日本人、中国人外，还有韩国人。韩国当时已遭日本霸占，中国也受到日本极大的侵略，中、韩两国的留学生们，由于是"同病相怜"，不但学习上都很刻苦，而且相互间也很接近，因而张正权与班上的一位韩国人结成了好朋友。但因为彼此都不懂对方的母语，于是他们就经常用英语交谈。

一次，当张正权和那位韩国同学正用英语交谈得十分热烈时，班上的一个日本学生忽然插了进来，用十分蹩脚的英语结结巴巴地同张正权他们谈话。张正权觉得十分难听，不禁指着那位韩国同学对这个日本学生说："哎，你们日本人讲起英语来，怎么老那样差劲？你瞧瞧，这位韩国同学讲的英语是多流利、多好听！"

谁知那个日本学生不但不自以为愧，反而轻蔑地瞧了一眼那个韩国同学，盛气凌人地骄横说道："哼哼，张先生，难道你没有听说，亡国奴的舌头是最软的么？要侍候好别人，当然首先就得要学好别人的语言喽！"

张正权一听，突地一下一股热血猛冲到了头顶，气愤得火冒三丈。他再看看那位韩国同学，也是脸色变得惨白，嘴唇哆嗦着不住发抖，再没有说出一句话来。好端端的一场谈话就这样子不欢而散了。

当晚,张正权是饭吃不下、书读不进、辗转难眠。他的眼前老是浮动着那个日本学生的傲慢嘴脸。他的耳边也老是回响着那句轻蔑的话语:"亡国奴的舌头是最软的!"他觉得自己祖国的尊严已经受到了严重的侮辱!他忧伤、他激动、他愤怒、他翻来覆去,睡不着。他干脆坐了起来,望着外面漆黑的夜空,想了许多、许多……

张正权知道,自1910年以来,韩国即被日本占领,成了日本的殖民地,朝鲜人民皆成了日本的亡国奴。中国虽是一个大国,但在1894年的中日甲午战争中北洋舰队全军覆没。中国战败之后,日本即逼迫中国赔偿了日本军费白银二亿三千万两,并强迫中国割让了台湾和澎湖列岛与日本,使台湾和澎湖列岛成了日本的殖民地,台湾同胞从此成了日本的亡国奴,处于水深火热之中。1900年,日本人又出兵参加了八国联军,对中国进行了极其野蛮的侵略与烧杀抢掠,犯下了滔天罪行,并从后来的《辛丑条约》中得利极大。1915年,日本政府又向袁世凯政府提出了臭名昭著的"二十一条",妄图灭亡整个中国,遭到了全中国人民的坚决反对。这一桩桩的历史事实,当时就像是电影画面一般,一件件地浮现在了张正权的眼前。

张正权来到日本后感受到,尽管大多数的日本人民对中国仍是友好的,但是白天那个日本学生的盛气凌人的话语还是代表了日本朝野中相当多一部分人的思想与情感,表现出了他们对于中国的傲慢与偏见,并反映出了当时日本军国主义的强烈扩张倾向。

张正权想着这些,真是越想越生气。他觉得自己作为一个中国人,不容侮辱!自己祖国的尊严,那更是不容侮辱!可是,自己正在日本留学，那又该怎么办呢？

张正权寻思着种种的"解决办法"。忽然，带着中国人传统的民族气节和四川人独特的豪爽，张正权突发奇想："你个龟儿子的小日本，自己学不好外语，反而来糟蹋别人，说什么'亡国奴的舌头是最软的！'那好嘛，老子今天来日本留学，就是不学你日本语，不讲你日本话！只要老子出得起钱，就雇你们日本人来给我当翻译，来专门侍候我。老子就是要看看你们小日本的舌头软不软！"

于是，就在第二天，张正权即慷慨地扔出了几百块大洋，请了一个在天津长大的日本人来给自己当"专职翻译"。从此以后，每天从天亮起床时开始一直到天黑就寝时结束，这个日本翻译都必须寸步不离张正权的左右，为他说日本话，为他服务，为他效劳。

从此，张正权身处日本，却再也没有说过日语，甚至就连在课堂上回答老师的问题，也是由张正权先讲中文，然后再由那位日本翻译译成日语。就这样，张正权留学日本，却成了一个自带翻译的留学生。

留学生留学，却雇用翻译！这一奇特的事件，很快便在日本的中国留学生中引起了轰动，并迅速在京都地区的教育界和日本人中流传了开来。当许多中国留学生知道了张正权雇用日本翻译的原因后，都无不为张正权强烈的爱国精神和炽热的爱国热情所感动。他们激动地纷纷竖起大拇指赞扬说："张正权，好样的！"

就这样，张正权坚持不讲日语，一直持续到他在日本留学完毕。也由此事的激发，张正权还进而决定，自己今后不论走到世界何地，都一律只说汉语，以表明自己是一个堂堂正正的中国人！

4. 拜曾农髯为师学习书法

1919 年夏天，张正权以优异成绩从京都公平学校毕业后随即离开了日本，回到了上海。

张正权回国后，本想马上返回四川老家，但家中来信告诉他，四川这几年"军阀混战，战争频仍，兵荒马乱，时局不稳"，而且张家原拟开办的染坊在这种情况下也不可能开办了，因此家中命张正权"暂缓回川"，目前就留在上海"自图发展"。

这就是说，张正权当时是毕业即失业，在国外空学了一番本事回来，不但没有用武之地，而且是连家都暂时回不去了。这对兴冲冲回国来欲大显身手的张正权的打击可想而知。

可是，家里叫张正权就留在上海"自图发展"的建议，却暗暗合了张正权的心意。因为对世上的百业比较起来，他最喜欢的还是书画艺术。眼下既然有了这个宝贵机会，张正权又岂能放过？他和二哥商量，决定就留在上海，学习书画。

于是，经过二哥的帮助、介绍，张正权拜了当时上海最著名的大书法家曾农髯为师，学习书法。

曾农髯（1860—1930 年），名熙，初字季子，又字嗣元，更字子缉，晚号农髯，湖南衡阳人，系清光绪二十九年（1903 年）进士，官至兵部主事兼提学使及弼德院顾问。曾农髯满腹才华，曾先后为衡阳石鼓书院、汉寿龙池书院主讲，并任湖南省教育会会长，并曾于光绪三十一年（1905 年）创办了湖南南路优级师范学堂。辛亥革命后，曾于 1915 年起在上海卖字为生。曾之书法得夏承碑及张黑女神髓，尤精研魏晋六朝书法和古文诗词等，在当时的上海滩极为有名。

张大千（后排右）与曾农髯老师（前排中）、王个簃（后排中）合影

世间曾传，张正权当时是向曾农髯学画，此说不确。因曾农髯自言，他"年六十始作画"，并谓其"作画师万物、山水、松石，在程嘉燧、戴本孝之间，能用篆、隶笔意为之，不求形似，别有逸致"。张正权初拜曾农髯为师时，曾农髯刚好 60 岁，正在"始作画"的阶段，因而当时，张正权主要是跟着曾农髯学习书法。

然而，书学一道，贵在恒久，非一朝一夕之功就可一蹴而就。若是再加上别的原因，要想在书法上有所成就，那就更是不易。张正权自从拜师以后，虽然常去曾老师家请教，但因当时的风气使然，学生们对老师都非常恭敬，甚至恭敬得不敢向老师提出任何问题。老师与朋友们在一起谈书论画，学生们肃立在一旁洗耳恭听，这就等于是在"授课"，学多学少，是否领悟，全靠自己。尽管曾老师也曾经规定，学生们每月须将自己的书法习作送他过目，经他审阅后在写得好的字上打钩画圈，但因为老师的事忙，加之学生又多，学生们送去的作业每每堆在一起，老师也未见得有时间一一批阅。再加上曾老师还有一个习惯，那就是他写字时常常是一个人关起门来写，不允许任何人在旁打扰、观摩。这样一段时间下来，性急的张正权发现，他自己的书法水平好像并没有多少进展，这使他常闷闷不乐，并非常苦恼。

而就在这时，家中又忽然来信说，与张正权从小青梅竹马的未婚妻谢舜华，因为苦苦思念他，不料日久成疾，而且病情愈来愈重，经再三医治无效，已于近时亡故了！

张正权接到这个噩耗，更是一个沉重打击。一时间里，他的思想散乱，万念俱灰。

张正权哭了又哭，觉得痛苦之极，更是悔恨至极，他甚至连追随谢舜华"一道去"的心思都有了。张正权把自己关在旅馆的房里，水米不进，昏昏沉沉，左思右想，他突然做出了一个决定："出家当和尚去！"既然自己已经"耽误"了对方，今生已不能同自己最心爱的人儿比翼双飞了，那就自己也遁入空门，用实际行动来"悔罪"与"赔罪"，下半辈子就在青灯黄经中去"陪伴"和"超度"对方，同时也为自己寻求一个"解脱"吧！

于是，1919年底，天气也是最为寒冷之时，趁着大雪纷飞，张正权一个人悄悄离开上海，来到了松江县妙明桥附近的禅定寺，请求出家，正式当了一名僧人。

5. 张正权出家改名叫了"大千"

张正权在松江禅定寺出家之时，该寺的住持逸琳老法师为他授了"沙弥十戒"，并给他取了一个佛门法号，叫作"大千"。

所谓"大千"者，为佛说"三千大千世界"之略语。佛典《智度论》卷七和佛经《长阿含经》卷十八都曾云："以须弥山为中心，七山八海交互绕之，更以铁围山为外郭，同一日月所照的四天下，应归一小世界。合此小世界一千，为曰小千世界。合此小千世界一千，为曰中千世界。合此中世界一千，为曰大千世界。大千世界之数量，为一万万也。大千世界之有三千者，示此大千世界是成自于小千、中千、大千三种之千也，内容即一大千世界，故称三千大千世界，并以此一大千世界，为一佛之化境！……"

由此可见，这就是张正权的法名"大千"二字的由来和其意蕴所在。

从此以后，张正权就叫成了"大千"。他的俗家本名当然是舍弃不用了。

张正权自当了和尚，并改名"大千"之后，他住在松江禅定寺内颇觉心情安定。他完全按照佛教清规，开始过起了"日下一食，树下一宿"的清静佛门生活。

每天，大千小和尚除了跟班诵经和完成寺中所规定的打扫佛堂殿院及饮食、休息、睡眠等外，他的其他时间都用来勤奋地学修佛理、诵读经卷、修定修慧、清净心身，表现出了一个"殉道者"的无比执着与虔诚。他严格地克制着自己，对于佛门的种种清规戒律没有丝毫的违反。

当时，大千作的《禅定寺夜坐口号》一诗，即表现出了他当时的这种恬淡心境：

小坐中庭夜色微，满身花气欲凉衣。

市喧已定万缘寂，一二流萤佛面飞。

但渐渐地这种平静、刻板的日子过了不久，大千小和尚又"凡心大动"，开始不安分起来了。这倒不是为了尘世间的物质享乐，而是为了他自己的和尚前程。

原来，根据佛教的规定，佛门内部的等级制度十分森严。一个刚刚出家、只是受过"沙弥十戒"的人，男的称为"沙弥"，女的叫作"沙弥尼"，他们还只是佛门出家人中地位最低的，而且还尚未取得正式的僧、尼资格。

沙弥和沙弥尼年满20岁之后，才能申请去接受"大戒"，以此成为比丘与比丘尼。所谓"大戒"，又名"具足戒"，指成为佛门比丘与比丘尼的戒律。依佛典《四分律》的规定，比丘戒有250条，比丘尼的戒律有348条，因其戒品具足，故名具足戒。出家人按照戒法规定受持了此大戒之后，才能成为比丘或者是比丘尼，从此也才算是有了正式的僧、尼身份。

而从比丘与比丘尼上去，还有小比丘、大比丘之分；再上去，还有和尚、法师等之别。另外，依照佛门规定，僧众的"老少长幼"，是根据其接受大戒的"戒龄"来区别的。受了大戒10年以上的比丘才能称为"上座"或者"长老"；受了大戒20年以上的比丘，才可以叫作"大上座"或者"大长老"。如果一个人只是出了家而未接受过大戒，哪怕他已经七老八十，却仍是一个"未入流"的小沙弥！

因此，当大千了解到这些情况后，他就不能不考虑到自己的将来，不能不为自己去接受大戒做准备，以争取早日取得戒龄，成为正式的和尚。

6. 大千赴宁波观宗寺接受大戒

禅定寺的住持逸琳老法师十分明白大千的心情。为了大千能早日接受大戒，他亲自写信给了当时佛门中声望最高的宁波观宗寺的住持谛闲大法师，介绍大千去宁波观宗寺接受大戒。

于是，大千千恩万谢地拜别了逸琳法师后，就离开了松江，一路募化着步行去了宁波。其途中的风餐露宿、忍饥受冻、人情冷暖以及艰苦跋涉等，自不待言。

但不料，大千经过千辛万苦来到了宁波后，却遭到了观宗寺的知客僧的多次"挡驾"，说是谛闲大法师正在"闭关"，不见客！

大千无奈，只得在一个小客栈中草草住下，再想办法。

在小客栈里，大千左思右想，最后决定向谛闲大法师写一封信，叙述缘由。

大千的这封信，还真的起了作用。谛闲大法师见了大千的这封信后，认为其字里行间颇有灵性，"甚与我佛有缘"，遂回了一函，邀大千来寺中相见。

有了谛闲的这封亲笔信，大千小沙弥才得以"击退"知客僧的故意拦阻，跨进了观宗寺。但从这件事，亦使大千看见了佛门中势利世俗的另一面，这又让他感到了难过与悲哀。

在观宗寺里，谛闲大法师对大千的印象很好，特别是当他看见松江禅定寺的住持逸琳老法师的推荐信后，对待大千的态度就更是亲切。他不但同意向大千亲授大戒，而且还日日对大千谈经传道，欲把大千培养成佛门的又一个"接班人"。

然而，随着授戒大会的日益临近，大千小沙弥的心里却愈是发慌。

原来，大千不愿意在授戒大典上在自己的光头上给烧上佛门出家人的永久性标志——戒疤。

那么，大千又应当怎样办呢？

大千想来想去，觉得解铃还须系铃人，还是只有说服谛闲老法师，这才是唯一的办法。

可是，大千和谛闲老法师互相辩论了一个通宵，最后仍是谁都说服不了谁。谛闲依然坚持，大千如果要接受大戒，那就必须要按照传统烧上戒疤。

这一下，大千被逼进了墙角！他必须要当机立断——烧，还是不烧？

大千左考右虑、千思万想，终于就在传戒大会即将举行的当天凌晨，他悄悄地逃离了观宗寺。

这一天，正是1920年的1月28日，亦即是中国农历的"腊八节"——此日相传是佛祖释迦牟尼佛的"成道日"。但是，就在普天之下的佛教僧众正在隆重纪念和热烈庆祝"佛祖成道"的这一天，大千小沙弥却从观宗寺里"逃禅"了。

7. 大千兴冲冲赴上海"自投罗网"

大千逃出观宗寺，并不是想马上还俗，而只是不愿意被烧上戒疤而已。既然如此，他下一步的落脚处，自然也就是去找寺庙挂单，以便解决他的食、宿问题。

于是，大千又经过千辛万苦，一路募化着步行来到了杭州，准备往灵隐寺去挂单。

但不料，就在大千到了杭州正坐渡船过西湖时，因为他没有船钱，弄得船家对大千很是聒噪不止。大千被骂得烦了，忍不住就还了几句嘴，顿时和船家吵了起来，双方很快就由口战，升级成了打架。在撕打中，船家将大千的出家人礼服"海青"扯破了，因没有此礼服，就不能挂单，大千当即勃然大怒，挥起拳头将船家打了个喊爹叫娘、呼天抢地。岸上的人群见状，马上大嚷道："不好啦，野和尚打人啦，野和尚打死人啦！"

大千一听，顿时就泄了气。他看着众人那些鄙视他的白眼，心想着："这和尚不能做，这没钱的穷和尚更不能做！"

幸好，大千和船家打架的事情被灵隐寺的监院原谅了，同意他在该寺挂单，这才使大千有了一个临时的栖身之地。

大千待在灵隐寺中仍然日日从事佛家功课，闲时则到处游览，观光西湖的美丽景色，使得这一"人间天堂"的山山水水又收入了他的视野与胸怀。与此同时，他还自取了一个"石室沙弥"为别号，画了不少的山水画作、花卉虫鸟以及菩萨像等。

可是时间一长，大千待在灵隐寺中只感到时光如梭，却不知道自己的前程何往，不禁又陷入了深深的苦闷与惶惑。万般无奈之下，大千提起笔来给上海的朋友们写了一封信，叙述了自己这段时间的经历和目前的苦闷，希望朋友们能帮他出个主意。但他仍然强调，自己对于佛教还是很信仰的。

不久，上海的朋友们就来了回信，写得很是热情洋溢。信中说，朋友们知道了大千现在杭州，一切平安无事，这才放下了心，并说他们尊重他的信仰，对大千目前的处境都甚是关切。朋友们皆认为，大千这样在灵隐寺中寄居下去也不是办法。要出家，要住庙宇，这都好办，因为上海有的是寺庙。他们建议，大千不妨到上海附近的寺庙里来挂单，这样离朋友们较近，平时可以互相往来，谈书论画，以消除寂寞烦恼，就是有啥事情也好商量。信中还讲，只要大千同意，他们可以马上代他在上海联系庙宇，并保证一定成功，云云。

大千见了此信，深为感动，同时也觉得此主意不错，遂赶快回信同意了。

没过几天，大千又收到了上海朋友们的来信，说是已代他接洽好了两处寺庙，都很不错，请大千定于某日某时坐火车来上海，他们将在站台上恭候，然后陪他去已经联系好的两处庙宇，"亲自选择、定夺"。

　　大千一见，大为高兴。他马上收拾起行装，向灵隐寺中的有
关人员告别与致谢后，即准备往上海挂单。

　　到了约定的那一天，大千准时到了上海火车站。下车之后，
大千左顾右盼，但却没有见到一个朋友的身影。正当大千在月台
上到处找人的时候，只感到自己的胳臂被人牢牢抓住，耳边也响
起了一声熟悉的大吼："嗨，总算把你给抓住了，看你还能往哪
里逃？！"

　　大千诧异地回头一看，顿时目瞪口呆，原来在他的面前正站
着他素来最敬又最畏的二哥张善子。

　　原来，大千自悄悄在松江出家之后，朋友们遍寻他不着，为
之大急。后来听说他当了和尚，立刻将此消息报告了内江张家。
家中闻知，大为震怒。全家商定后，马上派出最镇得住老八的老
二从四川赶来上海，务必要将张正权"捉拿归家"。张善子来到
上海时，正赶上大千与上海友人们写信联系，于是遂定下一计，
让大千前来"自投罗网"。

　　张善子在上海火车站的月台上抓住了大千之后，脚未出站，
立刻将老八押上了另一列火车，风驰电掣地西行而去，到南京后
又立刻换上轮船，溯长江而上，返回四川。

　　一路之上，大千是提心吊胆、惴惴不安，不知道家里将如何"处
置"他⋯⋯

第八章
开了平生的首次画展

1. 大千被迫结婚还俗

1920 年春,偷偷出家的大千小沙弥被二哥张善子"押回"四川内江老家后,少不得规规矩矩地跪在堂前,听父母大人好一通训斥。母亲曾友贞是越数落越生气,说到后来竟致痛哭了起来。

素来孝顺的大千慌了,急忙以额叩地不止,说:"请母亲大人息怒,请母亲大人息怒! 不孝儿知错了,不孝儿知错了。家中要孩儿我怎样做,请父母亲大人吩咐就是! "

父母见大千已被制服,转而破涕为笑,说是媳妇已替他找好了,命令大千马上结婚,以彻底断绝他的出家之念。

大千无奈,只得答应,但他亦提出了两个条件,一是要保持"大千"二字，以做他还俗以后的字号，同时也是作为他曾经出家一趟的纪念；二是在结婚之后，他仍要到上海去继续学习书画艺术。

对此二条，家中想想，也无什么不妥，于是便爽快地同意了。

不多几日，张大千即在父母的包办与强迫下，与小他两岁的曾正容结了婚，婚事办得很是热闹。

从此以后，张正权即叫作了张大千。由于他仍然信仰佛教，于是又把自己叫作了"大千居士"。

张大千结婚之后，他的和尚梦就此破灭了。这时他把满腔希望都灌注到了书画上，因而还未等过满蜜月，他就吵吵着要回上海去，继续学艺。

家中拗不过老八的犟脾气，只好答应，但父母又担心老八回上海后再冒冒失失跑到哪个庙子里去削发出家，这不光将惹人笑话，也将会耽误了别人的闺女，于是父亲张怀忠决定，由自己亲自陪着大千去上海，以便"时加管束"。

就这样，1920 年的仲春，张怀忠带着大千来到了上海。

2. 曾农髯为大千又取了新名字

到了上海后，张怀忠先领着大千来到曾农髯老师的家里，专程登门来"赔礼谢罪"。

素来讲究礼仪、宽厚仁慈的曾农髯，对于张正权的突然不辞而别、跑去当了和尚一事早就耳闻，现见张家父子亲自登门拜访"赔罪"，自然是热情接待。张怀忠落座后，向曾农髯讲了大千早年的许多稀奇事，听得曾农髯是津津有味和啧啧称奇。在张怀

张大千的夫人曾正容

忠的请求下，宽宏大量的曾农髯老师不但原谅了大千"擅自出家"的"无礼之举"，反而为他又取了一个新的名字，名叫张爰，字季，或字季爰。

原来，曾农髯为大千取名为"爰"的依据来自于张大千诞生时其母的"梦猿之兆"。因张家传说：大千出生之前，其母曾友贞于睡梦之中忽然梦见自己来到了一个鸟语花香的神仙世界，见到了一位银髯拂胸、面容慈祥、鹤发童颜的持杖老人，老人送给了曾友贞一个金光耀眼的大铜锣，在铜锣中趴伏着一只小黑猿。这只小黑猿乖巧可爱，两只眼睛炯炯有神，透露出满腔的机智、聪明和伶俐。曾友贞刚刚接过铜锣，这只小黑猿就一跃而上，猛然扑进了她的怀里，曾友贞不禁大吃一惊，从梦中突然惊醒。曾友贞梦醒之后，即产下了老八张正权。故而后来，张家人都纷纷笑传，说张正权是"黑猿转世"。而与此十分巧合的是，张大千成名之后，不仅喜欢养猿，而且也最喜画猿，曾经临摹和创作了大量的精美猿画，使之成了张大千作品中重要的组成部分之一。

因而，曾农髯为张大千取名为"爰"，即是猿字的古写。张大千对于此名，也很是喜欢。他先是将"爰"写成了反犬旁的"猨"字，后又将之写成了虫旁的"蝯"字，最后才定为了单独的"爰"字，并以"爰"名用了一生。

而曾农髯为张大千取字为"季"的含义则是，张大千在家中的众兄弟内，虽然是排行第八，但因其四位哥哥不幸早亡，在现存者中，他实际是排行第四，按照中国古时"伯、仲、叔、季"的传统兄弟排行，故曾农髯为张大千取字为"季"，或者"季爰"。对于此字，张大千也十分喜欢。

从此，张大千即名"张爰"，字季，或者是名季爰，字大千，又号大千居士。而他的本名张正权，反而是用得很少很少了。

3. 又拜了名书法家李瑞清为老师

这一天，张大千真是收获巨大：曾农髯老师不但原谅了大千的"出家过失"，又为他赐了新的名字，而且他见张大千的学艺心切，还主动把自己的好朋友、著名的大书法家李瑞清介绍给了张大千，要张去拜李为师，学习书法。

在曾农髯的介绍下，李瑞清自然很快就收了张大千为徒，大千为之大喜。

李瑞清（1867—1920年），字仲麟，号梅庵，又号梅痴，斋名玉梅花庵，江西临川人。李家是三世为官，李瑞清本人则是清光绪二十一年（1895年）乙未科的进士，而这一年的钦点状元即是张大千的同乡——四川资州人骆成骧。

李瑞清中进士后，曾先后担任过翰林院庶吉士、江宁提学使等职，1902年兼任新创立的南京两江优级师范学堂总办（校长），并于1906年在该校创立了图画手工科，由此开辟了中国近代的美术教育事业，为中国培养出了一大批艺术人才。

入民国后，李在上海靠卖字为生。但因他仍忠于清室，故常常做道士装，于是又自号为"清道人"。

李瑞清收了张大千为学生之后，一开始即命张临写汉魏以来的历代佳拓碑版，且须用双钩法写之，曰不如此，将无以知其字之转折微妙。接着，李又命张大千集各碑拓中之佳字为联语，谓不这样，就不易掌握整体结构之奥秘。其间，李瑞清不单是口上

张大千的老师李瑞清

讲，而且还常常拿出他的"于古今书无不学，学无不肖，且无不工"的看家本事来，给大千做示范以及印证，这使得张大千更是受益匪浅。

在李瑞清的倾囊传授和耐心指导下，张大千当时的热情极高，几乎像"发疯般"全力投入了对书法的学习之中，白天学，晚上练，几乎是一刻没有停歇。功夫不负有心人，在李瑞清的精心教授下，张大千在"学三代两汉金石文字，六朝三唐碑刻"的基础上，融合篆隶魏碑、狂草真楷，并参以黄山谷的体势笔意，逐渐形成了一套苍劲飘逸、潇洒爽利、瑰丽秀奇、自成一家的行书字体——"大千体"，在书法上显露出了自己的鲜明风格与独特面目。

与此同时，除了书法之外，曾农髯、李瑞清二位老师还教导张大千学做人、学古文、学诗词、学绘画、学收藏、学鉴赏，等等。在曾、李二师的悉心指导下，张大千的眼界大开，技艺大进，攀上了他艺术的一个高峰。

但非常可惜的是，好景不长。满腹才华、技艺超群的李瑞清因为两袖清风、长期贫穷，导致病重，于1920年10月20日在上海不幸去世，享年只有53岁。

李瑞清逝世后，身后极为萧条，还是由其老友曾农髯、吴昌硕、陈三立等人出面，又由其学生们共同凑钱，才草草办完了他的丧事。

时过很久之后，张大千对于他的两位老师仍旧是感恩戴德、念念不忘。他常讲："老师对于我来说，哪里敢说是影响，简直是受益极多，并且是终身受益啊！"

4. 苦练苦钻成了"石涛专家"

从 20 世纪 20 年代开始，上海等地的画坛掀起了一股"石涛热"，此风气顿时风靡全国。

石涛（1642—约 1718 年），原名朱若极，系明藩王靖江王朱守谦的后裔，广西全州人。明朝灭亡后，朱若极削发出家，方得存活。其法名原济，字石涛，又号大涤子、清湘陈人、清湘遗人等，晚年又号瞎尊者、零丁老人，自称苦瓜和尚。他擅画山水、花卉、人物，其画笔纵横飞驰、水墨淋漓、蓬蓬勃勃、富有生气，具有突破传统的革新创造精神，在气概与风格上都有自己的独特面目，故而清初大画家王原祁曾赞："大江以南，当推石涛为第一！"石涛还擅诗文，书法尤工分隶，几乎是每画必题，时寓亡国之痛。石涛与弘仁、髡残、朱耷合称为"清初四高僧"，著有《苦瓜和尚画语录》，并有大量的作品传世，对于后来的扬州画派与近代画风都产生了极大的影响。

在当时曾、李二师及社会潮流的影响下，张大千也很是喜欢石涛，并积极地投入了对石涛作品的收藏、临摹和刻苦钻研之中。

张大千当年收藏石涛等人的作品，可说是到了如痴似狂的地步。这正如他曾自述：

> "顾余于艺事，视若性命。遇有昔贤名迹，必得之而后快。囊中金不足，则贷诸友朋，往往手挥巨金，瓶无余粟，家人交怨不之顾也！用是天府遗珍，世家故物，集吾寒斋，雄视宇内，尤以挹披菁华，助我丹青，将以娱老，足慰平生。"
>
> ——《大风堂名迹再版序》

因此，张大千经过刻苦努力下，先后所看过的石涛作品无以计数；他前后收藏过的石涛作品更是数量众多。在此过程中，通过对石涛画作的仔细学习、观摩、剖析、研究，他发现："石涛画境，变化无穷"；"石涛山水画，是在善于继承传统的基础上，又敢于大胆突破，故有其成就"。于是，张大千遂以石涛为师，反复临摹其作品以深入其境，并掌握其思想、笔法、墨法、用色、构图等。

就这样，张大千通过一张又一张的石涛画作，详细观察它的变化，并加以了解、领会，深入其内心，直至达到滚瓜烂熟、可以完全背出来的程度。然后，再经过背临过程，从而使他对石涛的思想、技法运用自如，最后把石涛的东西变成为他自己的了。

久而久之，张大千对于石涛画作可以说是信手拈来，即达到了惟妙惟肖、神形兼备、笔墨俱足、炉火纯青、真假难辨的程度。张大千仿制的石涛作品，不仅瞒过了收藏界的许多顶尖高手，而且还使得举世公认的许多鉴定专家为之"走眼"，纷纷把大千仿制的石涛画一致当成了"真石涛"！

因而当时就有人说："张大千的腕下有鬼！"更有人言："张大千一口把石涛吞了下去，嚼得稀烂，再吐了出来，化作了千百个石涛！"乃至海内外有不少人还把张大千称作了"石涛再世"，认为他仿制的石涛作品"比石涛还要石涛"！

不言而喻，张大千的这些优异成绩的取得是非常来之不易啊！

从此，张大千即以"石涛专家"的身份昂首登上了中国画坛。

5. 上海"秋英会"上一鸣惊人

1924 年春，仿效着当时的风气，张大千请老师曾农髯为自己写了一篇《张季爰鬻书画例言》，在上海的报纸上登了出去。这表明，张大千已经把自己看作职业画家，并已经正式对外"挂牌营业"了。

但在当时，张大千尽管已经对外"挂牌"鬻书售画，可他的"生意"并不兴隆。究其原因，还是在于其"名气"尚不够、"名头"还不响。

然而，是真金就会发光。张大千于继续苦学苦练中默默地耐心等待着属于自己时机的到来。而这一天在不久后也真的来了。

这一年的秋天，上海艺文界在照例举行"秋英会"的时候，张大千跟着二哥张善子也头一次去参加了这届"秋英会"。

所谓的"秋英会"，是上海艺文界的画人学士一年一度的盛大传统聚会。在秋高气爽、百花盛开的季节，参加者们一边赏菊食蟹，一边当场挥毫，绘画题诗，以文会友。每逢举行"秋英会"的时候，上海书画界的众多名流几乎都聚集在了这里，大家吟诗作画，比试挥毫，"华山论剑"，其乐融融。

就在这一次的"秋英会"上尚属"小毛头"级别的张大千却让众人大吃了一惊。

张大千在这次"秋英会"上显得真是活跃极了。他在当众献艺时不仅在绘画方面是山水、人物、花卉、鸟虫、走兽等样样皆能，工笔、写意无所不会；而且在书法方面，他也是篆、隶、楷、行、草等各种字体通通能写，并且甚工。尤其是他当场模仿起前人的笔迹来竟是惟妙惟肖，仿佛真出自其人；同时他作的诗词清新脱俗、生机盎然、妙语连珠，而且还是即兴创作，边吟边写，一挥而就。由于当时的书画家中，真正能够做到诗、书、画三项皆擅的艺术全才也实在是不多，因此张大千在秋英会现场所展现出的全面技能、深厚功底与灵巧多变，使得众人皆对他刮目相看，并啧啧称赞、夸奖不停。

在这一年的"秋英会"上，虽然参加的人数众多，但就要数张大千，还有青年诗人谢玉岑、青年画家郑曼青这三人显得最为"醒目"和"吃香"。其中，又要数张大千是最出风头了。他的诗、书、画艺，被艺坛前辈和书画界同行们誉为了"三绝"。

参加这次"秋英会"的人中，还有不少的记者。因而在第二天，上海各报就登出新闻，报道了此次"秋英会"的活动盛况，纷纷评说张大千是沪上艺术界的"后起之秀"、在"秋英会上崭露头角"、"一鸣惊人"、"甚得各方赞誉"、"其之前程，不可限量"等等。在这些报纸的介绍下，张大千的大名顿时便传遍了上海滩。朋友们纷纷向他表示祝贺，说他是"一举成名"。但张大千自己仍谦虚以对："哪里哪里，在下哪里是啥子一举成名啊，不过是侥幸扬名而已。"

可是，不管是一举成名也好，还是侥幸扬名也罢，张大千当时总算是出名了。这对于他后来的画家生涯极有好处。

众所周知，在这个"出名"的背后，张大千不知经过了多少年的磨砺，凝聚了多少年的辛苦，付出了多少的汗水与心血啊！

6. 与海上名媛李秋君结成了知己

张大千"出名"之后，各种邀请纷至沓来，把张大千忙了个不亦乐乎。

由此，张大千不但结交了一大批书画界的名流与朋友，而且还与"江南才子"谢玉岑、青年画家郑曼青二人结成了情同骨肉的莫逆之交。

张大千自从成了"名人"以后，他也有了自己的"追星族"。在他的众多"粉丝"之中，便有一位大名鼎鼎的上海名媛——李秋君。

李秋君（1899—1973年），名祖云，字秋君，别署瓯香馆主，是当时沪上有名的"才女"。李秋君的曾祖父李也亭，其原籍在浙江宁波，他早年来上海做生意发家后，挣下了庞大的产业，使李府成了上海的名门望族。李秋君的大哥李祖韩，虽然经营着房地产和钱庄等业，但却性喜书画艺术，特别喜欢结交书画界的朋友。李秋君从小就受到了良好教育，琴棋书画、诗词歌赋无所不通。但在大哥李祖韩的影响下，李秋君也是最喜书画，并且两兄妹都能够画出一手好画。

张大千自从在秋英会上"出名"以后，报刊上经常登载他的作品。李秋君看了后非常喜欢，于是遂托大哥李祖韩设法与大千认识。

李秋君和张大千结识后，更是欣赏张的为人和才艺，于是常常邀请张大千到李府聚会，互相谈书论画、赏景吟诗，其乐无穷、相见恨晚。从此，张大千遂成了李府的"常客"。乃至到了后来，不光是李秋君和李祖韩，就连李府上下的诸人个个对张大千都好。

张大千的红粉知音李秋君

这使得远离家乡的张大千一来到李府就觉得毫无拘束，仿佛有了一种"宾至如归"的亲切之感。这使得张大千到李府的次数更勤，与李秋君更是无话不谈。

到了后来，李秋君见张大千孤身一人在上海生活，她更是对大千倍加爱护。她的私人车子可以供张大千随时使用；还有张大千的穿着都是由李秋君亲自安排或者缝制；做大千喜欢吃的菜肴等，那更是不用说。甚至在请客时，李家兄弟要为张大千加菜，都要事先特别声明，并征得李秋君的同意，否则就根本插不上手，轮不到他们的份。李秋君对于张大千真可谓满腔热忱、冰心一片。

李秋君的父母见女儿对张大千如此之好，原准备将李秋君许配给大千，但因为张大千在四川已经结婚，而作为大户人家的千金小姐又不能屈尊为妾，于是此事遂寝。但张大千万万没有想到的是，李秋君竟然是终身未嫁。而在此之后，李秋君对于张大千仍然是一如既往关心呵护备至。同时他俩人的关系依旧是"发乎情、止于礼"，一直保持着纯净无瑕、冰清玉洁的情愫。

因此，张大千对于李秋君，是一直抱着深深的感激、愧疚与敬意。

李秋君的坦荡与豪爽，她对于艺术的热爱和执着，尤其是她在生活及工作方面对张大千无微不至的关心、照顾与支持，对张大千当年在上海时的奋力拼搏和最终能够出人头地起到了非常大甚至是关键性的作用，这使得张大千对李秋君更是非常欣赏、感动和感激。因而在张大千的心中，李秋君一直占据了一个非常重要的位置。到张大千后来公开收徒时，他在上海的画室大风堂就等于是设在了李府上。他在画室里的专用座椅，唯有秋君一个人可以坐。向大风堂拜门的弟子，除了张大千本人外，李秋君也可以代他决定收不收。如果张大千不在上海，李秋君还可以代表他接收门生的拜门帖子，接受弟子正式拜师的磕头大礼，只要是拜了她，就算数。李秋君的这一重要地位，在张大千一生中先后所娶的四位夫人中，是没有一个人能够享受到的。

所以，张大千后来常说："若要问我，谁是我的知音？我会毫不犹豫地答复说：李秋君！"

7. 张家破产了

就在张大千这颗"艺术新星"从上海画坛上冉冉升起之际，他却遭到了一个突如其来的沉重打击。

原来，张家经济的顶梁柱——张大千的三哥张丽诚与人合伙开办的福星轮船股份有限公司，其属下的一艘轮船大仁号在长江上与一艘贩运私盐的木船相撞，二船皆沉，致使公司受损惨重。但谁知，公司白白损失了一艘轮船不说，最要命的还在后面：那只木船属于贵州军阀袁祖铭所有，船上还有一些官兵随船押运私盐，在两船相撞后，这些官兵几乎全被淹死。船、盐有价，但人命无价，袁祖铭为之大怒，欺民办的福星轮船公司没有后台势力，遂派兵前来"索赔"，用武力查封了张家在重庆及内江的许多产业，并霸占充作"赔偿"。当时的滇、黔军阀队伍在四川的势力很大，四川的地方官都奈何不了他们，张家由此损失达到了数万金之巨，于是元气大丧。

祸不单行，就在福星轮船公司正处于危难之际，公司内部又出了"叛逆"。时任该公司总经理的张丽诚当时常驻在湖北宜昌，而在重庆和四川的合伙者们则欺他不在，或者是鞭长莫及，遂大肆玩弄花样，或以张家的钱来抵他们的账或者是贪污公款中饱私囊，或者是想方设法纷纷蚕食，使得外面的亏空甚多。这几方面如此"夹击"的结果，致使张家入不敷出、周转资金链断裂，遂不得不宣告破产。

万般无奈之下，三哥张丽诚含泪给大千写信，告诉了他家中的经济实情，并言家里没有钱了，不能够再像以前那样供应他了，他今后的生活以及种种用度都需要他自己去想办法了。

张大千接到此信，如雷轰顶。他头一次感到："家里没有钱供应我了。我再要用钱，不是靠伸手，而是得靠自己去挣了。然而，我又有什么本事来挣钱呢？"

顿时，张大千陷入了极大的苦闷和极大的经济压力之中。

8. 首次画展取得了圆满成功

张家破产后，"我自己应该怎么办？怎么办？"张大千对此，是想了又想，算了又算。他衡量了自己各方面的所长和当时社会上的市场所需，思来想去，觉得唯一的办法还是"开画展卖画来挣钱了"。

张大千把他的想法告诉了好朋友李祖韩、李秋君。李家兄妹对于他的计划都极为支持。李氏兄妹除了热情鼓励外，还做了具体分工：在大千筹备此画展时，他的生活及纸张原料供应等一概由李秋君负责；而画展的对外宣传及展出场地等诸事则统统包在了李祖韩身上。他们还鼓励大千，放下思想包袱，专心致志，拿出自己的所有本领，发挥出自己的最高水平，把画儿画得漂亮些、再漂亮些。

在李家兄妹的大力支持下，一个多月后的 1925 年秋，张大千在上海宁波同乡会馆内举办了他平生的第一次个人画展，共展出了山水、人物、花鸟等各种画作 100 幅，工笔、写意皆有，尺寸是大小俱全。这次画展，张大千还玩了一个噱头：即将此 100 幅作品皆按次序编号；每幅作品，不论题材、精粗与大小，其售价都一律是大洋 20 元，购画者得中哪幅，全靠抽签决定。张大千曾言："虽说是购画者的喜好不同，但我自信每张画都是用心画的，所以价钱一样，抽签分配，也算公平。"

由于张大千在去年的秋英会上已经打出了名声，加之他这次的 100 幅画确实画得非常用心，再加上他这次作品的售法也甚是罕见，极有噱头。另有李祖韩、李秋君兄妹的大力帮忙，宣传工作等也做得十分到位，从而使得张大千的首次个展观众盈门、好评不断，更是吸引了不少的买主。不多几日，这 100 幅作品竟被全部买光，首次"张大千画展"获得了圆满成功。

首次画展的圆满成功给了张大千极大的慰藉与喜悦，也给了他极大的鼓励和自信。从此开始，张大千走上了以卖画为生的道路，开始了他职业画家的漫长生涯。

这一年，张大千还仅仅只有 26 岁。

第九章
与二哥共同开发黄山

1. 奔赴北京"闯名"

张大千的首次画展举办之后，他一下子收到了 2000 块大洋的润笔。这种"不炼金丹不坐禅，不为商贾不耕田；闲来写幅青山卖，不使人间造孽钱！"（明代唐寅《言志》）模式的成功，使得张大千十分兴奋。有了这一笔沉甸甸的经费垫底，张大千很是自信，他觉得完全可以依靠自己的本领与汗水去挣钱养家，并在广阔的艺术领域去开辟自己的一片新天地。

从古往今来的无数实际经验中，张大千还深深得知，一个艺术家要在艺术上取得成功，其作品要有市场，其作品要受到社会各界的普遍欢迎与重视，艺术家必须要"有名"才行。这样，别人才会珍爱和收藏他的作品。这也正如他常说:"所谓的'有名',是指一个艺术家必须要出名才行。但一个人要真出名,还不能只是在一个小地方出名,而是要在大地方出名;也不能只是在一个地方出名,而是要到处都出名才行。这才能叫作真出名!"(李永翘编:《张大千画语录》)因而,在这种思想的指导下,已在十里洋场上海滩出了名的张大千准备再去闯出名声的下一个地方,就自然而然地选择了当时中国的文化中心——曾经作为了燕、辽、金、元、明、清历朝的古都北京。

于是,1925年的冬天,张大千从上海来到了北京,住在了北京画家汪慎生的家里。汪慎生比张大千大三岁。他非常欣赏张的才艺,对大千十分热情。白天,张大千常在汪的陪同下,到处观光游览、访胜寻幽,或者是逛琉璃厂,淘阅古今书画等。晚上,二人即在灯下谈诗论画,或者是互相命题作画,真是过得优哉游哉、其乐融融。

在北京期间,汪慎生还介绍张大千认识了当时京中的许多画家同道,并参加了当时北京最著名的艺术家团体之一——中国画学研究会的艺术活动。这使得张大千的眼界大开,更接触到了当时中国众多不同的艺术流派,从中学到了很多的东西。

2. 在北京无意间闯下了大祸

然而,就是这次的北京之行,张大千却在无意间闯下了一个大祸。

原来,当时北京的书画界和收藏界很是推崇石涛、八大等清初四僧，许多人以拥有、收藏和研究此四僧，特别是石涛的作品为尚、为荣。而在当时北京的众多书画家中，尤以著名的国画家陈年（1876—1970 年，字半丁）对于石涛作品的收藏和研究最为丰富和精到。陈堪称是当时北方最有名望的书画家兼收藏家，因为陈曾自述，其山水画仿摹了石涛 30 年，得其神精髓，矍铄不衰。陈收藏的石涛等人古书画的作品之富、质量之高，可说是傲视南北，而陈对于古代名书法绘的鉴定名望更是达到了一言九鼎之尊，因而在当时的陈半丁老人看来，刚来北京"拜码头"的张大千不过是一个初出茅庐的"南方小子"而已，并没有把他放在眼里。

因此，有一天在陈半丁举办的自己收藏的石涛精品展示会上，情系石涛且性子特急的张大千特地提前了好几个小时来到陈府，想请陈老前辈能让自己先睹一下为快，但却遭到了陈的断然拒绝。

没奈何，张大千只得捺住性子，耐心等待。好不容易，约莫掌灯时分，张大千才等到众多被陈邀请的客人来齐，陈这才郑重其事地捧出了他的那一册石涛"精品宝贝"。

谁知拥在众人之中的张大千看后却失望至极。原来被陈以重金收购并视为"天下第一大涤子"的那一本石涛山水画册页，竟是张大千在上海时的"精心仿制品"！

这一下，不知深浅的张大千实在是忍不住了，顿时就大声叫了起来，并当场对着众人一五一十地揭穿了自己是如何仿制出这册"石涛"的老底。

张大千的这番 "坦白交代"从容不迫，又有根有据。但陈半丁听着，却是如五雷轰顶、如坐针毡，冷汗直流，默不作声，心绪烦乱，表情尴尬，脸色由红而白，接着又由白而青……

由此，年轻气盛的后生小子张大千竟无意中给了当时的京中权威、画坛大腕、书画老前辈陈半丁先生一个相当的难堪。这弄得在场的众多书画界名流也很尴尬，下不了台。

解铃还须系铃人。最后，还是汪慎生暗暗拉了拉张大千的衣角，向他使了一个眼色，张大千这才恍然大悟，赶快"三十六计，走为上计"，马上脚底板抹油——从现场开溜了。

接着，张大千又从北京赶紧溜回了上海。在隆隆的车轮声中，张大千知道，祸从口出——自己于无意间闯下了大祸。张大千对之追悔莫及，感到自己真不该得罪陈半丁。

乃至数十年过去，陈半丁先生作古之后，张大千一提起此事，还是觉得挺后悔。他曾言："这还是得怪我自己，那时候实在是太年轻了！在那种场合下，本是不应该对陈先生说破的！"

然而，也正是由于这件事情却使得张大千的"仿造石涛"，在北京等地的书画界与收藏界里声名大震。

3. 与二哥张善子的首次黄山之行

1927 年初夏，张大千和二哥张善子决定共同去风景胜地黄山一游，以探幽访胜、描绘黄山。

张大千去黄山的想法，首先是受了其老师李瑞清的影响。因为李瑞清曾经多次说过："黄山看云，泰山观日，实属生平快事！"其次，大千是受到了石涛的影响。因为《苦瓜和尚画语录》中曾反复强调说："夫画者，形天地万物者也。""山川人物之秀错，鸟兽草木之性情，池榭楼台之矩度，未能深入其理，曲尽其态，终未得一画之洪规也！"故石涛还曾有两句名言："笔墨当追随

/
张大千一上黄山的留影

时代"，"搜尽奇峰打草稿！"张大千对于这些话，是深铭在心，因而决定要到黄山去。

张善子对大千的想法极为支持。两兄弟略为收拾之后，立即从上海出发，辗转坐车乘舟去了黄山。

在当时，黄山还没有开发，到处都是荒草蔓径、断桥残壁，根本就无路可行，而且山中还时有野兽出没，行人进山十分危险。但张氏兄弟并未打退堂鼓，而是出钱雇请了当地的 10 多位农民做向导和劳力，逢山开路，遇水搭桥，于荒山野径之中开出了一条小路。他们带着米菜、被盖、工具等物走走停停，通过人工开出的小径蜿蜒着向黄山的深处伸去。张氏兄弟即沿着这条小路，遍观了黄山各处的绮丽风景。

张氏兄弟俩在黄山开发出的那条小径极大地方便了后来去黄山的游览者。张大千曾经无比自豪地说："黄山在我们这一代，可以说是由我二哥张善子和我一块儿去开发出来的！"

这次黄山之行，张氏兄弟俩所待的时间竟长达至数月之久。他们遍游黄山诸峰，登高望远，搜奇览胜，猎幽寻美，由此作了许多的画幅与诗词。而美妙异奇的黄山风光，更是使得他得益极大。因此张大千曾总结说："黄山好就好在一个奇字！""黄山是无山不石，无石不松，无松不奇，无奇不有！""黄山是无松不古，无峰不奇，而始信峰犹奇，奇诡不可名状！"……

黄山的自然美景、大自然的奇特造化，给张大千的艺术提供了数不尽的创作灵感，提供了无比生动自然并神奇美妙的绘画粉本，给他输送了源源不绝的丰富养料，并使他获得了取之不尽、用之不竭的宝贵创作源泉。张大千对此是深有体会，他曾说："要领略山川灵气，并不是说游历到那儿就算完事了，实在是要深入其间，栖息其中，朝夕孕育，体会物情，观察物态，融会贯通，所谓胸中有了丘壑之后，才能绘出传神的画！"

张大千的第一次上黄山就尝到了向大自然学习即"师造化"的许多甜头，因而张大千曾总结说："古人有所谓'读万卷书，行万里路'。这是什么意思呢？因为见闻广博，要从实地观察得来，并不仅仅只单靠书本，两者是要相辅而行的。名山大川，熟于心中，胸中有了丘壑，下笔自然就有所依据。要经历得多才有所获。不但山水如此，其他的人物、花卉、走兽等也都是一样。"张大千接着又说："游历不但是绘画资料的源泉，并且可以窥探宇宙万物的全貌，养成广阔的心胸，所以行万里路是必须的！"

这次初游黄山归来之后，张大千和二哥经整理对黄山的写生画稿并结合自己的心得，创作出了许多幅描绘黄山的美丽画图。这些作品一出，非常新鲜，顿时就轰动了上海画坛，并被当时海内外的美术评论界人士与汉画学者誉为"中国近代的黄山画派始祖"。

从此之后，张大千在中国艺苑的名声更大了。

4. 名人遍题的张大千三十岁自画像

1929 年春恰逢张大千满 30 周岁。张大千想，经过长期的艰辛奋斗，侥幸没有辜负时光，自己已经在画坛上立了起来。他思来想去，准备画一幅自画像，以作为自己"而立之年"的一个纪念与庆祝。

经过几天的精心绘制，张大千的这幅自画像终于完成。该画

名家遍题的《张大千三十岁自画像》

像纵约六尺，宽约三尺，水墨设色，画大千侧身（半身）立在一株古朴苍劲的老松之下，双眼炯炯，黑髯垂胸，两手合抱在胸前，显得沉着冷静、十分潇洒。其背后那如伞似盖的古松，虬枝屈伸，生机勃勃。画中人物所穿的长衫衣褶以及昂扬的青松树枝等，全是采用的石涛笔法。画完成后，张大千还在画的右下角题："大千己巳自写小像"，并钤了"张季爱印"和"大千"二章。

张大千的这幅"自写小像"完成后，他对于此画像还较为满意，于是遂按照当年的风气，拿去给了众朋友欣赏，并遍征艺坛名家题咏。张大千的老师曾农髯首先在画上题字，接着有陈三立、黄宾虹、杨度、叶恭绰、朱疆村、谭延闿、谭泽闿、方地山、郑午昌、吴湖帆、溥叔明、溥心畬、谢玉岑、郑曼青、林山腴、谢无量、罗长铭、向仲坚、谢稚柳、井上灵山等艺坛多位名家与学者纷纷在此画上加题，先后题字者共达到32人之多，均对张大千和此画像大加赞赏，致使此图上的诗、书、画三者合璧，并相互辉映，成了一件非常难得的艺术杰作与文物珍品了。

例如，画坛耆宿黄宾虹就在此画像上题："欧阳永叔年方逾冠，即自称'醉翁'。今大千社兄，甫三旬而虬髯似戟，风雅不让古人，观此自写照，尤为钦佩不已！"

著名报人、曾经拥戴过袁世凯复辟称帝，后又参加了中国共产党的历史人物杨度也在此幅画像上题诗曰："秀目长髯美少年，松间箕坐似神仙。问谁自写风流格，西蜀张爰字大千！"

著名的诗人、清朝遗老散原老人陈三立亦题："挺立孤撑两写真，劫灰尽处对嶙峋。浮天松气吹魂梦，认是峨眉顶上人！"

四川籍的著名学者、报人、诗人兼书法家谢无量也在此画上题："何幸尘埃见此翁，苍髯阅世立如松。披图不觉风云变，习习河山起大风！"

清光绪进士、著名书法家，曾任过湖南省督军兼省长，后又担任过南京国民政府主席、行政院院长等职的谭延闿，如此"戏题"："鳞甲当时晋水潜，虬髯人始识虬髯。画中真气谁能辨？曾是犹龙见老髯。"

有"联圣"之称的大方（方地山）则题："咄咄少年，乃如虬髯；不据块余，复归中原！"

溥叔明则题："岩岩清峙，嶷若断山。伊何人斯，魏晋之间！"

日本诗人、汉学家灵山仙史（井上灵山）则题："苦瓜衣钵久尘埃，天降奇才仙境开。法灯高挂黄山派，知是莲华峰顶来！"

后来和张大千交情极厚的著名诗书画家、"旧王孙"溥儒也在此画像上题："张侯何历落，万里蜀江来。明月尘中出，层云笔底开。赠君多古意，倚马识仙才。莫返瞿塘峡，猿声正可哀！"

……

后来，张大千曾将这些名家题咏，集成为《张大千己巳自写小像题咏册》，在上海影印出版，由黄宾虹作序，作为纪念。

不言而喻，有那么多的艺坛耆宿和名家名流的纷纷题识赞叹，可说是给张大千在"而立之年"的最好贺礼。再加上有了《题咏册》的出版宣传，从此张大千在社会上的名声更是大隆了。

5. 兄弟二人再上黄山

1931 年，张大千已在画坛上牢牢站稳了脚跟，并有了较大的知名度，但他犹思进取。受到第一次上黄山的启发与鼓舞，于是

张大千二上黄山时在迎客松旁的留影

他和二哥张善子又第二次去了黄山。

这次张氏兄弟的二上黄山，有门人吴子京、慕凌飞（慕倩）、张旭明等随之同行。他们从上海先乘车到了杭州，赴钱塘江口观赏了一年一度的海宁潮，然后再乘舟经钱塘江、富春江溯水而上，游览了黄子久墓和严子陵钓台后，再上新安江，经汤口入温泉，再经慈光阁，登文殊院，然后遍游了黄山的百步云梯、莲花峰、莲蕊峰、鳌鱼峰、光明顶、文笔生花、天都峰、芙蓉岭、狮子林、始信峰等各处名景。

这一次张大千的二上黄山，游得比上次更加仔细，因此收获就更大。他不但沿途绘了许多的写生画稿，而且他还随身携带了一台三脚架座式照相机和一部折叠式镜头相机，仅在黄山上面就拍摄了300多张山水风景照片，将黄山各处的奇异景致尽收眼底。与此同时，张大千还创作了许多首诗词，热烈赞颂了黄山的美景风光，讴歌了祖国大自然的雄伟多姿与奇特壮丽。这些诗词均是发自肺腑，感情奔放，豪迈潇洒，清新雅丽，回肠荡气。读其诗如见画，令人似浮游于清新奇逸的山水之间，为之遐想翻飞、回味无穷。这些诗词亦是张大千艺术的重要组成部分。

这一次，张氏兄弟也在黄山上待了有数十天之久。临别之时，张氏兄弟俩对于黄山依依不舍，曾请石工在文殊台旁边的一块巨石之上镌刻上了"云海奇观"四个大字，以做留念。返程中路过歙县时，他们又在著名的胡开文墨店定制了高级墨锭数百枚，由张氏兄弟俩在墨锭上分别题字，用于回去后分赠好友，同时也是作为他们二游黄山的纪念。

从黄山返回上海之后，张大千除了又创作了大量以黄山为题材的优秀诗、书、画作品之外，他还从自己所拍摄的黄山风光照片中挑出了 12 张,题为《张大千黄山摄影画册》,在上海出版印行。这本摄影画册问世后,黄山的绮丽风景与神秘面貌从此更广为人知。这对于黄山后来的开发并逐渐成为中国的一个旅游热点实大有助益。因此完全可以说,黄山今日之所以成为"世界文化遗产和世界自然遗产"(俗称"双遗产"),应是和张大千、张善子弟兄俩当年的开发、宣传和努力分不开的。

不仅如此,据当时跟随张氏兄弟二人上黄山的大风堂门人慕凌飞先生向笔者回忆,张大千这次在黄山上所拍摄的《蓬莱仙境》(黄山云海)照片,不久后还被选送去参加了在比利时举办的世界万国博览会的摄影作品大赛,并一举夺得了"金牌奖",为中国人和中国艺术争了光。由此看来,张大千不仅是一位卓越的书画家兼诗人,而且在摄影艺术方面也是出类拔萃、技艺非凡。

从此之后,神奇秀丽、变幻万千的黄山更是成了张大千艺术创作的丰富源泉。这正如他后来所言:"予与仲兄虎痴,既二入黄山,饫松云之奇观,悟古人六法之所在,故作风屡变!"

6. 徐悲鸿为张大千画像

1932 年,为了反抗日本对于中国的侵略、努力提高中国的国际地位,并向世界介绍中国文化和宣扬中国艺术,著名画家、时任国立南京中央大学艺术系教授的徐悲鸿(1895—1953 年)决定筹备一个《中国美术展览》,赴欧洲展出。张大千闻之,对此极力支持,积极向徐提供了自己的山水、花卉、人物等多幅作品,以供选用。

徐悲鸿经过详细审读，他对张大千的各件作品都非常赞赏，同时更为张大千的爱国热忱和对于这个画展的积极支持所感动。当年 4 月，正带领学生在北平参观与写生的徐悲鸿想起好友张大千即将年满 34 岁，于是提起笔来，创作了一幅《张大千三十四岁画像》，拟赠给张大千作为"寿礼"。

徐悲鸿所作的这幅大千画像，是其长期来一直大声呼吁、大力提倡并身体力行的"写实主义"的样本。该画系一幅中堂立轴，水墨淡设色，画张大千身穿着棉袍，坐在画案之前。只见张大千精神焕发、面露微笑、浓髯垂胸、双目炯炯，正视前方，画案上放着毛笔、砚台、裁纸刀、水盂等物，张大千两手拂纸，似正要绘画的模样。整个画面虽较简洁，但却把张大千的特点与精神刻画得惟妙惟肖、跃然纸上，堪称是形神兼备，是徐悲鸿肖像人物画中的一幅杰作。

徐悲鸿把这幅画像画好以后，还在画的左上方，题了一首五绝曰：

其画若冰雪，其髯独森严；
横笔行天下，奇哉张大千！

然后并跋："大千道兄三十四岁像，悲鸿写之于燕京。"

在此落款的下面，盖了"悲鸿"朱文印和"东海王孙"白文印各一；另在画的右下角，则钤了"吞吐大荒"白文大印一枚，不单显得十分潇洒，更使人感到寓意无穷。

不久，徐悲鸿从北平回到南京后，即将此画像赠给了张大千。张大千得到此画后，喜之不尽，急忙拿去给众好友们传看，众皆

/
1932 年，徐悲鸿在北平专
门绘《张大千三十四岁画像》
赠大千

啧啧称赏。当年在上海"秋英会"上与张大千同时扬名的谢玉岑与郑曼青二人观后，感慨系之，又在此画像的上面各自题了一首长诗，回顾了他们和张大千的深厚友谊，热烈夸奖了张大千的为人与艺术。谢、郑二人的题诗填满了整个空白，从而使得徐悲鸿的这幅张大千画像更是诗、书、画、印互相辉映，也是更加的含义深刻了。

不言而喻，徐悲鸿主动为张大千作的这幅画像及其题诗不仅显示了徐、张二人的深厚友谊，更表明了徐悲鸿对于张大千的人品和艺术的高度赞美。

第十章
住进了苏州网师园

1. "将身移往天堂住"

1932年底，朋友张师黄见张善子、大千兄弟俩在上海的寓所太小，同时知他们喜欢居住在有园林之胜的场所，于是慷慨提出愿意将自己的苏州网师园借给他们居住。张氏兄弟俩大喜过望，又谢之不尽，当下即将全家从上海搬去了苏州。

苏州，是中国江南的一颗非常亮丽的明珠。所谓"上有天堂，下有苏杭"，正说明了这儿的美丽与富庶。唐代大诗人白居易就曾描写苏州是："阊阖城碧铺青草，乌鹊桥红带夕阳。""绿浪东西南北路，红栏三百九十桥。"可以说是处处是景，美不胜收。张氏兄弟对这座充满了诗情画意的美丽古城早就深深地向往和陶

张善子在苏州网师园中指导张大千绘画

醉，现在他们真的是"将身移往天堂住"了，又怎能不高兴万分、兴奋异常呢。

网师园，是苏州著名的古典园林之一，位于城内的葑门十全街。历代均传："江南园林甲天下，苏州园林甲江南！"而网师园正是苏州古典园林的一个卓越代表。该园开掘于宋，历代皆有重修，至清乾隆时集其大成，也基本成就了它今日的这番模样。该园的主要建筑，有万卷堂、撷秀楼、梯云室、五峰书屋、集虚斋、看松读画轩、殿春簃、小山丛桂轩、蹈和馆、彩霞池、濯缨水阁、月到风来亭、射鸭廊、竹外一枝轩等等。虽然网师园的面积不大，一共仅只有 0.6 公顷，但却是结构十分紧凑、分布得宜，小巧玲珑，园宅兼具，典雅古洁，别具一格，并使山水廊池互相衬托，亭台楼阁参差错落，堪称是苏州园林中"以少胜多"的杰出典范。乃至如今，网师园已被联合国教科文组织列入了"世界文化遗产名录"。

因此，当年张氏兄弟住进了苏州网师园时的喜悦心情不言而喻。从此，他们即以这里为"根据地"，到处游山览水，交朋结友，谈诗论画，勤奋创作，把美丽的苏州和江南景色都揽入了自己的画中。

2. 作品为中国现代绘画生色

张氏兄弟住进网师园内不久，他们又得到了一个喜讯：兄弟俩的作品，特别是张大千的画作在国外的展览中倾倒了众生，嘉评如潮，获得了极大的赞誉。

原来，1933 年 5 月 10 日，由徐悲鸿筹备已久的规模浩大的首次"中国美术展览"在法国巴黎隆重开幕。这次画展，共展出了中国唐、宋、元、明、清的历代古画约 70 幅，同时还展出了当代中国名画家的精心杰作约 200 余幅，堪称是规模盛大、声势惊人、琳琅满目、蔚为大观。

这次展出的中国当代名画家的人数共达到了 71 人之多，可说是将当时中国画坛上的所有顶尖名家基本上给"一网打尽了"。张善子、张大千二人也都有多幅作品参加了此展。

这次《中国美术展览》轰动了欧洲，也轰动了世界。这个画展继在巴黎展出之后又被邀请赴意大利、德国、西班牙、苏联等地去做了巡回展出。画展在各地展出之际，皆是人山人海、盛况空前，各种赞誉铺天盖地。许多国家还把此展的所有作品拍成了电影、印成了画册，从而使得此画展的影响更大。世界各国对于中国精湛、神奇的文化艺术赞不绝口。

就在这次画展中，张大千的作品受到了欧洲各国人士的极大欢迎与赞扬。画展在巴黎举行时，法国国立外国艺术博物院从展出的 200 多幅中国当代名画家的所有作品中还专门挑选出了 12 幅最棒的作品予以特别购藏。该院把它们挂在了自己新辟出的"中国当代绘画专室"内，作为永久陈列。张大千的《金色荷花图》即是其中之一。

除了这幅《金色荷花图》外，张大千的其他作品也得到了欧洲艺坛人士的高度评价。如法国的《世界画报》就曾评论说："张大千先生之《东坡图》，只见一孤寂之人立于危崖，沉思瞻望，而围以孤松，诚仙境也！"

而当此画展在苏联举行时，莫斯科国立博物院又从展出的中国当代名画家的作品中特地挑选出了15幅精作购藏。张大千的《江南山水图》又是其中之一。

因此，当这次展览结束之后徐悲鸿曾总结说："张大千代表中国山水作家，其清丽雅逸之笔实令欧人神往。故其《金荷》藏于巴黎，《江南景色》藏于莫斯科国立博物院，为吾国现代绘画生色！"

由此，还早在1933年，年仅34岁的张大千依靠着他自己的勤奋和努力，依靠着他的天才与实力，成为了当时中国顶尖级的71位著名画家之一。与此同时，他已经"冲出了国门，冲出了亚洲，走向了世界"——其作品得到了巴黎和莫斯科等欧洲各地权威博物馆的高价收藏和永久展出，并且得到了全世界美术界的一致赞扬与推崇！

3. "画虎兼资养虎成"

张善子、张大千兄弟俩搬来苏州网师园后，他们在这里还做了一件大事——在园中养起了老虎。

养虎，是张善子的主意。当时张善子的画虎技艺在艺坛上如日中天，已极有名气，但他仍未满足，犹在思索着怎样才能把虎画画得更好。

说起来，画虎是张善子早年在日本留学时就立下的心愿。有感于当时中国的贫弱、备受东西方列强的欺凌，张善子为了提倡国人的"尚武"精神，即立志画虎，希望祖国能如猛虎一般立身于世界民族之林。因而，早在20世纪20年代，张善子就曾经养过老虎，并时时观察老虎的生活习性和自然姿态，以把其虎画绘得更好。但可惜的是，由于种种原因，那一次老虎没喂多久，就夭折了。

因此，自从住进网师园后，这里的居处宽大、活动地多，张善子不觉又起了养虎之念。

恰巧这时，张善子有位军中的朋友叫郝梦麟，是位军长，正带兵驻扎在贵州，其部下在山中捕到了一只小老虎。郝立刻打电报给张善子，问他要不要老虎？张善子得电大喜，连忙回电"要！要！要！"郝随即派人将老虎送去了武汉，由张善子亲自去武汉把老虎接回了苏州，养在了网师园中。

张善子非常喜欢这只小老虎，为它取名叫"虎儿"，对它不加锁链，也未关进铁笼，而是任其在园中自由行走。一开始，全家大人小孩对"虎儿"还有些害怕，但慢慢地众人见老虎挺温顺，对来访的客人也都很友善，于是也就处之泰然，并渐渐习以为常了。

网师园自从养起了老虎之后，给大人、小孩、主人、客人都增加了许多乐趣，园中充满了勃勃生机。张善子、大千兄弟俩在网师园内经常对虎写生，或切磋画艺，或创作画幅，或读书赏画，或交朋会友，过得真是其乐融融。

一段时间之后，"虎儿"渐渐长大，变成了一只漂亮雄壮的斑斓猛虎，在园中四处自由行走，虎啸声经常响遍全园，这令来访的一些朋友感到担心。因而有朋友极力建议，最好用佛法来"度化"猛虎，使它不致有伤人之念。张善子觉得此主意甚佳。

于是某一天，张善子、大千兄弟俩牵着"虎儿"去了苏州城北的报恩寺，专门请该寺的住持印光法师特地为"虎儿"授了戒。印光法师还为授戒后的"虎儿"取了一个佛门法名，叫作"革心"，

张善子在网师园中养起了老虎

即叫此猛兽也能"洗心革面"之意。

"虎儿"受了戒后也同以往一样，没有任何"出格"之举。虽然对它未加锁链，但它很是"自觉"，平常就在园内玩耍，从来不出大门一步。而它对善子、大千就更是亲热，时时不离二张的左右。每当张氏兄弟俩读书作文或者赏画谈心之时，"虎儿"就乖乖地伏在案下或是蹲立在一旁，从不打扰他们。而当善子、大千要绘画之时，"虎儿"就更是听话，甘当他们的"模特儿"，叫它或立或蹲，或行或奔，或跳或扑，或仰头长啸，或森严凛立，它都做得很是认真，人、虎配合得十分默契。而张善子和大千兄弟对于"虎儿"也非常疼爱，就宛如对待自己的孩子一般。在他们之间似乎已经建立起了极其亲密的感情。

对于张氏兄弟俩豢养老虎且人虎相互依依一事，众朋友皆感到惊奇。为此，散原老人陈三立曾特地写诗一首赠之曰：

> 二张画笔冠时名，画虎兼资养虎成；
> 视以善心无异类，愿推仁术问苍生！

4. 张大千画虎技艺突飞猛进

在网师园中，张氏兄弟俩自从有了"虎儿"在侧，他们随时观察老虎的一举一动、喜怒奔腾，并不断地写生记录，传移摹写。久而久之，张善子对于老虎的各种形态更是烂熟于胸，乃至他画起虎来可说是胸有成竹、得心应手。到得后来，张善子画起虎画可以从老虎的任何一个部位开始，都是一样的轻松自然、挥洒自如。

而且所画出的老虎，其色彩的斑斓、其纤毫之毕现、其形神之俱佳、其勃勃之英姿、其威风之凛凛，皆都令人叹为观止。

张善子依靠长期的精密观察、体验生活、熟悉生活、点滴积累，刻苦创作，使得他的绘虎技艺达到了空前的高度，从而登上了中国绘虎大师的位置。这正如林语堂先生所讲："善子先生和山君是十分昵近的。他画的老虎，凡一肌、一脊、一肩、一爪等，无不精力磅礴、神态逼真、精纯超人！"这也正如江东诗人杨云史先生的《赞善子先生画虎》一诗所赞："画虎先从养虎看，张髯意态托豪端；点睛掷笔纸飞去，月黑风高草木寒！"

而对于张大千来说，情况又有些不同。虽然他本来就是个多面手，于山水、人物、花卉、翎毛、虫鱼、走兽等画无所不能，中国画十三科，他几乎是样样精到，但在网师园养虎之前，他却很少画过老虎。这一是他对虎的生活还不甚熟悉，二是他有意要避开此类题材，以让在这方面下过重点功夫的二哥张善子专门在虎画上"独树一帜"、"独领风骚"。

可是，当网师园里有了"虎儿"之后，由于长期同老虎生活在一起，这使得张大千对于老虎的形态、姿势、习性等等也变得非常熟悉。再加上张善子又常常同他一起讨论绘虎技艺，并尽心尽力地教他如何布局、如何设色、如何点题等，这使得张大千对画虎也产生了浓厚的兴趣，其绘虎技艺也有了长足的进步，并提高得非常迅速。因而后来，若是将张大千和张善子画的老虎挂在一起，常常会叫人感到伯仲难分。不过对外，大千依旧常称自己不会画虎，以便让二哥善子仍在虎画上独享其名。

5. "黄金千两不画虎"

然而，就在张大千的绘虎艺术迅速提高并突飞猛进之时，他却突然来了一个"紧急刹车"，并向外宣布再不画虎。这件事情当时曾搞得许多人都莫名其妙。但其实，此事还是由张大千的虎画所引起的。

那是有一年的端午节时，张大千在网师园里多喝了几杯雄黄酒，一时只感到似醉非醉浑身燥热。他借着酒劲，乘兴在园中画了一幅六尺中堂的《虎啸图》，一气呵成，笔墨酣畅，狂野豪放，虎虎生风。张善子见之大喜，拍案叫绝，立刻在此画上补景题诗，对八弟的这幅虎画大加赞扬。

正在这时，有一个日本画商来访，见了案头的这幅张大千虎画，惊喜不已，执意要以重金购去，以"永远珍藏，传之子孙"。张善子初时不肯，但经不住这个日本画商的左说右劝、死磨活缠，于是将此画卖给了那个日本画商。

谁知该画商买走了大千的这张虎画后，立即大肆宣传、大加炒作，把张大千的虎画夸了一个天花乱坠，最后以高价出手卖回日本，从中狠赚了一大笔银钱。如此一来不得了，此事竟然产生了轰动，竟致到处争说"大千虎"。消息传开，各地每日来网师园里求张大千的虎画者络绎不绝，霎时间是门庭若市。由于粥少僧多，供不应求，竞争激烈。有财大气粗的求画者竟曲意奉承说张大千的虎画已经远远超过了其兄善子，并愿以十倍于善子虎画润笔的价格来定购张大千的老虎画。

一直对二哥张善子极其尊敬的张大千闻此，不禁大怒。他猛然醒悟——这种贬兄扬己的行为实乃小人所为。他由此发出话来，一概对之断然拒绝。为了免得那些"耐心极好"的求画者每日再来拼命聒噪与纠缠不休，张大千干脆在网师园的大门口贴出了一张告示，以昭其志。告示上曰：

"大千愿受贫和苦，黄金千两不画虎！"

果然，张大千的此幅告示贴出之后，来网师园求张大千的画虎者才就此绝迹。

事后，张大千思之再三，觉得此事应引以为戒。为了避免今后类似的事情再度发生，张大千发誓再不画虎。同时，他又想到此事是由酒后引起，"杜康实误事误人"，他亦发誓今后再不饮酒。

从此，张大千是既戒饮酒，更戒画虎。对于前者，张大千虽并未完全做到，因为当三五高朋在一起欢乐聚会、兴酣之时他也不得不少许喝一点，但他确实也再未喝醉过。而对于后者，他的确做到了戒绝画虎。一直到张善子去世很久之后，张大千也到了晚年，他才偶尔画几幅虎画，以赠送给他最亲近的朋友。

由张大千的戒绘虎画此举，人们也看到了张大千对二哥张善子的深厚情谊和极大尊敬。

6. 与谢玉岑的生死之交

张大千不仅对其二哥是极其敬重，他对于自己的知交好友也是满腔的古道热肠和深情厚谊。其中最有代表性的一人，堪称是"江南才子"谢玉岑。

谢玉岑（1899—1935年），名觐虞，字玉岑，江苏常州人。谢出生于诗人世家，从小就聪明过人，作得一手好诗词，写得一手好书法，也绘得一手自然高洁的文人画。

少年时代，谢玉岑即追随常州名士兼著名诗人、学者、书法家钱名山学习，其艺大进，才华横溢，很得钱的赏识。谢玉岑成年之后，钱名山即将自己的女儿钱素蕖许配给了谢，夫妻二人十分恩爱，相互之间的感情极深。

谢玉岑与钱素蕖结婚后，由于生活所迫，谢不得不外出谋生，曾先后在浙江温州中学、上海南洋中学、爱群女子中学、上海商学院等多所学校任教。由于其工作太劳累，又辗转奔波，致使他积劳成疾，经常咯血。

谢玉岑的身体虽然不太好，但他多才多艺，精诗词，善书画，尤其擅长填词。其词文清丽沉俊、缠绵悱恻、自然真挚、行云流水，博得了各方的赞誉。乃至他在青年时期，即以其非凡的才华折服了文坛艺苑的众多耆宿及诸位大家。他们纷纷把谢称为"江南才子"、"藐姑诗人"等。

谢玉岑当年在上海时正住在张大千的隔壁，由此二人结下了极其深厚的友谊。只要没事，谢玉岑天天去张大千的家里，看他画画，与他聊天。谢玉岑对张大千的绘画艺术特具慧眼，青睐有加，最为激赏，经常在朋友间大声赞叹，还曾作了大量的诗词来予以颂扬，对大千的诗书画艺术推崇备至。

张大千与谢玉岑同岁，张比谢还要大几个月。但张对于谢玉岑的人品，还有谢的诗词、书画等艺术也都非常钦佩与赞赏。大千还经常向谢学习并互相切磋古诗词创作，以更为其画幅增辉。张大千常说："外行画，海内当推谢玉岑为第一！"、"文人余事，

/
张大千的"骨肉生死知己"——江南才子谢玉岑

率尔寄情，自然高洁，吾仰陈定山、谢玉岑！"因此，大千对于比自己还要小几个月的谢玉岑，却尊敬地称为了"吾兄"、"老长兄"等。大千在自己的许多书画完成之后常常要先拿去请谢玉岑"指正"、"教正"，或者是请谢题诗于其上，使得该作品更是珠联璧合、熠熠生辉。张大千和谢玉岑的交好情深，二人结下了"乃过骨肉生死之间"的非常亲密的纯真友谊。

1932 年 4 月 16 日，谢玉岑之妻钱素蕖因长期贫病，不幸去世，终年时只有 33 岁。谢玉岑为之哀痛万分，悲伤不已。张大千闻此噩耗，专门奔去常州帮老友料理丧事，同时还赶画出了 100 多幅各式各样的荷花画，全都挂在了钱素蕖的灵堂内，以悼祭亡灵。这给了谢玉岑极大的安慰。

钱素蕖逝后，留下了三男二女共五个孩子，大的只有 13 岁，小的才 2 岁，其生活之艰难清苦，不言而喻。而谢玉岑因时时想念亡妻，悲痛刺骨，从此自号"孤鸾"。他曾为之发誓曰："欲报吾师，唯有读书；欲报吾妻，唯有不娶！"谢玉岑为纪念亡妻，又时时呕心沥血作了大量哀婉缠绵、凄凉寒骨的诗词。这使得他的身体更是每况愈下。

1934 年冬，因为长期的生活煎熬和思妻哀痛，谢玉岑已卧床不起。张大千对此异常焦急，几乎是每隔一日他都要从苏州赶往常州去专门探视。张大千知谢喜其画，于是每到常州，他都要绘许多画幅赠谢。这给了病中的玉岑以极大的慰藉。

1935 年 3 月 18 日，谢玉岑终因贫病交加在常州病逝，享年仅 36 岁。张大千闻之大惊，更是大悲，在玉岑的灵前痛哭不起。张大千含泪挥毫，又专门精心绘制了四幅巨大的荷花画，挂在了谢玉岑的灵前，以寄托哀思，并悼慰亡友。

经笔者的粗略统计，张大千前后赠送给谢玉岑的荷花、山水、人物、花鸟等各种各样大大小小的画幅起码达到了 200 件之多。这些绘画记录下了张大千和谢玉岑的长期交往经过，更是展现了张、谢二人的深情厚谊。

谢玉岑逝后，张大千仍常常思念这位老友。不论他走到哪里，仍然经常梦见和谢相会，甚至还常在睡梦中与谢谈诗论画，"梦中谈笑，如平生欢"，一如既往，"岂知有幽明之隔"。张大千与谢玉岑的交情真可谓是魂梦相接、刻骨铭心！

时过多年，张大千对于谢玉岑的思念依然是绵绵不绝。1940年初，经过了残酷的生死之劫，并已从北平沦陷区冒死逃回到故乡成都的张大千，想起已逝的老友谢玉岑，仍是止不住地悲伤落泪。他曾经热泪盈眶，忍痛挥毫，呜咽下笔，作了《谢玉岑遗稿序》一文，回顾了自己和谢玉岑的交往经过与厚谊深情。

该序文写好之后，张大千念及当前正值抗日战争时期，谢玉岑的身后萧条，其家中的生活困难，遂不顾自己的经济拮据，仍从自己在成都的卖画所得中，毅然拿出了 500 元大洋，寄赠给了江南玉岑的遗孤——这在当时已是一笔十分丰厚的赠款。这笔款项寄到常州谢家后，解了谢家的燃眉之急。谢玉岑的岳父、名诗人钱名山老先生对于此事非常感动和激动，曾经专门赋诗一首《代谢张大千》：

> 远寄成都卖卜金，玉郎当日有知音；
> 世人只爱张爱画，未识高贤万古心！

"玉郎当日有知音"和"未识高贤万古心"二句，正鲜明和突出地表现了张大千和谢玉岑的生死不渝、感天动地的深厚情谊！

绝胜清溪（1946 年作于四川内江）

江渚奇峰（拟五代董源　1946 年作于峨眉山）

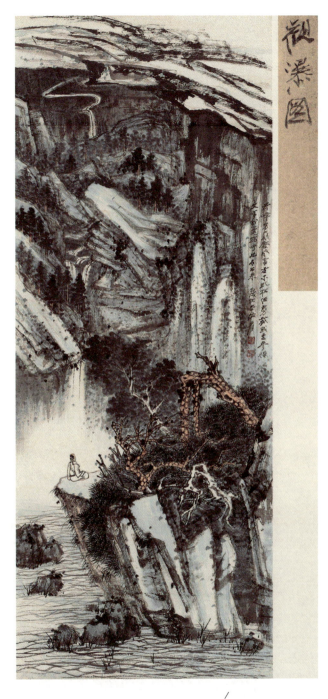

高士观瀑（1946 年作）

纨扇美人（1946 年作）

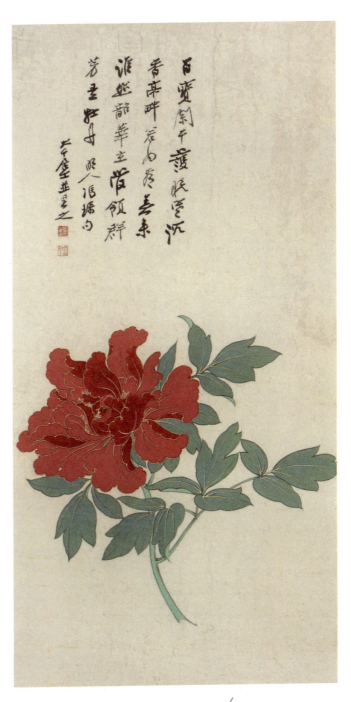

钩金红牡丹（约 1947 年作）

荷屏仕女（1948 年作）

渊明采菊图（1948 年作于上海）

没骨山水图（1948 年作）

白荷图（1948 年作于香港）

紫荆花（1949 年作于香港）

峨眉三顶（1949 年作）

榕树高士图（1950 年作于印度）

书法·满江红词（1950 年作于曼谷）

子猷赏竹图（1951 年作于台北）

衣冠甚偉須眉
天編梁垂而挂
杖輕問事去人
補衣石不以問
憂箸先生

壬辰三月寫於貝宜諾斯愛齊
樂斯
蜀人張大千

拄杖读书图（1952年作于阿根廷首都布宜诺斯艾利斯）

策杖寻诗（1953 年作）

第十一章
"南张北溥"声震全国

1. 轰动北平的书画展览

张善子、大千兄弟俩自迁居苏州网师园之后，他们即以这里为根据地，四出游览写生，或者举办画展，或者搜罗古画，或者交朋会友，在悠闲中又显得十分充实与忙碌。

张氏兄弟在网师园里一住，就住了几乎有五年之久，直到抗战爆发、寇陷江南时才被迫离开。

在苏州的五年间，张氏兄弟在神州大地上南来北往，在中国画坛上东冲西突，显得非常之活跃。

1934 年春，张善子应南洋巨商、"万金油大王"胡文虎、胡文豹之邀请，偕侄儿张彼德乘轮船赴南洋，在新加坡、马来西亚、菲律宾等地举办了画展并进行了游览。张善子的精湛技艺得到了南洋各地群众的高度评价与热烈欢迎。

与此同时，张大千则奔赴北平，住在颐和园中，在这里独自筹办了即将在北平举行的声势浩大的"正社书画展览"。不久，张善子从南洋回国后也从苏州赶来北平，帮助大千筹备此展。

所谓"正社"，系1933年张善子、张大千兄弟移居苏州后他们与吴湖帆、彭恭甫、陈子济、潘博山等数位苏州籍画家共同发起，又得到了叶恭绰、王栩缘、吴瞿安、吴诗初等苏沪画家的热烈支持，在苏州所成立的一个大型地方性美术团体。该社的宗旨是："切实研究艺术，提倡中国固有文化"。加入该社的成员，分为"普通社员"和"特别社员"两种。普通社员要有三名正式社员的介绍方能入会，特别社员则要艺苑中德高望重及画艺精湛并影响较大者才能担任。张大千与张善子都是正社的"特别社员"。他们积极支持和大力策划了正社的多项活动，对于正社在全国的影响，以及鼓励、推动、繁荣苏州地区画家们的创作等做了许多工作，做出了有力的、积极的贡献。

在张大千、张善子的多方努力筹办下，1934年9月，代表江南画派风格的"苏州正社书画展览"首次在北平中山公园的水榭隆重开幕，展出了正社社员的各种书画作品共达200多件。其中仅张大千一人的作品就占到了整个画展作品的1/5，其山水、人物、花卉等诸作均有。张大千展出的这些作品，不论是在构图、意境、技法、用笔、着色，还是在临摹古画方面都与当时北方画界的绘画风格和习惯等大异其趣，因而极大地震撼了故都画坛。乃至张大千的作品，在三日内便被售卖一空，使一些画界人士非常震动。《北平晨报》还专门发表了艺评文章曰："画坛今日多才艺，谁似蜀人张大千！"该文谓在这次展览中张大千的作品最多，且"多为精品，各家不免为其所掩，使得众多读画者咸有专看大千画之感"。还有许多人认为，张大千的这些作品，生气勃勃，精彩纷呈，为当年的北平画界"引入了一股生气，吹来了一股新风"！

就在这次画展上，张善子的绘画，特别是其虎画作品也极被故都人士称道。他的一幅丈二巨幅《黄山神虎图》，其诗、书、画、印俱佳，亦征服了众人。本来，这幅图是属于"非卖品"，仅供展出之用，但该图亮相之后却引起了各界人士，尤其是军队将领的极大赞赏。时任国民革命军第二十九军军长的宋哲元将军亲来画展看过之后，对此画爱不释手，于是遂请人多方说合，最后终以 2000 元大洋的巨款购得此画。宋喜不自禁，连称"值得，值得"！此事轰动了北平艺坛，张善子的画虎名声由此更是大震。

这次北平的正社画展是苏沪画家在北方的一次大展示，更是张善子、大千兄弟绘画艺术的一次大展示。北平画展之后，虽然张氏兄弟两人名震京华，但他们在艺术上更加进取。这时，他们听说西岳华山的山势险峻、气度不凡。为了将华山也"纳入胸中"，于是善子、大千兄弟俩趁着中秋节的闲散时候又连夜从北平坐火车赴陕西，去华山搜奇探险去了。

2. 张氏兄弟首游华山

华山，位于陕西省华阴县南，古称西岳，为中国著名的五岳之一。因《水经注》言，该山"远望之若花状"，故名华山。该山北瞰黄河，南接秦岭，气势雄伟，壁立千仞，以"奇拔峻秀"

张大千（左）、张善子（右）在北平举办"正社画展"时合影

冠绝天下。其主峰由东、南、西、北、中五峰组成，最高峰达海拔2200米。由于山势极险，自古以来就有"华山进出一条路"之说。

这一次，是张氏兄弟俩首游华山。他们在华阴站下了火车之后，即沿着华山的山口向南进山。

当天，张氏兄弟沿着陡峭的山路，过五里关、沙萝坪、毛女洞，当晚到达青柯坪，在这里住了一夜后，天明登山。他们攀上了"回心石"，然后又爬上了"千尺幢"，接着再通过峭壁凌空的百尺峡、老君犁沟等险道，终于到达了北峰。

北峰，是华山上总绾其他诸峰的要枢，其三面陡壁悬绝，只有一岭南通，险要异常。张氏兄弟在这里略为歇息后，又通过路不盈尺、须面壁手抓着铁索探足而进的"擦耳岩"，再攀上石梯陡峭、稍不小心即会跌得粉身碎骨的"上天梯"，来到了苍龙岭。

苍龙岭，古称搦岭或名夹岭，为上华山其他诸峰的必经之地，也是华山的最险要处之一。只见一条长岭横跨在了两山之间，坡度极其陡峭。岭上的路径宽仅1米，岭之长度大约有1500米，俗称百丈。其两旁俱是莫测深谷，石如刀削，青松白云皆在岭下，望去令人胆战心惊，不敢俯视。相传，唐代文学家韩愈在人搀扶下走过此岭后回头一望，恐惧失色，再也不敢移步走回。韩愈自度生还无望，大哭一场后写下遗书，投掷崖下，后来还是同去者用酒将韩灌醉，方才把他抬过岭来。乃至如今，苍龙岭上还留有"韩愈投书处"的摩崖石刻。

当时，张氏兄弟俩小心翼翼，目不转睛，奋勇前行，走过了苍龙岭后，来到了金锁关。俗谓"过了金锁关，又是一重天"，这里的山路虽仍陡峻，但毕竟比前面的路要好走多了。

这之后，张氏兄弟俩说说笑笑，遍游了华山的西峰、南峰、东峰、中峰，上了摘星岩，登了仰天池。为了尽情观赏华山的旖旎风光，他们还在山上的庙里住了几天，遍览了山中的风景名胜及寺观建筑，将华岳的奇险无比与峻峭景色尽收胸中。

在华山期间，兄弟二人还写了不少的诗，绘了许多写生画稿。从此，雄伟险峻的华山又时时出现在张大千的笔下，成了他艺术创作中的又一个丰富源泉。

临下山时，张氏兄弟对风光峻丽伟秀的华山恋恋不舍，曾请人在一坡岩石面上凿刻了几个大字："蜀人张善子、大千兄弟来此一游"作为纪念。

这一次的西游华山，使得张大千的笔情墨趣又为之一变。而华山的万千美丽景象，张大千看过一次后犹感不足，于是翌年的重九节时，他趁赴河南洛阳观光龙门石窟之机，又偕同新娶的三夫人杨宛君，并会同友人严谷声等人一起，再一次登游了华山。张大千的这种痴迷艺术、"搜尽奇峰打草稿"的精神与行动受到了画坛同道们的极大夸奖与赞扬。

3. 张大千的成功之道

张大千在北平期间，由于他素喜交友，曾与北方文艺界的耆宿名流、画坛同道们多有往来。久而久之，张大千与齐白石、周肇祥（名书画家、时任北平中国画学研究会会长）、陈半丁、傅增湘（四川江安人、张善子的老师、民初时的教育总长、著名藏书家）、于非闇、溥儒、陈宝琛（清末代皇帝溥仪之老师）、溥雪斋（名书画家、清惇亲王奕誴之孙）、俞陛云（著名学者、俞平伯之父）、徐鼒霖（民初时的总统府资政、吉林省长、名收藏家）、成多禄（吉林三杰之一、名书法家）11位诗书画名家结成了好朋友，共同组成了一个"转转会"。每人轮流做东，每个星期日聚会一次，大家共同谈诗论画，探讨艺术，相得甚欢，笑语连连。张大千从这个"转转会"里学到了很多的东西。

张大千与齐白石等人组成的这个"转转会"，曾经延续了相当长的时间，直至北平"卢沟桥事变"爆发，这个"转转会"才在枪炮声中被迫解散。

1935 年夏天，北平琉璃厂清秘阁书画店拟出版四大册《张大千画集》。当时清秘阁的老板之一，正是"转转会"的成员徐鼒霖。现在清秘阁要出版《张大千画集》，自然少不了一篇介绍作者的生平、评论其艺术的序言。于是在一次"转转会"的聚会上，徐鼒霖向大家讲了此事后，遂由在场的 11 人，你一言我一语，共同评价了张大千的画艺，并总结了其成功之道。然后由徐鼒霖归纳了众人的看法后，执笔撰写，将之作为清秘阁出版的《张大千画集》的序言。该序曰：

> 大千绘画之成功，固然因他生于四川，环境中山水奇险而雄壮，日相狎接，蕴在胸襟；又富于艺术之天纵才思，兼以不断用功，始有今日之成就。他的大风堂珍藏，有历代名画数百件，得以纵览百家，不拘一体一格与派别，都下过一番苦功，尤尽得石涛、八大、石溪、渐江、大风、冬心、新罗各家之奥秘。融会贯通，撷取古人之精华，去其糟粕。一笔一画，无不意在笔先，神与古会，用笔纵横。浑厚、苍润之气韵，熔合南北宗于一炉，自成蹊径，而达到神化高峰，

毫无一点拘率之迹象。加以近十年来，游历名山大川，游踪所至，莫不涉足于穷山荒谷、断崖绝壁、古刹长松之地，领略风雨晴晦真趣，采大自然之景为画材，如石涛所云："搜尽奇峰打草稿。"故大千之画，一切布局设色，无不匠心独运，直以造化为师，来自写其心中宇宙境界。又如恽南田瓯香馆画跋所云："一草一树，一丘一壑，皆灵想所独辟！"

大千临摹古画之功夫，真是腕中有鬼！所临之青藤、白阳、石涛、八大、石溪、老莲、冬心、新罗各家，确能乱真。尤其之仿作石涛，最负盛名。不特笔墨神韵，与石涛真迹同，题字图章、印泥纸质，均丝毫逼肖，天衣无缝。大千当作是游戏工作，在好友面前绝无一点隐讳；而一般画商与好古藏家，得着石涛画本之稍精者，莫不诧叹惊讶发生"这是否是大千所做？"之疑问。然而大千所作之石涛，固已散遍世界，颠倒国内外之鉴藏家矣！

现当代不乏人物画家，而中国绘画，本以画人物为最重要。大千有绘画天才与精深造诣，今后若再努力于此，定为现代中国放一异彩，为中国艺术接续光荣历史！对大千殷殷待之。

这篇序文，头一次正式明确提出，集了中国南北美丽风光于一地的四川自然山水的景色熏陶，正是张大千的绘画艺术得以成功的重要原因之一；其次，是指大千"又富于艺术之天纵才思，兼以不断用功"，不懈地刻苦奋斗加上顽强拼搏，是他成功的又一重要原因；再次，是指大千善于向古人学习，然后又向大自然刻苦学习，等等。因而，综合以上的多方之努力等种种因素，张大千最后才"始有今日之成就"。

这篇序言，可说是集中了当时北平诸位大家之看法，对张大千的艺术成就作了一个全面深刻的分析总结，也给了张大千恰如其分的中肯评价，并希望张大千再往人物画方面做重点努力，"为中国艺术接续光荣历史"。后来，张大千在敦煌面壁三年，苦苦致力于人物画，其原因即与此有关。1943年，当张大千从敦煌回来后，其人物画的精深造诣和博大风格与他以前的相比，为之大变，当即轰动了中国艺坛。此序中诸位前辈以及友人们的"殷殷期待"，他们认为张大千"定为现代中国放一异彩"的预言，在10年后竟被张大千给"兑现"了！

当时曾有不少人言，从张大千之艺术成功的经历来看，已经充分说明了他只是一个"苦修得道"的"修行者"，而不是一个"一蹴而就顿悟成佛"的"笑和尚"。而这篇序文，更是向人们详细地揭示出了张大千是如何"苦修得道"的整个经过。

4. "南张北溥"声震全国

从1934年的画展到《张大千画集》四大册的出版，表明张大千已经成功地登上了中国画坛，并深深扎牢了脚跟。

而从1934年到1937年的抗战爆发前，确实是张大千在中国画坛上最为活跃的时期之一，同时也是他在中国画界"收名定价"、登上中国名画家"宝座"的时期。

在这段时期内，张大千不仅频繁地北上南下、东走西奔，在神州的各地搜奇览胜，观赏名迹，交朋会友，交流技艺，而且还创作出了大量优秀的诗书画作品，在神州各地频频展出，从而使他本人及其作品在全国都产生了广泛的影响。

例如，仅在这段时间内，张大千参加的或者个人举办的画展，就有 1934 年 9 月的"正社书画展览"（北平）；1935 年 6 月的"张大千画展"（武汉）；同年 7 至 8 月的"张善子、张大千扇面画展"（天津、北平）；同年 10 月的"张善子、张大千昆仲黄山画展"（北平）；同年 12 月的"张大千关洛纪游画展"（北平）；1936 年 4 月的"张大千画展"（南京）；同年 5 月的"张大千、于非闇、方介堪书画篆刻联展"（北平）；同年 12 月的"救济赤贫——张大千、于非闇合作书画义展"（北平）；1937 年初的"张大千新作展览"（北平、上海）……其创作之勤、作品之丰、展出之频、题材花样及笔墨风格的变化之大，以及展出时场面之红火、作品售卖价格之巨，都为当时的画坛所少见。

根据不完全统计，从 1934 年到 1937 年 7 月的短短三年半内，张大千仅在北平一地所举办的画展（包含大规模的张个人作品突出的联展）就达到了七次之多，平均每半年就至少有一次画展。而其展览时场面之火爆，正如 1935 年 12 月在北平中山公园水榭举办的规模浩大的"张大千关洛纪游画展"时于非闇所记：当时正逢严冬，"朔风怒号，寒气砭骨，自无人涉足公园"，可是张大千的画展一开，公园内即立时热闹非凡，"只见水榭的东、西、南、北室，皆黑压压挤满了观众，足见张大千的号召力之大矣！"

张大千的这次"关洛纪游画展"，全部展品都是山水，完全是靠艺术的力量来吸引观众和征服观众。该展览开幕还不到两天，展出的 130 多件张大千作品便"大部分已经售出"，画价最低者为四五十块银元，最高者为二百四十块银元。这与当时北平与全国比较低廉的物价相比，画价应当算是相当高昂的了。

这次展览之后，张大千的声名更是大震。由于其山水画特别出色，盖过了当时画坛上的许多名流，因此当时有人就提出了"南张北溥"的响亮称号，谓张大千堪称是中国画坛上能与"北溥"相匹敌的南方之雄。

所谓"北溥"，指的是当时名扬北方的画坛名家溥儒。溥儒（1896—1963年），满族，字心畲，号西山逸士，河北宛平人。溥儒是清朝道光皇帝的曾孙，是咸丰皇帝的弟弟恭亲王奕䜣之孙，系清朝末代皇帝溥仪的堂兄，是一位不折不扣的"金枝玉叶"。溥从小就极为聪明，曾自言曰："余从七岁学作五言诗，十岁作七言诗，十一岁始作论文。……是时北京古文社，请耆德之士为社长，京师弟子，每月课余时为文，请社长批改，佳者经以笔墨之类以为奖。余亦参加此古文社，时时得奖以为荣。……"

辛亥革命后，溥儒从北京政法大学毕业，后隐居北京西山戒台寺，前后长达十年之久，后又移居北京颐和园，专事绘画。

溥儒的书画艺术，全系自学而成。因恭亲王府内藏有大量的历代名画书法至宝，溥即以这些作品为课本，刻苦学习，故他的绘画起点很高，画路也极其宽广，于山水、人物、花卉、翎毛、走兽等无所不能。溥的诗词、书法也极佳，亦可说是"诗书画三绝"，其作品在琉璃厂的单笔价格最贵。溥的山水等作在当时北方的呼声很高，堪称第一。

是时，溥儒已是名扬北方的画坛名家，而张大千也已是威镇大江南北的画界高手；一个是北方人，一个是南方人；一个主北宗，兼写南宗，另一个则主南宗，并兼写北宗；二人的岁数又都差不多，且都同样博学多才，画路很宽，技艺全面，在当时的画坛上都极出风头……基于这些特点，北平琉璃厂中的一些人遂首先提出了"南张北溥"一说。不久，于非闇等人对之深以为然，将之作了详细归纳，然后又以《南张北溥》为大标题，专门撰文在《北平晨报》上作了公开宣扬，文称：

"海内以画名者，众矣。求其天分高而功力深者，当首推张大千、溥心畬二家。……张、溥二家取经不同，未易轩轾。大低心畬高超，而大千奇古；心畬萧疏，而大千奔放。"

"张八爷（大千）是写状野逸的，溥二爷（心畬）是图绘华贵的。论入手，二爷高于八爷。论风流，八爷不必不如二爷。南张北溥，在晚近的画坛上，似乎比明末的'南陈北崔'，和清代的'南汤北戴'，都还要高一点。不知二爷、八爷以为如何？"

由此，"南张北溥"的言论一出，顿时就风靡了整个画坛，并在社会上不胫而走，迅速传遍了大江南北。

5. "五百年来第一人"

"南张北溥"此一称号的出现及流行不仅标志着张大千已登上了中国画坛的最高殿堂，而且还意味着张大千的绘画艺术已经得到了全社会的公认，并达到了中国传统绘画的阶段性最高地位了。

回顾以往，在源远流长、历史悠久的中国绘画史上，浩若繁星、数量众多的中国画人们，都曾经为自己的艺术能够攀登上世人瞩目的高峰、为自己能够取得历史性的崇高地位而进行过长时期不懈的努力和极为艰苦的奋斗。但最终的结果却是，历代都只有数量极少的"幸运儿"才能够攀登上属于自己所处时代的艺术高峰，成为承前启后、继往开来、传颂千古的丹青圣手。

而张大千，在他才 30 多岁的时候就已经取得了众所瞩目、如此辉煌的成就。这看似偶然，却是必然；看似一蹴而就，事实上却不知他已是下了多少年的苦功，是由一点一滴的微小成绩而不断地垒积而成的。这正如古人所说："合抱之木，生于毫末；九层之台，起于垒土；千里之行，始于足下。""不积跬步，无以至千里；不积小流，无以成江海。"

不言而喻，张大千要达到这一步的确是非常不易的。

而中国又有古人曰："木秀于林，风必摧之；堆出于岸，流必湍之；行高于人，众必非之。"因此，当时张大千在画坛上取得了如此高的名声与地位后，自然也惹起了一些人叽叽喳喳的流言蜚语，并引发出了一些"争议"。

就在这时，张大千的老友、识才又爱才、并以培养和保护中国艺术人才为己任的南京中央大学艺术系主任徐悲鸿也勇敢地参加了这场争论。他竭力为张大千辩护，并极力赞扬了张大千及其艺术。

1936 年 4 月 18 日，张大千举办的规模宏大的"张大千新作展"在南京中华路青年会礼堂开幕。第二天，徐悲鸿就在南京《中央日报》的特刊上发表了专文——《中国今日之名画家》。该文论及张大千的画时，曰：

> 大千潇洒，富于才思，未尝见其怒骂，但嬉笑已成文章。山水能尽南、北之变（非仅指宗派，乃指造化本身），写莲花尤有会心。倘能舍弃浅绛，便益见本家面目。近作花鸟，

"南张北溥"——张大千（左）和溥儒

多系写生，神韵秀丽，欲与宋人争席。夫能山水、人物、花鸟，俱卓然自立，虽欲不号之曰大家，其可得乎？！……

接着，同年夏天，徐悲鸿又为上海中华书局出版的《张大千画集》，作序曰：

大千以天纵之才，遍览中土名山大川，其风雨晦冥，或晴开佚荡，此中樵夫隐士，长松古桧，竹篱茅舍，或崇楼杰阁，皆与大千以微解，入大千之胸。

大千往还，多美人名士，居前广蓄瑶草琪花，远方禽兽。盖以三代两汉魏晋隋唐两宋元明之奇，大千浸淫其中，放浪形骸，纵情挥霍，不尽世俗之所谓金钱而已。虽其天才与其健康，亦挥霍之。生于二百年后，而友八大、石涛、金农、华岩，心与之契，不止发冬心之发，而髯新罗之髯。其登罗浮，早流苦瓜之汗；入莲塘，忍剃朱耷之心。其言谈嬉笑，手挥目送者，皆熔铸古今；荒唐与现实，仙佛与妖魔，尽晶莹洗练，光芒而无泥滓。徒知大千善摹古人者，皆浅之乎测大千也！

壬申（1932年）癸酉（1933年）之际，吾应西欧诸邦之请，展览中国艺术。大千代表山水作家，其清丽雅逸之笔，实令欧人神往。故其金荷，藏于巴黎；江南景色，藏于莫斯科诸国立博物院，为吾国现代绘画生色。

大千蜀人也，能治蜀味，兴酣高谈，往往入厨作羹飧客，夜以继日，令失所忧。与斯人往来，能忘此世为二十世纪，上帝震怒下民酣斗厮杀之秋！

呜呼，大千之画美矣！安得大千有孙悟空之法，散其髯

为三千大千，或无量数大千，而疗此昏愦凶厉之末世乎？使
丰衣足食者不再存杀人之想乎？

嘻～嘻！

徐悲鸿的这篇序言一出，更是一锤定音，使得对张大千的"争
论"渐渐平息。

不仅如此，徐悲鸿还根据自己对张大千艺术的深入了解，认
为张大千的绘画成就远远盖过了明、清诸家。他由此提出了更加
大胆也更为响亮的一个口号与评价："张大千，吾国画坛五百年
来第一人矣！"从而给了张大千更大更高的鼓励和赞誉。

徐悲鸿等人的评论一出，张大千在中国画坛上的名家地位愈
发牢固，并被社会上公称为"大家"，高高站立在当时中国画坛
的巅峰之上。

6. 中大教授挂冠而溜

徐悲鸿对于张大千的为人及其艺术，的确是由衷地欣赏与钦
佩。因此，他对张不光是屡屡公开称道，而且还是千方百计要"充
分利用"张大千这一"优秀大家"之"宝贵资源"。

1936 年春，身为南京中央大学艺术系主任的徐悲鸿和南京中
央大学校长罗家伦一起，亲自冒着大雪，来到了苏州网师园。他
们想方设法地让素来自由散漫、无拘无束、犹如闲云野鹤般的张
大千戴上了教师一职的"笼头"——使张成了南京中央大学艺术
系的国画教授。

张大千中了好友徐悲鸿的"圈套"之后无法可想，他从此只得一周两次从苏州赶往南京中央大学去授课。

张大千的教学方法也很是特别。他根据自己的多年钻研，从中国绘画的源流发展及其演变过程，一直谈到了今日画坛的各家各派、各自特点，以及对外国绘画的看法等都讲了个"小葱拌豆腐——一清二楚"。而且，张大千还不是空对空地照本宣科光谈理论，而是像他的老师李瑞清一样，在讲课时也使出了他的十八般看家本领，边讲解边作画示范。不论古今，说到何家有何特点，张大千马上便会在纸上画出此家的画，以形象直观的教学来区别、介绍此家的绘画与别家有着哪些不同，从而使学生们更易辨识，同时印象也更深。张大千的这种随讲随画使学生们对他的学问和手底功夫更是感到惊叹、佩服。

不仅如此，张大千在教学中还时时结合讲课插入一些古今画坛的幽默趣事或古今画家的传说掌故来丰富授课内容，活跃课堂气氛，这令年轻学子们听得更是津津有味，并不时哄堂大笑。这更使他们觉得，听张大千老师讲课本身就是一种极大的享受。

张大千受到学生们的普遍欢迎，还有一个十分重要的原因，那就是他经常帮学生们"改画"。这种方法是张大千常在课堂上公开批改学生们的作业。他对于学生们好的写生与创作便大加肯定、表扬，指出其好在何处；而对于不好的地方，张大千也耐心讲解，指出其不好的原因与理由何在，并常常亲自提笔示范，在学生们的作业上对原画进行修改。

由于宣纸上一旦留墨，浸入纸之肌里，对原画很不易做大的改动，于是张大千便蘸墨挥毫，这里皴几笔，那里染一片，或以淡墨分层次，或以浓墨分主象。这样一皴、一染、一分、一醒就

张大千 1936 年三上黄山时与徐悲鸿等中大师生在山上合影

往往使一幅平铺直叙、缺少生气的画变得脉络贯通、神气焕发，活了！此时学生们真如同在梦中醒来，茅塞顿开。这样，经过了几次"小手术"，学生们就逐渐体会到如何去"炼形提神"，他们对于六法论的"气韵生动"也就有了比较具体的感受。因此，张大千的这种生动别致的教学方法，给学生们留下了不可磨灭的印象。

然而，尽管张大千在南京中央大学的授课很受学生们的欢迎，他上课时教室内经常是"拥挤不堪"，但是一段时间之后，张大千却不愿意再干了。因为他觉得，这种必须按期、按时上课的固定教师职务实在不符合他那闲云野鹤般的散漫性格，更不符合他说来就来、说走就走的自由作风、脾气与习惯，因而他不想再干这种"好像坐牢"似的"苦营生"了。但他也知，徐悲鸿系主任和罗家伦校长都不会同意他辞职，要是他们再发动学生来"亲切慰留"的话，那就更加麻烦大了。张大千思来想去，终于想出了一个好办法：他向南京的《中央日报》寄去了一封辞职信，请该报作为"来函照登"的消息发表，也就表明他已向南京中央大学"正式辞了职"。

就这样，张大千自行解除了他在南京中央大学的国画教授职务，并立即溜之乎也。

第十二章

面临生死的巨大考验

1. 判断失误身陷颐和园

正当张大千意气风发在画坛上奋进不已之时，从卢沟桥传来了隆隆的炮声。

1937 年 7 月 7 日，日本帝国主义悍然发动了北平卢沟桥事变，中国军队忍无可忍，英勇反击，由此拉开了中国人民艰苦卓绝的八年神圣抗战的伟大序幕。

"七七事变"发生之时，张大千正在上海，当时他的家眷、藏画等都还在北平。张大千闻听中、日军队在北平打起仗来了，为之大急。这时上海的友人们都纷纷劝张，为了预防万一，还是赶快去把北平的家眷和藏画都接出来，方为保险。于是，张大千托朋友买了一张火车票后，在 7 月中旬从上海赶到了北平。

张大千来到北平之后，发现虽然人心惶惶，但市面显得还比较平静，并非像南方所传的那样紧张，戏馆子里照样在唱戏，商铺也照常在营业。而日本方面和北平的一些亲日派人士也在报纸上一个劲地大发消息，频频表示这次"卢沟桥武力冲突，只纯属是地方性的偶发事件"、"日方愿作和平解决"、"相信误会将很快结束"……云云，着实迷惑了不少人。当时，张大千为了慎重起见，还特地去找了画坛老友、当时北平著名的"亲日派"权威人士汤尔和，询问北平的局势问题。谁知汤尔和却拍着胸脯、信誓旦旦地一口保证说："北平城安如泰山，绝无任何问题！"

张大千听了汤尔和的保证之后，心中也以为北平不会再发生什么事了。张大千由此判断失误，仍然滞留在了北平，没有及时南返，这给他后来带来了极大的痛苦与麻烦。

当时，北平正值酷暑，而张大千又素来怕热，于是他决定由城里搬到颐和园去住。而当张大千携家带口到了颐和园后，他这才发现气氛异常，人人都显得紧急慌乱，且园内的住户也多已跑光，地方保安队正在挨家挨户地通知居民，说是日本人要炮轰颐和园，还说要放毒瓦斯，叫大家能走的尽快走。但这时，颐和园至城内的交通已经断绝，张大千发现自己已是身陷困地，来得走不得了！

当天晚上，夜幕刚刚降临，张大千就突然听见附近的枪炮声大作，阵阵红光映红了整个夜空。张大千一家连忙钻进了颐和园听鹂馆中的清廷大戏楼下面的地下室里躲避，众人紧张得连大气也不敢出。张大千听着外面不断的枪炮声，心里一个劲地直后悔：早知如此，他真该一来北平就赶快携家南返！但这时他也知道，世上没有后悔药卖，他再怎样埋怨自己，那也是没有用的了。

张大千听见枪炮声直响了一夜，后来又响起了连续的咔嗒咔嗒的马蹄声，一直到黎明时方稀。事后才知，这是宋哲元的部队奉命撤出了北平城。

就这样，就在日本兵占领了北平城时张大千也身陷在了颐和园内。

2. 亲眼目睹了日军兽行

第二天一早，随着中国军队的撤退，日本人即占领了颐和园。

当天早上，张大千来到园里，发现到处都是日本兵。这些全副武装、趾高气扬、面目狰狞的日本大兵在他们所占领的颐和园中为所欲为。张大千难受地看见，中国这座美丽的皇家园林正在日本侵略军的大皮靴下发出痛苦的阵阵呻吟。

不多一会儿，张大千听见从颐和园大门外面传来了阵阵枪响，接着是一阵杂乱的哭喊声和哀嚎声。等到声音平息，张大千和园中的几个住户跑出去一看，顿时大惊失色：只见园旁他们常去买东西的那条小街，这时已是一片狼藉，惨不忍睹。张大千所熟识的几个小商店老板坐在被抢一空的货柜前哭诉，说是日本人比强盗还凶，他们拿了东西就走，不但不给钱，还用枪托砸人、用皮靴踢人；他们的东西已被抢光，现在是没法再活了！……

正在这时，对面传来了更大的哭声和喊叫声。原来是张大千经常光顾的一家肉菜铺遭到日本兵抢劫一空后，兽兵们还把年轻标致的老板娘给轮奸了。老板娘不堪受此侮辱，于兽兵走后就一根绳子上了吊。当街坊们把老板娘放下来时，妇人早已死去，其家属正围着尸首在呼天抢地、号啕大哭……

这时，又有人喊"快来，快来"！待张大千他们奔了过去，还未走近，迎面就扑来一股浓重的血腥味。原来这是一家名叫"大有庄"的米店，店堂内横七竖八躺满了大人小孩的尸体。据知情者讲，刚才有一小队日本兵经过这里，命令店主给他们烧开水泡茶，说过一会儿就回来喝。日本兵一走，店里的人害怕，就拉起了铁栅栏活动门。这队日本兵回来后，为之大怒，不问青红皂白就隔着铁栅门用机关枪向屋中扫射，把店里的人全部打死了，就连一个还在吃奶的婴孩也未能幸免……

张大千看着这些血淋淋的凄惨景象，听着周围那大呼小叫的悲痛哭喊，他的牙齿咬得嘎嘎直响，气得浑身发抖，胸脯在大起大伏，热血一个劲地往头上冲。他真没有想到，日本兵占领这里才几个小时，这里就已经变成了人间地狱！

张大千悲怆地仰望天空，只见天上的乌云滚滚、愁云密布，北平城已笼罩在了恐怖之中。

3. 亲身饱尝了"亡国奴"之痛

天上忽然下起了倾盆大雨，张大千一家和颐和园里剩余的住户却被日本兵全赶出了家门，命令到排云殿前的空旷广场上集合，接受他们的训话和"调查"。

在排云殿前的广场上，一大群男女老幼中国人毫无遮拦地站在大雨中，四周围是端着大枪凶神恶煞似的日本兵。人群中没有一点声音，只有雨点紧打着湖面、风刮树枝传来的阵阵哀痛的呜呜。

张大千站在雨里沉默不语。他看见人们都已经淋得透湿，从人们的头上顺脸颊淌下来的滚滚水流已分不清是雨水还是泪水了。

在华丽的排云殿内坐着几个日本军官，在挨个儿地传站在雨中的中国人进去"调查"与审问。与此同时，全副武装的日本兵则在颐和园内挨家挨户地搜查。他们到处翻箱倒柜，寻找武器、"罪证"、金银珠宝、现洋细软等物。颐和园及其住户又遭到了日本侵略军的一次大洗劫！

等张大千也被日本人"审问"之后，他回到自己的住处听鹂馆，发现屋内已被日本兵翻得乱七八糟。经过仔细检点，张大千发现自己有许多心爱之物已不翼而飞：其中有一件是他极其喜爱的明代时雕刻的梅花香筒，其雕工非常精致；还有一件是他以前仿作的元代大画家黄公望的山水画，对该作品他自己曾经很是得意；另外还不见了相当多的好东西。不用说，这些宝贝肯定都是被前来搜查的日本兵给抢走了，张大千对此非常生气。但再一想，张大千又觉得自己不值得为之大动肝火。他面对着漆黑的夜空，仰天长叹："唉，亡国奴！亡国奴的悲惨命运啊，就连自己的生命，都随时被攥在了别人的手里，更何况这区区的身外之物！"

一时间里，张大千对于"亡国奴"这三个字有了深深的刻骨体会。他望着凌乱的空荡荡的房间，顿时感受到无限的悲哀与凄凉。

4. 张大千不慎"祸从口出"

几天以后，张大千在北平城里开洋行的德国朋友汉斯·罗伯，开了两辆插着红十字旗号的小汽车来到了颐和园，把张大千一家接回了城里。张大千走时，竭尽所能把颐和园里愿走的住户都带上了，结果把两辆小汽车给塞得满满的，甚至就连车顶上都装满了人。由于严重超载，小汽车是摇摇晃晃着慢慢地驶出了颐和园。

车子进了城，张大千把家人安顿好后，当即便迫不及待地去找了老友汤尔和，向汤兴师问罪。汤尔和自知理亏，马上提出请张大千去春华楼饭店吃烤鸭，为张"压惊"。

在酒席桌上，汤尔和问张大千城外的情形怎样？张大千一听就火冒三丈，说："日本兵真是太可恶、太可恨，简直比土匪还坏、还凶！他们抢劫、杀人、强奸，样样坏事都干，真是无恶不作！"接着，张大千就把自己所知所见的日寇暴行一五一十地都向汤尔和讲了。

汤尔和一听，也大为震惊，并大光其火，一拍桌子道："真是岂有此理！他们不是说过吗，日本兵进驻北平城后保证对老百姓秋毫无犯，并谓他们皇军的纪律是如何如何的严明！怎么现在在北平近郊，他们就如此胡作非为，嗯？不行，我得质问他们去！"

张大千一听，不禁叫苦。他知道，只要汤尔和一去质问日本人，日本人就准会来找自己的麻烦。但不论张大千当时如何说，汤尔和都不听，只是说叫张大千放心："不要怕事，一切有我！"

果然，第二天汤尔和就给张大千打来电话，说他已去质问了日本人，日本人对于此事"很重视"，并说北平的日军宪兵队将要找张大千去"谈话"和"调查"。张大千一听大急，忙问汤尔和应该怎么办？汤这时却支支吾吾，就把电话搁下了。

张大千知道，自己是祸从口出，无意间闯下了一个大祸。但未来会怎么样？张大千猜度不出，也无法可想，他只有硬着头皮，静等着事态的发展了。

/
张大千坚持民族气节，誓死不做亡国奴

5. "张大千已被皇军枪毙!"

不久后的一天,有两辆黑色小汽车疾驶而来,在张大千的家门口停下了。从小汽车内下来了几个日本人,不由分说就把张大千给推上了汽车,然后飞驰而去。

这两辆小汽车风驰电掣般开进了北平日军宪兵队的大门,接着张大千就受到了几个日本宪兵军官的审问。

在这种情况下,张大千已将生死置之度外。他觉得不论后果如何,自己都应当实话实说。于是,他就将自己亲眼所见到的日本兵在颐和园外抢劫了中国人的商店、轮奸了肉菜铺的老板娘、枪杀了大有庄米店的全家人等种种罪行都一五一十地详细讲了。最后他还补充道,搜查颐和园居民住宅的日本兵任意抢劫,就连他自己的一件明朝古董花筒和一幅仿作山水画,还有其他的一些物件,都被日本兵给抢走了,等等。

对此,张大千是越说越流利,愈讲愈气愤,而且每件事情,都是时间、地点、受害人的姓名等一应俱全。张大千最后把两手一摊,说:"我刚才讲的这些,句句是实,目睹人员众多,只要不心存偏袒,这些事实都不难查明!"

就在张大千滔滔不绝控诉着日本侵略军残害中国人民的种种暴行时,旁边有人在飞快地做着记录。那几个日本宪兵军官听着张大千讲,其脸色也是愈来愈阴沉、越来越难看。等到张大千讲完,军衔最高的日本军官好不容易才站起身来,对张说道:"今天就到这里。你的,不准出去,就留在这里,等我们调查清楚了再说!"

就这样,张大千被日本宪兵队给扣押了。这个消息,就像是长上了翅膀,迅速在社会上不胫而走,愈传愈广、愈传愈远。

不久，在北平新出笼的汉奸报纸《兴中报》竟忽然登出了一个"内幕消息"，说："为了维护我大日本帝国皇军的赫赫声威，""著名画家张大千，因为诬蔑和侮辱皇军，已于昨日被（皇军）枪毙！"该报还用特大号铅字，赫然印出了"张大千已死！"几个大字做醒目标题。

报纸上这么一登，"张大千已死"的消息，更是在北平城内闹得沸沸扬扬。再随着《兴中报》流往四面八方以及许多报刊、电台等传媒的摘登、转载，这使得全国各地，乃至国外的许多地方也都先后知道了"名画家张大千已死"，"美髯公张爰大千已经英勇殉国！"有的报纸甚至还专门发了"讣告"，重登了张大千的作品，"以示纪念"。各地有一些文艺团体还专门为之举办了"哀悼会"、"追思会"等。

对于此，张大千在各地的亲属、弟子、朋友们无不为之悲痛万分，纷纷垂泪，充满了对日寇的无比仇恨。

而当时被关在北平日军宪兵队里的张大千，对这一切，自然还蒙在鼓里。

6. "画图留与后来看"

在被关了大约一个月后，北平日军宪兵队没有向张大千讲任何理由，就又突然把他给放了出来。张大千走在街上，如同做梦，感到自己真仿佛是从阎罗殿上走了一遭，经历了一场生死大劫。

张大千后来才知，对于他所控诉的日本兵的罪行，日军宪兵队经过调查，已经是件件查实、证据俱在、铁证如山。日本人在当时国内外舆论的压力之下，为了释放烟幕、欺骗公众，不得不忍痛枪毙了三名替死鬼以塞责，同时释放了张大千。但日军宪兵队在释放张大千的同时，亦命令："你现在虽然可以回去了，但绝不允许离开北平，我们随时还要请你来'协助调查'！"

就这样，张大千虽然回到了北平罗贤胡同自己的家里，但他仍然还是"鱼缸里的鱼，案板上的肉"，仍处在日本人的手心之中，随时都可能会遭到不测。

就在这种"黑云压城城欲摧"的黑暗日子里，张大千身陷日寇沦陷区内，感到极大的焦虑与愤懑，他窒息得似乎连气都喘不过来。这时候，他不禁想起了老家四川，想起了故乡的无数亲人与朋友。他知道，家乡的父老乡亲们也一定在惦念着自己，在关心着自己的安危，同时也在关注着自己的行动，注视着自己是否能够在大敌当前时经受住各种大是大非的严峻考验。对此，张大千不由得泪流满面，时时眺望西南，仰头长叹。他真恨不得自己能够生出翅膀，冲破日寇统治的牢笼，飞回家乡四川，飞回祖国的大后方去！

在日本侵略军的暴虐统治下，张大千这时已经做好了最坏的打算。他发誓：不管在什么时候，无论在什么样的危险之下，自己都一定要牢牢固守"宁为玉碎，不为瓦全"的爱国精神和传统古训，并准备着随时随地为国捐躯为民族献身。

待在北平的家里，张大千左思右想，在如此严酷的局势面前，自己随时都有可能被日寇杀害的时候，那么应该怎样才能抒发出自己苦苦思念家乡和对乡亲父老们的深厚感情，表达出自己对于日寇侵华的愤怒，透露出自己对祖国和民族的一片耿耿丹心，以表明自己的民族骨气和身心清白，并且给后人留下来一个见证呢？

"人生自古谁无死，留取丹心照汗青！"民族英雄文天祥的话给了张大千极大的启发。他决定，要画出一幅自画像来，以表达出自己的爱憎、立场和心声。

说干就干！张大千闭门不出，精心构思，全力绘画。经过了几天，堪称是张大千一生中最优秀的一幅自画像终于完成。

张大千的这幅自画像很是特殊。该画名《张大千三十九岁自画像》，系水墨设色，立轴。画的是他表情严肃、头戴着高高的用青丝织成的"东坡帽"，身穿着高领对襟式的褒大汉衣，正盘腿端坐在一块大石蒲团之上。在他的右面，是一株树围粗大的苍松，枝干如铁，苍鳞多节，松针似钢，根根怒张，正衬托和象征着画中的人物。同时张大千在画上还画出了一道流水，正潺潺向着西南方向流去，水中虽有几块黑石头挡道，但仍阻不住水流奔腾。这一画面也正隐喻地表现出了张大千当时对祖国西南大后方和故乡四川的向往，表明了自己一定要奔回家乡。

不仅如此，这幅自画像完成之后，张大千还在画上题了一首《浣溪沙》词：

十载笼头一破冠，峨峨不畏笑寒酸，画图留与后来看！
久客渐知谋食苦，还乡真觉见人难，为谁滞留在长安？！

这首题画词反映了张大千当时的艰难生活与痛苦心情，以及他对于自己误留北平的悔恨、惆怅和他要坚决伺机南返的决心。而这幅画与诗也正是为了表明张大千的坚定爱国立场与忠贞清白身世，而要"画图留与后来看"的！

不言而喻，在日寇践踏之下的沦陷区内，能够如此表明自己

"画图留与后来看"——张大千正义
凛然"立此存照"拟作为其"遗像"
的《三十九岁自画像》

的立场，表露自己的"不畏"态度与心声，并且大胆地绘出画像来"立此存照"——单单这一件行动就不能不说需要极大的勇气啊！

张大千在画完这幅准备当作自己"遗像"的作品之后，心情似乎平静了许多。他横眉以对，沉着冷静地同敌人周旋，并"冷眼观尔小日本，看你横行到几时"？！

7. 日本鬼子又打起了鬼主意

1937 年 11 月，日本侵略军在相继占领了中国的上海、无锡、苏州、安阳、大名、太原等地之后，其数路大军即开始了对中国首都南京的包围与进攻。11 月 20 日，南京国民政府正式通告中外，迁都重庆。12 月 13 日，日本侵略军攻占了南京，纵兵烧、杀、奸、抢，无恶不作，美丽的古都南京顿时变成了人间地狱。一个月内，南京的居民被日寇杀死者竟然高达 30 万人以上！那真是血流成河、尸积如山，惨绝人寰，由此造成了人类史上极其残暴、黑暗与骇人听闻的"南京大屠杀"，震惊中外。

张大千得知这个消息后，被气得浑身簌簌发抖、沉痛不已，心中充满了对日本帝国主义的刻骨仇恨。他暗暗发誓："誓死不当亡国奴！我生是一个中国人，死是一个中国鬼！无论在什么情况下，我都坚决不给日本人做事！若有机会，自己一定要设法逃出北平，奔回家乡四川！"

到了 1938 年的春末夏初，随着日本侵略军已占领了中国的大片国土，其侵略势焰的嚣张愈炽，日本侵略军也加紧了对沦陷区人民的残害、掠夺与搜刮。这时在北平的日本占领军当局又打起了张大千的鬼主意。

一天，张大千被北平的日本占领军的一个文化机关头目给"硬请"了去进行"谈话"。

这个日本文化机关的特务头子，一见了张大千，就是好一顿地"恭维"，然后是七弯八绕，说了许多什么"中日亲善"、"东亚共荣"的废话之后，接着即单刀直入，要张大千把自己珍藏的中国古代名家书画等种种国宝全部"自愿捐献"给北平新成立的日伪汉奸政府。同时还说，他们要在颐和园中拿出一座大殿堂，专门用来收藏和展示张大千"自愿捐献"出的这批中国国宝和张大千的书画作品等，以让张大千能够"扬名千古"、"永传后世"……云云，其讲得真是口若悬河，天花乱坠。

张大千一听，心里更是一惊。他感到日本人的狼子野心真是何其毒矣！他心想，日本人对于自己是妄图"名利双收"，"人财兼得"。自己如果中了日本人的这个圈套，那他就成了背叛祖国、背叛民族的汉奸和罪人，肯定必将是人所不齿、千秋挨骂、遗臭万年，并堕入万劫不复的无底深渊！

但在当时，张大千也清醒地意识到，对付吃人的豺狼就得比豺狼更狡猾。在残暴凶险的敌人面前，自己现在千万不能硬顶，而只能以虚对实、以柔克刚、将计就计，先设法逃出虎口再说。于是，他装出一副受宠若惊、十分高兴但又非常惋惜的模样，说愿意把自己的藏画"全部捐献"出来，以让大家能共同"欣赏"与"学习"，只是不巧，他的所有藏品目前不在北平，而是都放在上海了。张大千趁机提出，是否能让他暂时离开北平，去上海把他的藏画全部拿回来，以便"完全捐献"？张大千的这一问，反把那个日本文化特务头子给"愣"住了。这个日本人搔着脑袋，在地上胡乱转了半天，最后才支支吾吾地说：

"呃……呃……这个嘛……以后再议，以后再议吧，啊……"

张大千暗自笑着，离开了日本侵略军当局的这个文化特务机关。

8. 将计就计逃出虎口

日本人向张大千的无耻进攻和"人财兼收"的贪婪意图被张大千机智地挡了回去，他还趁机向日本人发起了"反攻"。从此以后，张大千即"拿着鸡毛当令箭"——运用此事来大做文章，天天去同日本人纠缠，要求准许他离开北平，同意他去上海"取画"，以便好回来"捐献"。

结果，张大千的这一闹腾反把日本人给将住了军，弄得没法。他们既"舍不得"放走张大千这个宝贵的人质，但同时又对张大千收藏的大量中国名古书画充满了贪欲。于是，经过同日本人的多番斗智斗勇，张大千终于使日本人相信了一点：即他的全部收藏品目前都放在了上海。同时张大千还取得了一个胜利，即日本人现在同意放张大千的夫人杨宛君先离开北平，代张大千去上海取画回来"捐献"。

事不宜迟，张大千拿着日本人开出的路条，马上送杨宛君和孩子们出了北平。他心想，在这种非常局势下，能逃出一个算一个，待家属们都走了，只剩下他一个人，以后走起来也方便些。同时他还再三叮嘱杨宛君和孩子们，到了上海，就住在李秋君的家里等他，不论今后发生了什么事，他们千万都不能再回北平。

　　就这样，张大千和杨宛君与孩子们依依洒泪分别了。在这种兵荒马乱的情景下，前途难卜、亲人分离，那就是生离死别啊！因而杨宛君和孩子们对张大千是难舍难分，每个人都哭得很是伤心，甚至就连张大千本人也是忍不住地热泪满面。

　　杨宛君和孩子们走后，张大千为了能够尽快逃出虎口，经过反复思量，决定更要抓紧对日本人"进攻"。他托辞从上海传来了回音，说是在上海代他保管藏画的忠心朋友见不到他本人绝不交画，因此必须由他本人亲自去上海取画。但日本人也同样不是傻瓜，对于张大千的再三要求，他们每次都是："不，不，不行的，绝对的不行！"

　　于是，张大千的这一场"攻坚战"遂陷入了僵局。

　　也是"老天有眼"，就在这时，一个"天大"的好机会终于来了。

　　原来，住在上海的许多朋友很久不知道张大千的确切消息，对之非常焦虑。其老友、名金石家方介堪曾试着向北平寄来了一份上海登的剪报，说是"张大千已在北平被日军枪毙"！而与此同时，张大千在上海的一个早期学生听说老师已经"不幸遇难"、"为国捐躯"的消息后，他仿照着张大千的笔墨与风格，制造出了 100 幅张大千的假画，竟然在上海大张旗鼓地开起了一个规模盛大的"张大千先生遗作展览"，以"诚挚纪念和沉痛悼念先师张大千"！这个"张大千遗作展"的举办顿时轰动了十里洋场，中外的各种报纸、广播等种种传媒纷纷争相报道。而来参观此展的中外各界观众那更是人流如潮，络绎不绝，拥挤不堪，乃至在这次"遗作展"上悬挂出的那 100 幅张大千的各种各样假画，竟然在三天内就被全部以高价抢购一空！这个惊人的消息自然又通过各地的报纸等种种渠道马上就传遍了全国。

张大千在北平听见这个消息后既觉得吃惊，又感到兴奋。他仿佛意识到，这些消息说不定正是他能够离开北平前往上海的"王牌"和"资本"。

果然，当北平的日本占领军当局看见了张大千送来的有关于张大千的各种各样"稀奇古怪"消息以后，日本人也觉得事态之严重已经远远超出了他们的预料。他们对此已经不能够再等闲视之，也更不能再置之不理。再加上张大千在一旁不断地敲着边鼓，说这不但是已经关乎到他本人的"生死存亡"、"艺术生命"和"个人信誉"的种种大事，而且这还已经严重影响到了北平日军的"赫赫声誉"等重大问题。因此，他本人必须立即动身，亲自去上海开办画展，以便到展览现场去现身辟谣，正式澄清各种事实，等等。

张大千的这一番"义正词严"的解释，使日本人觉得也很有道理。他们反复思索，感到别的事情尚小，但"张大千已被北平的日军枪毙"一说确实会影响到"大日本帝国皇军的崇高声威"，他们不愿意为这件并不存在的"残暴杀害世界著名艺术家"的事件来"背黑锅"。于是，北平的日本侵略军当局又经过反复斟酌后，他们终于决定：同意张大千暂时离开北平，赴上海去举办画展，以便亲自辟谣，来证明大日本皇军的"军纪严明"和"中日亲善"，等等。日本人还同时决定：张大千离平赴沪的全部时间不能超过一个月，而且张从上海回来时还必须将他放在上海的大风堂收藏的名古书画给全部带回北平，以作"自愿捐献"。

张大千对于日本人提出的这些条件，略作思忖后，便忙不迭地表示"完全同意"。他心想："只要我能够逃出去，你们这些狗日的混账王八蛋，还能管得了老子么？！"

就这样，张大千终于从北平日本占领军的手中领到了"准许"他离开北平、前往上海、有效期为一个月的"通行证"。当张大千拿到这张路条时，那真是心潮起伏、感慨万千！

为防日本人变卦，张大千拿到路条后，几乎是什么东西都没带就马上动身，只身乘火车离开了北平赶赴天津，然后又从天津坐轮船直奔上海。

就这样，张大千在北平沦陷区"被囚"了将近一年后，他不顾日寇的多次软硬兼施、威逼利诱，始终心向祖国，坚守民族气节，并不惜冒着死亡的危险，不断地同日本人斗勇斗智。1938年6月10日，张大千绝处逢生，他终于逃出了敌人的虎口，逃出了日寇魔爪的控制与威胁。

张大千从北平的这一走，正如古话所说，"鲤鱼脱却金钩去，摇头摆尾再不归"。

第十三章
万里辗转终于回家

1. 终于回到了家乡四川

张大千逃出北平之后，在天津友人范竹斋和时任天津轮船业同业公会副会长、后来成为"船王"的董浩云先生（1912—1982年，为今香港特别行政区首任行政长官董建华先生之父）的帮助下，悄悄从天津坐轮船到了上海，随即住进了法租界卡德里路的李秋君家里，和先期来沪的杨宛君与孩子们会合了。张大千住在上海李家，大门不出，二门不迈，将对外的消息一概断绝。他似乎已经从人间"蒸发"了。

其实此时，张大千也并没有闲着，他是在上海暗中与北平的德国友人汉斯积极联系，委托汉斯将他放在北平的24大箱名古书画以德国洋行的内部货物方式秘密运来了上海。当张大千平安收到了这 24 大箱大风堂珍藏的中国历代名古书画等国宝后，方才嘘出了一口大气。

收到了北平运来的古代书画后，张大千又积极努力，在上海朋友李秋君、李祖韩和董浩云等人的帮助下又悄悄购买了几张赴香港的轮船票。然后，张大千遂举家带着这 24 大箱收藏，乘坐着法国轮船"费力斯·罗索"号，离开了上海赴香港，终于逃出了沦陷区。

到达香港后，张大千为了配合香港的宣传抗日，同时向国内外的亲友们"郑重辟谣"，报告自己未死且已经平安到了香港的消息，并且要存心向日寇示威，"气死北平的那帮日本鬼子"，于是由张大千亲自筹划，在当时最豪华的位于毕打街的香港大酒店内大张旗鼓地举办了一次规模盛大的"张大千画展"。这是张大千在香港举办的第一次画展，展品的数量有 100 多幅。此展顿时轰动了港九，参观者人山人海，不几天内所有展品就全部卖光，张大千由此也筹集到了返回四川的充足经费。

接着，张大千带着收藏，坐轮船由香港到了广西梧州，然后应当时广西省主席黄旭初的邀请，又经柳州赶赴桂林，去与正在桂林的老友徐悲鸿见了面。徐、张二人于国难大劫之后在此后方相聚，彼此俱是悲喜交集感慨不尽，说不尽的千言万语。

数日后，经广西省政府安排，由广西省要员李济深先生出面，亲自陪同张大千和徐悲鸿二人，专程游览了桂林风光和阳朔风景区。当他们路过兴坪时，徐、张二人见兴坪如此美丽的山水风光，恍若仙境，皆大喜不已，徘徊流连，久久舍不得离去。李济深为了替广西吸纳人才、发展文化，遂报广西省政府批准，在兴坪专门拨了两块风景绝佳处的地皮赠送给徐悲鸿和张大千，以让他们在此地修宅安家。徐、张二人大喜过望，并互相约定在今后适当时他们二人定要在此处修屋安家，彼此结成邻居，共同生活，探讨艺术，欣赏山水，对前景描绘得很是美丽。但可惜的是，后来由于局势的发展和其他的种种原因，徐、张二人都没能够在兴坪修屋定居，因而他们二人"结邻而居"的美好愿望也就始终没有实现。

从阳朔归来后，因张大千急于返川，徐悲鸿又已接受了印度著名诗人泰戈尔的邀请，即将赴印度一行，并计划在南洋一带举办抗日画展，因此二人在桂林依依洒泪分别。临行之前，徐悲鸿知张大千最爱五代南唐大画家董源的作品，因而特将自己珍藏的一幅董源的山水巨画《溪岸图》（此画名为张大千后来所取），慷慨地赠送给了张大千。张大千获此巨宝，喜悦万分，感激不尽，后来也将自己所珍藏的一幅清代名画家金农的《风雨归舟图》托人赠送给了徐悲鸿。因张大千亦知，徐悲鸿对金农的这幅图画也早已是仰慕不已、赞叹不绝，因而徐悲鸿得到此图后真是高兴非常、十分激动。为此，徐悲鸿还曾专门在《风雨归舟图》上题下了一篇长跋，激昂抒怀，以记其事。

中国有句古语云："宝剑须赠壮士，红粉当送佳人。"当时徐、张二人的这种互赠古代名画巨作，以物得其所、人得其欢，并有助于对方的绘画艺术和鉴赏艺术的提高之举，正生动地表现出了中国艺术大师们的伟大胸怀与宽广胸襟。

2. 在重庆连续举行画展

1938 年 10 月，张大千带着杨宛君和孩子们，经过艰难的长途跋涉，克服了重重难关后，终于抵达了陪都重庆。

张大千回到了大后方，同住在重庆的二哥张善子、三哥张丽诚以及张大千的夫人曾正容和黄凝素等人见了面。在这战乱之中，兄弟聚首、夫妻会合、父子团圆、叔侄相会，真是有说不出的悲喜交集。

张大千平安地回到了重庆，张大千的二哥张善子真感到无比高兴。他与大千商量，说最好能马上就在重庆举办一个画展，这一是可以宣传抗战，二是能向大家报告张大千的平安归来，三是可向社会汇报他们的思想与成绩，同时也能为活跃陪都的文化气氛、建设抗战文化而努力。张大千觉得很有道理，于是又在家里摆出画案，忙碌地画开了。

不久，"张善子、张大千兄弟画展"在重庆隆重举行，共展出了兄弟二人各种国画作品 100 多幅。这次展览不出售作品，不募捐，不售门票，任人观看，用以激励人们的爱国热忱。这次画展一开，顿时又轰动了山城，收到了很好的效果。

与此同时，张大千看到了从各地逃来重庆的很多难民，生活十分困苦，他的心里非常难受。于是在稍后，张大千又与同乡晏济元一起联合举办了一个"抗日募捐画展"，共展出了张、晏二人的山水、人物、花鸟、走兽等作品共 80 多幅。他们将卖画所得的全部收入都捐给了国民政府的救济难民机构，以用来赈济难民。

此时，风尘仆仆的张大千率领着其家人又离开重庆西进，来到了四川省的省会成都。

3. "劫来犹得住青城"

成都,位于四川盆地的西部,地处中国西南最大的平原——成都平原的中心,其周围河网密布,堰渠纵横,土地肥沃,气候温和,出产丰富,有"百种百收"之誉,素有"天府之国"的美称。成都的历史还特别悠久,建城已经达 2000 多年,其城名从来没有变过。自清代以后,成都就一直是四川省的省会,成了当时四川乃至整个中国西南地区的政治、经济与文化中心。

张大千到了成都之后,先是借住在了其老友、著名陕西籍藏书家严谷声的家里。严谷声对张大千十分热情,不仅很好地安顿了张大千一大家人,而且还经常陪张大千出外,遍游了成都的古大慈寺、文殊院、昭觉寺、武侯祠、杜甫草堂、青羊宫、百花潭……许多的名胜古迹。张大千游玩得十分高兴,对成都这座充满了浓郁文化氛围的美丽古城充满了深深的热爱与依恋。

但不久,出于对蜀中名胜青城山的久仰,张大千率着其一大家子人又离开成都,呼隆隆地开往青城山去了。

青城山,在成都西北方约 60 公里处,位于成都平原的西缘,坐落在举世闻名的中国古代大型水利工程——都江堰的附近。由于该山被绿树掩映,葱翠欲滴,峰峦叠嶂,状若城郭,故名"青城"。这里,还是中国道教的发源地之一,被称为了"第五洞天"和"天下第五名山"。在中国道教的"十大洞天"中,青城山的道教宫观仍是保存得最为完好的,在海内外的影响也最大。乃至如今,青城山上保留完好的道教古宫、观等建筑还有 70 多座,其中又要数山麓的建福宫、山腰的天师洞和山顶的上清宫是最为雄伟和有名。故而在 2000 年的 11 月,青城山和都江堰作为世界文化的优

/

"劫来犹得住青城"——张大千（左一）与友人们在四季常绿和风光如画的青城山上到处寻胜探幽，以入其画

秀遗产已被世界遗产委员会正式列入了《世界文化遗产》名录。

张大千这次上青城山后即借居在山顶上的上清宫内。此宫开创于晋，现存殿阁为清同治时重修，海拔达到了1300多米。其殿阁常隐于烟霞缥缈之间，故有"上清宫殿与云齐"一说，其风景非常美丽。

青城山热情好客的道士们对这位家乡籍的名闻全国的大胡子画家极表欢迎。他们把张大千及一家安顿在了上清宫右侧的小花园里。此处环境清幽，房舍宽大，并有厨房、院落等，颇似北方的小四合院，关起门来就自成一家，张大千对此十分满意。他在这里辟了画室，还养起了狗、猫等动物，后来甚至还喂了一头小金钱豹，以入画稿。

青城山那幽雅恬静的人文环境和到处清秀迷人的自然风光使得劫后归来的张大千感到了极大的慰藉，并使他萌发了不少的创作灵感，因此他一住下来就舍不得走了。来到青城山后不久，张大千就兴致勃勃地写下了一首《青城山上清宫借居》一诗，以此表达了他当时的喜悦与兴奋心情：

万里飘篷一叶轻，劫来犹得住青城。
儿捕粉蝶知宜画，妄整朱弦与辨声。
食粟不谋腰脚健，酿梨长令肺肝清。
秋来百事都堪慰，待挽天河洗甲兵！

《青城山志》载，该山共有36峰、72洞、108处胜景，这使得喜爱"搜尽奇峰打草稿"的张大千真感到是观之不尽、目不暇接。白天，他率家人或伴着来访的朋友到处去观山赏景、寻奇探幽；晚上，他则是或作画，或吟诗，或读书，或同道士、朋友、家人们一起大摆龙门阵，上下五千年，纵横八万里，谈笑风生，相得甚欢，生活过得十分平静而又恬实。

4. "南去北来问石牛"

张大千在青城山一住，就住了三年之久。在一座山上住这么久，这在张大千的一生中还是绝无仅有的事情，表明了张大千对青城山的无比钟爱。

张大千在青城山期间正是他精神最旺、笔墨最勤、创作最丰、诗多、画也多的旺盛阶段。青城的山山水水、草草木木皆已融入了他的胸中，化为了他生命中不可分割的一部分，并成了他后来创作中永不枯竭的营养源泉。

张大千住在青城山上时还以该山为根据地，偕同画家黄君璧、张目寒等人北去剑门关，南去乐山、峨眉山，泛舟百里嘉陵江，到处游览，旅游写生，采风作画。从此，巴山蜀水的美丽风光又汇成了一幅幅的精美画图，出现在了张大千的笔下。

在这其中，张大千游览川北名胜广元剑门关的情形，堪称代表。

1939 年 5 月 19 日，正逢张大千的 40 大寿。当时正在重庆中央大学任美术教授的著名画家黄君璧和在重庆国民政府监察院内任于右任秘书的老友张目寒都赶来了成都，专门为大千祝寿。在寿宴上，有人谈起四川剑阁的剑门天险雄伟险壮甲于天下，不可不游。张大千对之极其向往，遂当场决定第二天即去剑门游览。

"北去南来问石牛"——张大千（左四）游览川北名胜剑门关时与友人们在广元千佛崖石窟前合影

5月20日，张大千、黄君璧、张目寒三人即结伴同行，从成都坐汽车去了川北。他们兴致勃勃地游览了梓潼县修建于晋时的七曲山大庙，接着又乘车穿过了传说是三国时由张飞率军所栽的浓荫覆地的柏树走廊"翠云廊"——该廊被称为是"三百里地十万树"，"三百里树皆画图"。

到达剑阁县城后，张、黄、张三人美美地品尝了该地名闻遐迩的"豆腐宴"，然后即去游览了被称为"险壮甲天下"的剑门关。

剑门关，位于剑阁县北25公里处的剑门山，为古蜀道的扼守要隘。剑门山古称梁山，又名大剑山，整座山脉东西横亘达100多公里，有72座山峰绵延起伏，高连霄汉，状若利剑。在峭壁的中断处有巍巍的两山相峙如门，故名剑门。晋人张载有《剑门铭》记："惟蜀之门，作固作险，是曰剑阁。壁立千仞，穷地之险，极路之峻。"杜甫则有《剑门》诗曰："惟天有设险，剑门天下壮"；"一夫怒临关，百万未可傍！"李白更是有"剑壁门高五千丈，石为横阁九天开！"（《剑门》）之慨叹。据史书记载，三国期间诸葛亮相蜀时曾在此处设兵戍守抗魏。诸葛亮死后，蜀国大将军姜维曾在剑门关的山顶屯兵，抗击魏国大将钟会，其遗址至今犹存，是剑门关上的又一个胜迹。

张大千等三人在剑门关上观山览景，细细品味，真是感慨万千。张大千一时兴起，依据古蜀国和剑门关的古老传说并针对当时的抗日局势，还当场赋诗《过剑门》一首，曰：

> 北去南来问石牛，蜀王引领五丁休。
> 荡摇白日龙蛇怒，椎凿玄天神鬼愁。
> 自是山川据形胜，谁言关塞限矛戈。

诸公忍作新亭泣，一战犹堪扼此州！

在这首诗里，张大千从古时候的蜀王故事联系到后来东晋时的"新亭对泣"典故，再联系到当前轰轰烈烈的抗日战争，在诗中大声呼喊着：值此今日，中华民族已经到了最危险的时候，全国人民"荡摇白日龙蛇怒"，必须万众一心，紧紧地团结起来，坚决抗日到底，才能够"一战犹堪扼此州"，打败倭寇，收复失地，还我河山！

游过剑门关后，张大千三人继续沿着新开辟的川陕公路北上，去游览了川北第一重镇广元以及广元的皇泽寺、千佛崖的摩崖造像等名胜古迹。然后，他们又越过蜀秦分界的七盘关，直抵陕西省南部的宁强县。张大千这次的川北之行即以宁强为终点。

从宁强返回时，张大千三人是水、陆路兼用，更仔细地浏览了沿途风景。他们曾在朝天驿乘舟顺嘉陵江南下，观看了明月峡、飞仙岭等诸胜。雄壮挺拔、苍翠幽丽、如诗似画的沿途风光使得张大千等人的豪兴大发，又创作了许多的诗书画作品。

张大千这次的北游剑门关，时间长达约半个月。回到青城山上后，张大千凭借着写生画稿和记忆，创作出了一系列的剑门组画。如：《剑门雄关》《翠云廊》《大剑山》《剑门山水》《西秦第一关》《天河阁》《明月峡》《清风峡》《石牛道》《嘉陵泛舟》……另外，他还根据"剑州八景"，作了许多美丽的画图。雄伟险壮和峻秀幽丽的剑门风光已经融入了张大千的脑海，化作了他的血脉，并成了他一生中取之不尽、用之不竭的天然画稿！

5. 赴夹江造出了"大千书画纸"

这一次的剑门之行对张大千的帮助甚多、得益极大，同时在他的心中更是留下了十分深刻和极其美好的印象。乃至后来，就在张大千远赴敦煌和从敦煌回来之后，他又两次重游了剑门。

与之同时，张大千还畅游了四川各地，然后把巴蜀各地的独特风光统统都搬上了他的画图。因而，张大千曾总结："有人曾问，我在青城山上一共画了多少作品？我寻思，半万幅不敢说，但一千幅以上总是有的！"

这表明，张大千在青城山期间，平均每天便要画出至少三幅作品。仅由此数，即可看出他工作的繁忙、努力和勤奋。

然而，就在张大千在青城山上脚不停步、手不停挥、辛勤创作时，他却遇到了一个大难题——巧妇难为无米之炊：他的画纸不够用了，而且是到处都无法买到。

原来，由于当时日寇已经侵占了中国的半壁河山，大后方的各种物资都极度匮乏，画家们所需的书画用纸也不例外。在这种情况下，张大千经过考虑，基于立足本地、自力更生的思想，又一次发挥了他的聪明才智，亲自动手解决了这个大难题。

1939年春，张大千亲自去了四川当时最大的造纸产地夹江县，进行了实地调查研究。他发现，四川当时的造纸技术还比较原始和落后。而在书画用纸上，夹江纸与我国名闻遐迩的安徽产的宣纸相比，不论是在原料方面还是在制造工艺方面都还存在着相当大的距离。

张大千找出问题后，立即同当地的"槽槽户"们（专门从事造纸的纸农）商量，一起研讨造纸工艺。张大千根据自己多年来对于历代纸张以及当时中外各种书画用纸的深入了解和丰富经验，向"槽槽户"们提出了改进原料配方和改革传统的制纸工艺的想法，并主动地拿出了一大笔钱来帮助纸农们购置了必要的设备，并解决试验中的人力消耗与物资消耗等。在张大千的支持鼓励下，纸农们的热情很高，和张大千一起投入了对于新型书画纸的试制工作。

经过一段时间的反复试验，又经过张大千不断地试写、试画，并提出意见进行修改之后，一种色白、劲韧，并且是宜书适画的新一代夹江书画纸终于制成了。张大千对之非常高兴，还亲自为纸农们设计了纸型、纸帘、纸样等，并定下了尺寸不同、大小各异的纸张规格。从此，这种可与传统宣纸相媲美的新型书画纸就在夹江源源不断地生产出来了。在当年抗日战争那种非常艰苦的条件下，这使得四川的造纸技术又提升了一个新高度。

新型夹江书画纸的诞生让张大千非常高兴，但他并未以"发明者"、"创造人"的身份自居，而是仍以普通顾客的身份、并以高出普通画纸多达五六倍的价格买纸，而且一次就定购这种新型画纸二万张。同时，为了防止别人仿造自己的假画，张大千还特地在自己所定购的这种新型书画纸的两端加上了云纹花边，在全纸上密布了他亲题的"蜀笺"、"大风堂造"等字样的暗纹，使得这种画纸显得更加华贵与漂亮。从此以后，张大千还形成了一个习惯：即他的画纸基本上都靠定制，而且在画纸中都藏有他亲题的"大风堂造"等字样的暗纹，从而在画纸源头上就制约了外界仿他的画。

张大千亲自去夹江试制新型书画纸，不仅克服了当时抗战期间物资极端缺乏的困难，保证了他自己作书、绘画时的"粮草充足"，而且也为当时大后方的众多书画家们解决了一个大问题，为他们提供了充足的"粮草供应"，因而张大千的这一功绩当时就被书画界同仁们津津乐道，认为张大千是"办了一件大好事"、"功德无量"。与此同时，夹江书画纸的试制成功更是为张大千不久后远赴敦煌成功临摹古老壁画提供了大规格和高质量的纸张保证。

张大千当年的夹江之行，他这种勇于探索、开拓创新、不计私利，善心待人的精神、态度和作风，令夹江的纸农们非常感动。乃至今日，夹江的一些上了年纪的纸农们都还清晰地记得张大千当年和他们一起乐呵呵地互相商量着如何造纸的生动情景。夹江县的有关文化机构还珍藏有张大千当年设计和监制出来的画纸样本。因此，1983 年 11 月 11 日，夹江县人民政府还做出了一个正式决定：为了纪念张大千先生对于夹江纸的贡献与功劳，把夹江产的高级国画纸命名为"大千书画纸"，以示纪念与永志不忘。

如今，夹江生产的"大千书画纸"早已在国内外享有盛名。这是张大千对夹江的贡献，也是他对家乡四川的贡献，更是他对中国造纸工业的贡献！

6. 心中升起了远赴敦煌的宏大志愿

张大千在青城山期间生活过得十分充实而又悠闲，真仿佛过的是"神仙日子"，但素来就自强不息、"永不安分"的他，这时又在"蠢蠢欲动"了。因为他这时的心中又升起了一个非常宏大的志愿——即他渴望着赴敦煌一游，去追寻中国绘画的发展源流。

　　说起敦煌，如今已是大大的有名，不但是国人尽知，而且已被世界遗产委员会列入了《世界文化遗产名录》，为全世界的旅游者、观光客、艺术爱好者、画家、专家学者们所瞩目。但在张大千的那个时代，敦煌还只是一个默默无闻的小地名，几乎所有的人对敦煌都是一无所知，绝大多数人甚至就连敦煌这个地名也从未听说过。早在上世纪 20 年代，张大千在上海时，虽从曾农髯、李瑞清两位老师处曾经听说过敦煌，但他也同两位老师一样，只知道在敦煌出土了不少的古代文书，仍不知那里还有着大量的壁画。

　　张大千这次来成都后，借住在老友严谷声的家里，结识了来川探亲的严的侄儿严敬斋及其同事马文彦。严、马二人当时都在国民政府监察院驻兰州的陕甘宁青新五省监察使署工作。他们都曾经去过敦煌，参观过莫高窟的壁画与彩塑。他们绘声绘色地将敦煌的壁画、彩塑等物向张大千大大夸奖了一番，详叙了敦煌艺术的恢弘与伟大。这让一生都喜欢游览名胜、追寻古迹的张大千，当即无比心动、心痒难耐，发誓要去敦煌一游。

　　可是，敦煌离成都有几千公里，不仅当时交通不便，戈壁中有野兽横行，而且盗匪还时时出没，行人过去非常危险。且更加重要的是，出门若无钱，则寸步难行——张大千要去遥远的敦煌，那更是需要一大笔的经费才行。而张大千这时，由于种种原因，他仍旧同往常一样，是"富可敌国，穷无立锥；满架皆宝，浑身是债"——穷得真是嗒嗒滴，经常处于债台高筑、捉襟见肘的境地。

　　张大千经过仔细考量之后，决定仍旧是采用老法——自力更生、丰衣足食，靠卖画来挣钱作盘缠。

　　于是，张大千在青城山上更是日日夜夜地忙开了。他足不出户，手不停挥，尽量是多画画、画好画，以便能够多开些画展，多卖些画来筹钱。在相当长的时间里，张大千为筹备奔赴敦煌，在青城山上可以说是日夜赶画、操劳不息。

然而，张大千的这个"好梦"却被万恶的日本鬼子给无情地打碎了。原来，日本侵略军自1938年10月占领了武汉之后，他们即以武汉为基地，抓紧、加密了对于中国西南大后方的轰炸破坏。同年11月8日，日寇飞机即开始袭击成都，后来更是空袭频繁、轰炸不断，致使成都居民的生命财产损失极其惨重，人心惶惶不安。这使得张大千的多次画展计划不得不宣告流产。在这种情况下，张大千赴敦煌的打算也不得不"无限期"推迟了。

7. 坚决谢绝权贵"赞助"

一时间里，"张大千想到敦煌去，但却没有钱！"这个消息在社会上不胫而走。就在这时，有一位国民党的达官显贵听说之后如获至宝，不惜降贵屈尊，曾经亲自来到青城山上，向张大千"进言"，主动抛出了极其诱人的"条件"，给了张大千一个"十足的面子"。

这位达官显贵就是当时的一名官显位尊的"党国大佬"。他一见了张大千，就说他非常喜欢张大千的书画，更赞成张赴敦煌的壮举。因此，为了"支持张大千先生的艺术创作"，更为了"支持文化事业"，他愿意拿出一大笔钱来"无偿赞助"张大千，并"包干"张大千率人去敦煌的全部费用。而他的条件嘛，只有小小的一个：他今后有购买张大千赴敦煌期间所绘制的全部作品的"优先权"。

这位"大佬"还反复强调，他今后对张大千作品的画价仍然是按照市场价格如数奉上，他只是可以享受"优先挑选一下"的这一"小小权利"而已，而他的大笔"赞助费"嘛则完全等于是"白送"给张大千。

照这位"党国大佬"和当时的许多人看来，这位从天上掉下来的"财神爷"的条件的确是够"优厚"、更是够"优惠"的了。这些人想，如此优厚而又优惠的"赞助条件"，就是在世上打起灯笼也找不着，你张大千再有名气、再有骨气、再有艺术、再有技艺，又能怎样？肯定还不是如虾米点头、赶快答应、喜出望外并感激涕零。

但谁知，出乎许多人的预料，张大千对这块"从天上掉下来的大肥肉、大馅饼"竟毫不为之所动，并坚决地、冷冷地回答了一声："不！"

这位"关心大千"、"爱护大千"、"热心文化"、"爱好艺术"的"财神爷"一听，大吃了一惊。可是，不管他如何的死说活说，妙舌生花，纠缠不休，张大千仍然还是一个"不同意！"

结果，这位"党国大佬"大失所望，不得不带着随从灰溜溜、悻悻然地走了，并被气得连连暗骂张大千："真是不知好歹""不识抬举""脑袋里缺少了一根筋"……

而当时的不少朋友们听说此事后，也对张大千感到十分纳闷和惋惜："对于这种送上门来的大好事，大千为啥竟毫不领情？为啥对这一大笔赞助经费不要，而要坚决拒绝呢？这真是令人想不开，也想不通啊！"

确实，像这样的"好事"若是搁在现在的话，许多人也一定会说："张大千真是个大傻帽！对于这种送上门来的大笔资助都不要，他不是傻帽还是啥？的确是脑瓜里少了一根筋！"于是，面对这种事情，不但会有人感激万分、高高兴兴地接受了这些"无偿赞助"，而且更会感动得一塌糊涂，会口口声声夸奖并称赞那些人是"支援文化"、"扶持艺术"、"热心公益"、"是为中国的艺术事业做了一件大好事！"……云云，给他们戴上无数炫目的光环，贴上许多华贵的标签。因为，时至今日，如像类似这般"慷慨赞助"的例子，我们实在是见得太多太多了。

那么，张大千为什么会这样做呢？最后还是由他本人来揭开这个"谜"吧！

1939年初夏，张大千在青城山会见其老友、著名戏剧理论家、时任四川省立戏剧教育实验学校校长熊佛西时，主动谈起了这件事。张大千说："说来可气，世上居然还有这种人，竟想利用我欲去敦煌但苦无经费这一着，提出愿赞助我全部资金，条件是对我的作品有优先选购的权利。呸！他们的实质是想用钱把我张大千给'包'下来，用钱抠去我的心血结晶。这心肠好歹毒，毒气真大！"

张大千接着又说："我虽然没有钱，但也深知'君子忧道，不忧贫'的道理，信奉'君子固穷，穷且益坚，不坠青云之志，不受嗟来之食'的古训。我是一个画家，生活就靠我的两只手，靠卖画来挣钱、吃饭。我举办画展，标价卖画，愿者上钩，一买二卖，公平交易，人人互相平等，谁也不从属于谁，彼此都心安理得。所以，对于那种所谓的'赞助'，对于所有的嗟来之食，我都是决不会接受的，并且是毫无商量的余地，只有一千个、一万个的坚决拒绝！"

至此，熊佛西这才了解到了张大千的想法，也才明白了外界盛传的什么"张大千的架子大得很，恃才傲物，不懂好歹，谢绝别人的好心赞助"等流言的根源何在了。

张大千坚决谢绝"赞助"、"不为五斗米折腰"之事，当年哄传一时，受到了人们的普遍赞扬与尊敬。张大千对待权贵、对待金钱的这种态度，正如画坛老友徐悲鸿所讲的那样："为人不可有傲气，但为人不可无傲骨！"著名画家郑曼青更是为此特别赠诗一首赞张大千曰：

> 旷古画家数二豪，张爱倪瓒得分曹。
> 腰缠散聚且休论，百万相看等一毛！

由此，许多知交朋友们都说："你们别看张大千这个人，平时老是嘻嘻哈哈、和蔼可亲，对谁都喜欢开玩笑，表现得很是自由散漫、随便得很，但其实，他的骨头却是最硬的！"

第十四章
为赴敦煌牺牲惨重

1. 日寇对中国人民犯下了滔天罪行

就在张大千于青城山上勤奋绘画的时候，日本侵略军对中国的进攻更加紧了罪恶的步伐。

1939年5月3日、4日，日本飞机45架以密集的队形对中国陪都重庆市进行了疯狂的轰炸，致使都邮街、柴家巷等繁华市区尽毁，市民被炸死者达到了4400多人，炸伤者达3100多人，房屋被炸毁达1200余栋，造成了骇人听闻的惨案。

同年6月11日，日寇飞机27架又空袭了重庆、成都两地。在成都方面，敌机除投掷烈性炸弹外，还投掷了许多燃烧弹，致使市区多处着火，大火一直燃烧到午夜，成都共计被炸塌和烧毁的房屋达到了 1239 号（以门牌号数计算），被炸死者达 211 人，炸伤者达 457 人。

同年 8 月 20 日，敌机 36 架又空袭了峨眉山附近的乐山县城（嘉定），繁华的市区顿时又是一片火海，无数房屋顿成瓦砾，居民被炸死者与受伤者不计其数⋯⋯

1940 年 6 月 12 日，日军攻占了宜昌，从此更加紧了对四川各地的狂轰滥炸。据统计，仅仅在 6 月份一个月内，重庆市就遭到了日本飞机的连番 10 次大轰炸，每次敌机的出动均在 100 架次以上。而在 1940 年的 7 月这一个月内，日机又对重庆及其附近的县城进行了 5 次疯狂的大轰炸，每次敌机都出动了数十架乃至 100 架以上。敌机灭绝人性、连续不断地狂轰滥炸，给四川人民的生命和财产造成了不可挽回的巨大损失。

就在 7 月 31 日的日本飞机轰炸重庆中，张大千在重庆读书的两名侄女与两个侄孙被敌机炸毁的学校房屋压住，结果致使一死三伤。三哥张丽诚唯一的女儿、当时正在读高二的张心慧，平时是最活泼和最聪明，也最得张大千的喜爱，却在这次轰炸中不幸遇难，死时年仅 18 岁。

张大千闻此噩耗，目瞪口呆，悲痛不已。他看着成都市区被敌机炸毁的一堆堆瓦砾焦土以及无数难民哭号、尸体横陈的种种惨状，真是恨得咬牙切齿，发誓与日寇不共戴天。

到了夜里，张大千拿出了张心慧的照片在灯下端详着、抚摩着，不禁忆起了心慧生前的音容笑貌，同时又想起了被日寇残杀了的无数同胞。这时，他再也止不住心中的悲恸，不由得怆然涕下、掩面而泣了⋯⋯

2. 想方设法筹款远赴敦煌

日寇飞机对于重庆、成都和四川各地的频频狂轰滥炸，不仅破坏了四川居民的安宁生活，也完全破坏了张大千举办画展、靠售画来筹措川资、奔赴敦煌的计划。但张大千并未气馁，仍然是想方设法，在四川各地卖画，甚至到云南旅游时亦在昆明等地设法卖画，并且在太平洋战争爆发前他还委托朋友代他在香港设法卖画。然而，这样的所得仍是十分的有限。

1939年9月，成都在市区内采取了强迫拆除火巷、加强防空戒备和人员紧急疏散等多项措施后，市政府和警察局饬令各个娱乐场所一律恢复营业。趁此机会，张大千在市中心的中暑袜街的一座钱庄内终于举行了他筹备已久的画展。

这次画展共展出了张大千的山水、人物、花鸟等画共计有100多幅，林林总总，蔚为大观，挂满了整个大厅和三四个房间。这次展览给饱受战争折磨的成都人民带来了片刻轻松愉快的美的享受，每天前来看画、赏画、学画、购画者络绎不绝。张大千的这些作品格调清新、景色幽丽，且又是多带有青城、峨眉、剑门、嘉陵等巴山蜀水的浓厚气息，令人焕发了对故乡和祖国山河的无比热爱。

张大千的这次画展也取得了圆满成功。卖画所得不仅使张大千还掉了一些旧债，而且还略微有些剩余。当然，要靠这些钱去敦煌那还远远不够。好在画展上的作品售完之后，许多顾客还向张大千定购了不少画幅，这还需要他再忙碌一阵。

再经过了数月辛劳，张大千在青城山上又赶画出了一批画幅，由此又得到了一笔经费，但其数离赴敦煌的所需仍差得远。没奈何，张大千只好忍痛割爱，出售了自己心爱的部分古代名家书画，同时又以自己所珍藏的古代书画作抵押，向银行贷了一大笔款子。这样子七拼八凑，张大千好不容易才终于筹集到了赴敦煌的盘缠。

3. 为赴敦煌付出了无比沉重的代价

张大千准备停当、正欲从成都踏上赴敦煌的行程时，忽然收到了二哥张善子从重庆发来的电报，说他已由美国举办巡回抗日画展胜利归来，非常想念八弟，要大千速去重庆与他见面。

原来，张大千的二哥张善子早在 1938 年 12 月底即接受了国民政府的委托，携带了自己和大千的作品共约 200 多件，从重庆取道越南赴欧美等国，举办抗日战争的巡回宣传与募捐画展。张善子的这次出国，前后历时将近两年。在法国、美国等地一共举办了 100 多场次的盛大画展和讲演等，大力宣传了中国人民的神圣抗战，宣扬了中华民族的文化艺术，得到了欧美人民的极大欢迎与热烈响应。他们把张善子称为"世界艺术大师"、"当今全世界最杰出的虎画大师"……欧美各国朝野给予了张善子极大的荣誉和鼓励。张善子还在国外募捐到了赈济善款高达 20 多万美元。张善子把这笔巨款全部汇回了国内的政府赈济机构，从而为中华民族的抗日战争做出了自己的一份贡献！

1940 年 10 月 4 日，张善子从美国载誉归来，回到了重庆，受到了陪都各界的隆重欢迎。第二天，重庆的《中央日报》《新华日报》等各种媒体即对张善子的国外善举给予了突出的报道和高度的评价。就在这时，张善子向张大千发来了电报，要大千速

张善子（左三）为了抗战胜利，仆仆奔走于国际，日夜辛劳，最后以身殉国，被人们誉为"真正爱国的伟大画家"

去重庆一会。

张大千接到这封电报后，非常高兴。他本想遵兄命速去重庆，但因他赴敦煌的各项行程皆已安排妥当，不易更改。于是考虑再三，他遂向张善子回信说，他计划去敦煌三个月即归，到时候他再来重庆与二哥相会，云云。

但不料，张大千的这个决定却给他带来了无比沉重的代价，并造成了他终身的悔疚与遗憾。

1940 年 10 月中旬，张大千从成都动身北上，刚刚才来到川北广元，就接到了一封由重庆发往成都、又从成都逐站追发到广元的特急电报。电报上说，张善子已于 10 月 20 日在重庆不幸病逝，全家人盼他速归！

张大千拿着这封电报，如雷轰顶，脸色发白，浑身发抖。他不敢相信这是真的，但又不得不相信这是真的。张大千顿时跌足捶胸、号啕大哭、悲痛万分，并后悔不迭。他急匆匆收拾起行李，连忙星夜兼程赶回重庆奔丧，被迫结束了他的首次敦煌之行。

张大千仓促回到重庆之后，这才知道了张善子去世的详情经过。原来，张善子在国外期间高举抗日大旗，为国宣传，日夜操劳奔波，早已积劳成疾。这次回国后，他又坚持抱病应邀出席了社会各界的有关报告会、座谈会、研讨会等，宣讲世界局势，号召抗战到底。因为连续加班加点，由此导致他的旧病复发，并不幸患上了痢疾。由于敌机日夜轰炸重庆，一日数警，致使药物非常稀缺，甚至就连普通的生理盐水都不易得，张善子终于支撑不住，于 10 月 17 日入院治疗。然而，医院的药物也与外面的大同小异，医生对之束手无策。到 20 日上午，张善子不幸被病魔击倒，与世长辞，终年仅只有 58 岁。

张善子回国后在半月内的突然去世，当即震惊了重庆朝野。人们说，张善子不是病死的，而是累死的，他是为了国家、为了民族、为了抗战而给活活累死的！因此，当时陪都的各界人士，"不论识与不识，皆哭先生"，并赞张善子是"中国真正爱国的伟大画家"！

11月16日，陪都各界在重庆市林森路百货业同业公会会场举行了十分隆重的"张善子先生追悼大会"。在无比沉痛、悲哀的气氛中，人们对张善子的爱国一生、精湛艺术和巨大功绩给予了恰如其分的赞誉。

在"张善子先生追悼大会"的会场上，挂满了重庆各界致送的挽联、挽幛和青松、白花。其中，张善子的老友、监察院院长于右任写的挽联是：

> 名垂宇宙生无忝
> 气壮山河笔有神

国民政府军事委员会政治部部长张治中将军写的挽联是：

> 载誉他邦，画苑千秋正义谱
> 宣劳为国，艺人一代大风堂

张氏兄弟的好友、著名国画家张采芹也特地从成都寄来了一副巨大的挽联，写的是：

> 天地为之久低昂，挺身巴蜀，写照山林，扬虎威而励人壮志，大长精神。看今日遗墨淋漓，悬壁能惊风雨

丹青不知老将至，遨游外邦，伸张正义，凭兔颖以济国多金，未私囊橐。待他年敌尘净扫，论功应图凌烟

上述挽联，可说是对张善子爱国一生的客观评价。

张大千看了这些挽联，他悲伤的心情才依稀得到了一丝慰藉。他心想：我二哥善子才真正是那种一生辛劳、为国为民、顶天立地的堂堂英雄和好汉。我要做人，就得像我的二哥那样。

4. 白发人又哭黑发人

俗话说，福无双至，祸不单行。就在张善子逝后不久，又一个沉重的打击向张大千袭来。在重庆的张大千忽然接到友人从西安发来的电报说：大千的大儿子张心亮，因患喉疾和肺结核，病情突然恶化，现已在西安入院治疗，经医生检查，发现心亮的肺部已坏，病情危急，希望家人速去看望，云云。

张心亮的身体本来尚可，但在北平沦陷区时，由于张大千被日寇宪兵队关押，张心亮作为张大千的长子，不得不到处奔波，为之很是吃了些苦。而从北平逃回四川的一路之上，张心亮也是奔前跑后，受尽劳累，由此不幸害上了肺病和喉疾。张大千这次赴敦煌时就带着张心亮一道北上，原意是想托友人送张心亮至西安，然后转道赴北平，将心亮送去现在北平当医生的四哥张文修身边，请四哥为心亮诊病治疗。但哪知，他们刚刚走到广元，就接到了二哥去世的电报，张大千忙着急返重庆，只好托友人把张心亮带赴西安转北平。而现在心亮在西安就已不支，且是病情危急，

这又该如何是好？

由于二哥的丧事未完，张大千一时分不开身。考虑再三，他只好派八侄张心俭代他赴西安看望张心亮。张心俭草草收拾后即上了路。

张心俭一路上紧赶慢赶，终于在12月17日到了西安，当即赶往医院去看望了张心亮。正孤零零一个人躺在病床上的张心亮，突然看见张心俭来了，非常高兴，苍白的脸上也露出了一点儿红晕。兄弟二人说了一会儿知心话后，张心亮即沉沉睡去。

但不料，当张心俭在第二天早晨来到医院时却发现张心亮的病床已空。他急忙去问医生。医生告之，张心亮因为病情发作，抢救无效，已于18日的凌晨去世！张心俭一听，顿时情不自禁，捶胸顿足，号啕大哭！

在重庆正盼望心亮消息的张大千突然收到了张心俭从西安打来的心亮已逝的加急电报，他更是如雷轰顶，心如刀绞。张大千拿着电报的手在簌簌发抖，他真不敢相信，自己极其喜欢的孝顺、聪明、能干、帅气的儿子张心亮竟然已经先他而去了！这是何等的悲哀、残酷与不幸！白发人哭黑发人，他的心都要碎了……

就在1940年的7月、10月及12月，仅仅在半年之内，张家就接连死了张心慧、张善子、张心亮三个人。这给张家和张大千带来的打击之巨、伤害之重、刺激之深，实在是常人难以想见。这正如张大千的四哥张文修后来所记："八弟大千方哭兄逝，又哭子亡，此等刺激，真非寻常人所能承受者！而大千弟强制忍之，然其悲恸深矣！……"

之后，张文修又曾经仰天长叹曰："吾家庚辰（1940年）之运否，达于极点！其属数之所定欤？抑我张氏之无福也？！……"

但张大千痛定思痛之后却一针见血地指出："我们张家的这三条命债，还有许多同胞之死，其实归根到底，都是由万恶的日本鬼子的侵华战争所造成的！我恨死他们！"

5. 风尘仆仆奔赴敦煌

尽管张大千经历了丧兄失子的沉重打击，他还尚未奔赴敦煌就付出了如此极为惨痛的代价，但他欲赴敦煌的决心并未动摇。1941年5月，张大千率领妻子杨宛君、次子张心智，又毅然踏上了远赴敦煌的征程。

这一次，为了节省时间，张大千一家是从成都坐小飞机直飞兰州。到兰州后，因为要在这里等候徐悲鸿的学生、时在重庆中央大学任教的孙宗慰来兰州会合，张大千遂先去了青海塔尔寺参观游览。张大千对于塔尔寺中的壁画、堆绣、酥油花这"三绝"传统艺术非常欣赏，赞不绝口。

不久，孙宗慰从重庆赶了来，与张大千等人在兰州会合后，他们就一块儿乘坐着"羊毛卡车"，沿着正在修建的"兰新公路"，一路颠簸着向西前进。其路上的种种艰辛困苦不及细述。

汽车经过了嘉峪关后，愈往西走景色便显得愈发荒凉。看着这无涯戈壁黄沙漫漫，张大千不禁感慨地向儿子心智说道："前人有谓：'一出嘉峪关，两眼泪不干，前看戈壁滩，后望鬼门关！'这四句话，说出了嘉峪关外是如何的荒凉可怕！可是，我们为什么不在成都好好待着，也不听许多友人的劝告，硬是非要到这大西北来吃苦呢？其实，这目的还不是同《西游记》里的唐僧那样，是为了到西天去取经嘛。自然，我们要取的经那只是艺术上的经喽！当然，我们这次出来所吃的苦，比起唐三藏来，那还是要差得远。不过话说回来，要讲舒服，当然还是在成都舒服。但是我常说，一个艺术家要使自己的绘画艺术不断提高，老待在家里是不行的，必须要走出来，到艰苦的环境里，去磨炼意志，开阔视野，勤奋好学，这样才能有所收获！"

张大千的这番话给当时只有16岁的张心智留下了极其深刻的印象。他以前对于父亲为何要来敦煌还很不理解，而今天他总算多多少少有些明白了。

这时，张大千看着车子外面那无边无际的戈壁滩，望着那千里不断、积雪皑皑的祁连山，他裹紧了蒙在头上遮挡灰土的毛巾，冒着漫天飞舞的黄沙并随着车身的剧烈颠动踽踽前行。

6. 在榆林窟喜见唐代壁画

汽车到了河西走廊末端的安西县后也就到了尽头。从安西县到敦煌，那时还不通汽车，只能在此处换乘骡马大车到敦煌去。

就在安西县等大车期间，张大千听说该县有一座"榆林窟"，当地人称"万佛峡"，也是一座非常古老的石窟寺，内中有很多古代壁画、彩塑等物。张大千闻之大喜，决定先到那儿去一游。

榆林窟，位于安西县城的南面约150里处。前人在榆林河两岸的崖壁上开凿了许多个石窟，现还留存有数十洞。据今考证，榆林窟开凿于唐，兴盛于五代、宋、西夏时期，到蒙元时已日渐衰落，在明、清时仍有续修，前后延续了长达1000多年之久。

据统计，榆林窟内现还存在有历代壁画 5650 平方米，各种彩塑 272 尊，各种佛菩萨神像壁画高达 10826 幅，属于敦煌石窟艺术的重要组成部分。特别是榆林窟里的西夏和元代的壁画与塑像非常精美，可补敦煌莫高窟之不足，故榆林窟也是中华民族的又一座艺术宝库。

当张大千来到榆林窟后只见全窟已十分荒凉，窟外皆已破败不堪。他匆匆地走进窟内，呈现在他面前的满铺古代壁画及彩塑令他眼前突兀一亮。

那真是满壁生辉、琳琅满目、应接不暇啊！他显得非常之激动与兴奋。特别是当他看见了自己一辈子都在梦寐以求但却从未能够亲眼得见的唐代壁画时，更是乐得手舞足蹈。他赶快掏出笔记本，把这些壁画都迅速绘记在他的本子上。张大千感到，他这一次的敦煌之行的确是来对了，哪怕就是只看一眼榆林窟的这些壁画那也就千值万值了。

回到住处以后，张大千仍是兴奋不已。他马上把榆林窟的那些唐代壁画给背临下来，"搬"到了宣纸上面，并题名曰：《戏拟榆林窟唐人壁画》。当时与张一道同游榆林窟的张大千的"师叔"、甘肃省著名诗人兼书画家范振绪老人见后，对之赞叹不已，更夸之不绝。范在该画上欣然题字道："此乃大千与余游榆林窟后，见窟中唐画，随意背临，神情与壁画颇肖，足证其早入唐贤三昧，近世无其匹矣！"

张大千的这次首游榆林窟共约五天。看得张大千是神魂颠倒、笑逐颜开，收获匪浅。他对于榆林窟的历代壁画非常欣赏，久久不能忘怀。乃至后来，张大千又曾去了榆林窟两次，仔细临摹了窟里的许多壁画精品，回来后进行了大量宣传，从而使榆林窟的辉煌古老艺术从此也为外界所广知了。

7. 深夜闯进了敦煌莫高窟

　　离开榆林窟后，张大千即从安西赴敦煌。又经过千辛万苦，1941 年初夏，张大千终于踏上了敦煌的土地，来到了敦煌艺术宝库——莫高窟。

　　张大千一行来到莫高窟的时候已经是深夜时分。但张大千兴奋极了，毫无睡意。他刚刚放下行李便迫不及待地打着手电、举起灯笼入窟内参观。没想到一入石窟，张大千就被惊呆了。

　　原来，在依稀的灯光下，只见石窟内的所有墙壁，从脚至顶都绘满了五彩缤纷、光耀夺目的各种壁画。那真是铺天盖地，没有一点点的间隙，宛如一座金碧辉煌的艺术宫殿！甚至就连连接洞口和窟中主室的甬道墙壁上面也都十分精细地画满了各种绘画。张大千看着这些，心里真有说不出的兴奋、激动、震撼、狂喜、佩服……他张大了双眼，应接不暇地看着，并不禁暗暗咋舌道："乖乖咙的咚！不得了，真是不得了哇，这比起我的想象来真不知伟大了多少倍！我这次来敦煌还真是来对了！"

　　张大千看着这些从未见过的古老壁画与彩塑激动至极，毫无倦意。一直到快要天亮时，张大千才在随行诸人的劝说下，依依不舍地离开石窟，回到住处去休息。但他躺在床上，仍是兴奋得睡不着。张大千对着已是睡眼惺忪的儿子心智说："儿子，这莫高窟真是个大宝库，里面竟藏了这么多的艺术之宝！我们以前的计划，是在这里考察三个月就归，但现在看来，时间是远远的不够了。听说莫高窟一共有三四百个洞，我们哪怕就是半天看一个洞，也起码得要两百来天。这样一来，我们起码得在这里待上个半年才够。儿子，你能够陪你老爸在这里待下去吗？"

"唔，能……"张心智迷迷糊糊地答应了一声，翻过身去又睡着了。

就这样，张大千在敦煌停留的时间遂由最初计划的三个月改为了半年。接着，他发现时间仍不够，旋又改为了一年。后来，他发现时间还不够，就又延长为两年。最后他在敦煌竟是待了有近三年之久，成了当时最早来敦煌的中国画家之一，并且是在敦煌停留的时间最长、钻研最深、临摹最多、影响最巨、贡献也是最大的第一人。

第十五章
苦苦面壁三载春秋

1. 对莫高窟的艺术无限推崇赞叹

来到莫高窟的当天夜里，虽然张大千几乎是一夜未眠，但第二天他仍起得很早，又精神勃勃地参观了莫高窟。在和煦的阳光下，他这时才看清了莫高窟的全貌。

原来，莫高窟是坐落在沙漠里的一块绿洲。在其东面，是高高的三危山；在其西面，则是一望无际的鸣沙山；而在两山中间，则是一块较大的平原，有一条弯弯曲曲的河流顺着南北方向流过，滋润着这里的土地和绿树；而在树木背后的高大石砾崖壁上则坐西朝东，开凿了密密麻麻、高高低低、大大小小的无数石窟。因为石窟坐落的这条山脉原名叫作莫高山，故这些石窟就统称为莫高窟了，当地人又叫它为"千佛洞"。

张大千通过一番详细的调查和考证得知，莫高窟的历史很是悠久。它开凿于前秦苻坚建元二年（公元 366 年），后经北凉、北魏、西魏、北周、隋、唐、五代、北宋、回鹘、西夏、蒙元等朝代，都有续建，历时长达 1000 多年。几乎在所有的石窟内都建有佛坛，并绘满了壁画，塑立有彩塑。由于莫高窟是坐西面东，上午有阳光从洞口射入，照得里面一片辉煌，再加上在其四周全是沙漠，气候干燥，人迹罕至，从而使得窟中的壁画、彩塑等文物保存得十分完好，经历了数百年乃至上千年仍未损坏。

张大千在考察了莫高窟后发现："各洞大者，方阔五丈，小者丈余，形式多同。洞口内，凿穹形通道，甚短；洞顶似削去尖端之立锥，中拱藻井，四边斜垂。佛尽泥塑，无有石刻。……自魏迄元，代有继作，惟元塑较少。藻井及四壁，则遍绘彩画，古色古香，琳琅满目，均为历代杰作，国画至宝！"

张大千还发现：莫高窟内之"所有佛洞，皆是满壁绘画，无一隙地。小者画经变四铺，大者画十数铺，顶上或画贤劫佛。洞之四壁及下段，则画佛本生传等故事，蔚为壮观。甬道两壁，绘凿洞人夫妇供养像，题官职、爵里、姓氏，间有将子女、备从，一并画入者，亦有甬道画观者。……洞内壁画，多佛家经典故事，间绘菩萨。壁画年代，证诸题记，上自两魏，下迄西夏，代有所作，唐、宋较多，元画最少"。

张大千还从考察中发现了莫高窟壁画的历代特点：莫高窟的"壁画造诣，言人像，盛唐用笔极浑，高远极峰。每一时代人民情绪，亦可考见。北魏喜夸张，画多夸大，西域新疆出良马，北魏画马，多以西域，马蹄较常马大两倍，其夸张于此概见。唐开元、天宝之后，天下大乱，画多草率。宋尚礼学，画法拘谨，类今图案画，人像亦干枯，不及唐人丰满，行笔运色，各不相同"。

因此，张大千对于莫高窟内之壁画、彩塑极其喜爱与欣赏。他后来曾多次强调指出："在艺术方面的价值，我们可以这样说：敦煌壁画是集了东方中古美术之大成，敦煌壁画代表了北魏至元代一千年来我们中国美术之发达史！换言之，也可以说是佛教文明之最高峰！……我们的敦煌壁画，早于欧洲的文艺复兴约有一千年，而现代的发现尚属完整，这也可以说是人类文化史上的奇迹！""敦煌壁画所绘之人物，可以考究隋、唐之衣饰制度，可以补唐末五代史书之阙文，我认为其历史考证之价值，更重过艺术之欣赏！……盖敦煌文化，不仅为中国文化，且是为世界文化矣！"

2. 发誓定要保护好祖国国宝

当时，张大千面对着如此久远、如此精美、如此丰富、如此有着各种巨大价值的敦煌壁画，并任其饱览、赏观，他又怎能不激动万分、兴奋欲狂？他站在莫高窟的洞中，被周遭鲜艳光耀、辉煌夺目的古代彩色壁画所包围，琳琅满目，应接不暇。他真宛如身在梦中。后来，张大千又曾多次写道：

> "大千流连绘事，倾慕平生，古人之迹，其播于人间者，尝窥见十之九，求所谓六朝隋唐之迹，乃类于寻梦！石室壁画，简籍所不载，往哲所未闻，丹青千壁，遁光莫曜，盛衰之理，

吁其极矣！今石室所存，上自元魏，下迄西夏，代有继作，实先迹之奥府，绘事之神皋也！……"

与之同时，张大千亦从调查中得知，莫高窟这座中国艺术宝库在历史上也遭到了几次人为的大破坏。特别是在近代，当中国国势衰弱之时，英国人斯坦因，法国人伯希和，俄国人奥勃鲁切夫、鄂登堡，日本人桔瑞超、吉川小一郎……一系列外国人曾接踵来到敦煌。他们采用了种种欺骗手段，从发现敦煌藏经洞遗书的王道士手里骗走了数万件我国古代文书、经卷、写本、绢画等稀世文物，几乎把藏经洞内的我国历代珍贵文物席卷一空。而在1924年，美国人华尔纳来敦煌后，还偷偷盗走了莫高窟内的精品壁画数十方以及敦煌彩塑数身。这使得敦煌藏经洞内的我国历代珍贵文物几乎被外国人洗劫净尽，乃至莫高窟内的大量壁画、彩塑等物也遭到了外国人的极大破坏与毁损。

正因如此，1930年时，中国敦煌学的巨擘、著名学者陈寅恪先生面对着敦煌的这种种惨状，曾经无比沉痛地说："敦煌者，吾国学术之伤心史也！"

除此之外，张大千还了解到，莫高窟的壁画、彩塑等种种珍贵艺术文物还遭到了人自然长期以来的无情侵蚀。尤其是雨雪、风霜、流沙等都对洞窟中的壁画与彩塑等文物造成了极大的损害与破坏。再加之，长期以来莫高窟又从来都无人管理，更是无人保护，因而当张大千去时莫高窟已经是洞倒壁塌，荒败不堪。张大千见了这副惨状，真是痛心和难过。他感到莫高窟若不再立即予以保护、管理和整治，那么我国的这座千年艺术宝库和世界文化史上的伟大奇迹则就要毁于一旦了。

那么，应当怎样来保护莫高窟呢？张大千沉思着，对之反复思考。他由此突然产生了一个大胆想法：既然已来到了这里，作为个人来说，他应当把莫高窟的壁画给摹下来、传出去。这样，不但能让世人知道，在中国河西走廊最西端的不毛之地中还有着一座伟大灿烂的艺术宝库，有着无数宏伟绚丽的古代壁画等艺术文物。而且这些摹品传之将来，还可以充分印证我国先民的浩大精美的艺术伟绩。即使将来莫高窟的壁画万一有什么不测，那也可以凭借着这些摹品来进行修补或者恢复。再说，通过对石窟壁画的临摹，自己也可以从中追溯中国古代绘画艺术的发展源流，学习到历代画坛高手们的绘画思想和方法，汲取和掌握到前人丰富的知识、经验与技巧，从而使自己的各方面才能大大地提高一步。这种一举数得，于国、于民、于时代、于后人、于自己都是很有利的大大好事，那又何乐而不为呢？

张大千越想越兴奋。他迅速决定了下来："对头，自己就应该这样去做！"

说干就干！张大千从此即投入了临摹敦煌壁画的各项准备工作。从此，对敦煌壁画的调查、考证与临摹，亦即对敦煌艺术的研究，同时也是中国对于石窟艺术的科学研究工作在张大千的手中于历史上第一次正式开始了。

3. 首次为莫高窟的洞窟科学编号

然而，要对莫高窟里的历代精美壁画进行临摹，首先便要对敦煌艺术进行仔细的研究，以了解和掌握莫高窟究竟有多少"家底"

才行，其中有多少珍贵的壁画值得临写。因而经过了种种考虑之后，张大千这个从小就最不喜欢数学的艺术家，这时也不得不同数字打交道了——他要对莫高窟的各个洞窟进行调查、计数、记录和编号。

在张大千来敦煌之前，莫高窟已经有过两次编号。第一次是在 20 世纪初，法国人伯希和在莫高窟里为拍摄照片时曾对莫高窟编过一次号，共编得 171 号。但伯氏之编号完全是兴之所至，随心所欲，杂乱无章，毫无秩序可言。第二次则是在大约 20 世纪30 年代，甘肃省官厅也曾对莫高窟编过一次号，共编有 353 号。但因其编号也很不科学，故其影响甚微。张大千细心比较了前两种编号的优劣后，决定另起炉灶，对莫高窟进行一次重新编号。

由于当时莫高窟的下层洞窟有许多已经被流沙淹埋，为了不影响编号的顺利进行，张大千首先是自己出钱雇人，掏出了莫高窟下层洞窟内的流沙，把它们给清理了出来。这一方面是保护了莫高窟下层洞窟里的壁画、彩塑等文物，同时也使得莫高窟的全部洞窟都暴露在了张大千的面前，使其不致有漏编之误。接着，张大千率其子张心智开始了对莫高窟编号的这一极其复杂而又十分艰巨的工作。

张大千对于莫高窟的编号是经过实地仔细调查，先在纸上初编后，然后再在每个石窟洞外直接进行。他在每个洞窟外面的空白泥墙上刷上统一尺寸的石灰水长方格条后再用毛笔蘸上浓墨在每块石灰水的长方格中写上"第 × × 窟"的字样，从而为莫高窟的每个洞窟都标上了清清楚楚的"门牌号码"。这个工作非常麻烦、辛苦而又具体。但张大千却不厌其烦，每日领着心智兢兢业业并小心谨慎地从事着这项十分重要但却异常枯燥的劳作。

张大千为敦煌莫高窟各个石窟的编号墨迹，至今仍存

经过长达半年多的艰辛努力，夏去秋来，在当年冬天的时候，张大千终于完成了对莫高窟的编号工作。张大千编号的顺序是，从莫高窟的南头最底层的洞窟开始，由南至北依序编号，这是第一层。到了第一层的末端，再向上由北往南回返，按序编号。这是第二层。到了第二层尾端，再从上由南向北，继续编号，成了第三层。整个编号的顺序皆系从下往上、呈 S 形状逐步排列。

张大千编号的原则是：凡洞内有壁画、彩塑等艺术文物的，方得入编，一门立一号；大窟内之附属小洞皆不另立号，只列为该号的附属耳洞。因此，莫高窟虽然共有 400 多个大小洞窟，但张大千一共只编得 309 号。后来，张大千曾经多次说："我对莫高窟编号的目的，固然是为了便利自己工作上的查考，但另一方面也是作为方便后人游览或者考察的索引。""如果只是去莫高窟游览玩耍的人，只要顺着我编的号码走，则不会走冤枉路，一天就可以浏览完 309 个洞。"

自张大千对莫高窟的编号完成之后，莫高窟这个长约 1.5 公里、高有五层、令人眼花缭乱的大石窟群，从此变成了一个观之十分清晰的大网络。张大千不仅是为莫高窟编号的第一个中国艺术家，而且更是使得中国对于敦煌艺术的研究从此建立在了科学的、系统的基础之上。这是张大千对敦煌艺术所做出的重大贡献之一。

张大千为莫高窟编号的这个重要研究成果，在当时以及后来都曾被国内外的敦煌学者们广泛引用。尽管后来成立的国立敦煌艺术研究所以及新中国成立后的敦煌文物研究所都曾在张大千编号的基础之上对莫高窟又进行了更细致、更完整的编号，但张大千的这种开拓性和创造性的成就仍是不应被人们忘记的。

4. 张大千"破坏敦煌壁画"特大冤案之起因缘由

1941年10月5日正是传统的中秋佳节。当张大千正在敦煌埋头苦干继续对莫高窟进行编号之时，其老友、时任国民政府监察院院长的于右任忽然来到了莫高窟。

张大千听说老朋友于右任来了，非常高兴，赶紧放下手中的工作来陪于右任参观。众人走在莫高窟中，浏览欣赏着各个洞中的古代壁画和彩塑，都无不为之惊叹万分连连赞颂。

这天，当众人来到莫高窟的南大佛窟时，突然发生了一件谁也没有料到的大事。

原来，这一个大佛窟，面积很宏大。早在1920年，当时的新疆省政府将窜入我国的白俄士兵900多人解除武装后临时安排在敦煌居住时，竟将这伙亡命之徒安置在了莫高窟内。这伙白俄士兵中当时有一部分人就住在了这座南大佛窟里。他们在该佛窟内任意起灶埋锅、烧火做饭，并且是随意乱挖乱掘，致使窟内外的许多文物严重受损。

那天，当张大千他们来到此窟时，只见入口处的甬道墙壁上已被白俄士兵们熏得一塌糊涂，致使壁面黑漆漆地一貌莫辨，并且还已经起甲酥松、开裂剥落。但从墙壁外表面自然张开的宽大缝隙中却看出里面隐约有画，人们对之非常好奇，纷纷上前向内窥视。

张大千见状，遂向于右任讲，从壁缝外面暴露出的内层绘画风格看，似为唐代的供养人画像。于右任听了，非常惊奇说："噢，这很名贵呀！"随行的敦煌县政府的人员一听，遂手拉着坏壁上表面的泥皮，想把其裂口再拉开一些，好让于、张等人对内可观看得更加清楚。不料县府的随员们稍一用力，这些早已腐朽不堪的表层泥壁，即刻就松碎掉落了下来，露出了里面十分精美的唐代供养人画像。众人一见，大喜过望，既然表面的坏壁已掉，他们就干脆七手八脚把外面的败壁泥皮给清除干净，使得里面的供养人画像完全显露了出来。当时，于右任对此情不自禁，还曾经作诗一首云："同拂残龛同赞赏，莫高窟下作中秋。"记录与叙述了此事。

当时从败壁中脱显而出的内层精美供养人画像，即是赫赫有名的唐代《晋昌郡太守乐庭瑰供养像》和《都督夫人太原王氏一心供养像》。于右任走后，张大千曾把此二幅壁画仔细临摹了下来，并在后来的《张大千临摹敦煌壁画展览目次》中，向世人公布了偶然发现此二图的来历经过。

但使人完全没有想到的是，当时南大佛窟这两堵败壁的偶然脱落后来却掀起了一场轩然大波，把张大千给卷进了人言可畏的巨大漩涡，并给他当时以及后来都带来了极大的麻烦。据当天也在现场的敦煌县"国大代表"窦景椿记："当时适有外来的游客，欲求大千之画而未得，遂向兰州某报通讯，指称张大千有任意剥落壁画、挖掘古画之嫌。于是一时人言啧啧，是非莫辨！"

就由这十分简单的一件偶然事件，张大千从那时开始，即被冤枉背上了"确实破坏过敦煌壁画"的罪名，后来更曾被打成了"敦煌文物保护工作"的"破坏者"。而这些强加给张大千的罪名，从那时起直到现在，虽然已经过去了有70年之久，尽管张大千本人也早已作古，但对于张大千"曾确实破坏了敦煌壁画"的谣传以及再加上许多莫须有的胡乱添油加醋、以讹传讹的风言风语，直到如今却仍然还是叽叽喳喳地响个不休，没有能够完全平息。

这实在是叫人悲愤莫名，感伤不尽！

5. 死活不愿担任"敦煌艺术学院"院长

就在中秋节那天的当晚，张大千在莫高窟自己的住处，尽其所有热情招待了于右任一行。

在酒席桌上，于、张等众人一谈起敦煌艺术，都一致是夸奖连连、赞不绝口。但一说起莫高窟至今仍是无人管理的破败现状，大家又都十分着急与痛心。

这时，张大千向于右任提出了一个建议，说当务之急是政府得赶紧把莫高窟收归国有，并立即成立起一个专门机构把莫高窟给管起来，然后，再按部就班地对其分头进行调查、保护、维修、研究、宣传、教育等，以使莫高窟这个中国伟大的艺术宝库能够得到应有的保护、管理及利用。张大千还就其机构设置、人员配备、详细分工等内容做了说明，听得于右任频频点头。

张大千刚刚把话说完，于右任就猛一拍桌说："大千，你讲得很好，在各方面都想得甚是周到。我对此也深有同感，咱俩可说是不谋而合。还有，你说的这个对莫高窟的保护管理机构，我连名称都想好了，就叫作'敦煌艺术学院'，可将其保护、管理、研究、教学等多种功能诸项合一。你看如何呀？"

张大千一听，十分高兴，忙讲："'敦煌艺术学院'，嗯，这个名字好，好！我赞成！"在场的众人也都笑了，纷纷表态拥护赞成。

于右任微微一笑，说："俗话讲，蛇无头不行。既然大家都支持成立敦煌艺术学院，依老夫看，就由张大千先生来当院长，全面负责主持这个学院的工作。大家说如何？"

众人一听，更是高兴，都表示支持。

但张大千一听，却把头摇得像拨浪鼓一般，双手连连摆着道："要不得，绝对要不得！右老，您不要开我的大玩笑了！您老又不是不知道，人家说和尚是走八方，我却是要走十六方，哪里能够静得住？再说，我连书都教不好，更别谈当什么院长了！右老，您老人家还是饶了我，另请高明，另请高明吧！"

可是，于右任却认定了张大千，一定要他当院长，并讲无论是从品德、懂行、能力、体力、热心、兴趣，还有身份、地位、知识、影响等哪个方面来衡量，敦煌艺术学院院长一职都是张大千最为合适，而且是非张大千莫属。但张大千仍是死活不肯答应。于是，此事遂陷入了僵局。

大家一看，赶快出来圆场说："哈哈，此事不急，明日再议，明日再议吧！……"

第二天，于右任不管走到哪里，仍旧是老话重提，坚持着一定要张大千当院长。但张大千还是依然故我，仍是摇着脑袋咬紧牙关不松口。于右任气得直吹胡子，把拐杖往地上一顿，说："好你个张大千咧，老夫把唾沫都说干了，结果你还是一个不答应？你叫我另选别人，可我就是瞧中你了！好，你犟我更犟，你只要一天不答应，我就一天不离开敦煌！看看咱俩，究竟是谁能犟得过谁？！"

陪同于右任前来敦煌视察的原北大教授、时任陕甘宁青新五省监察使的高一涵见状，连忙把张大千拉到一边，耐心给他做工作。经过高的反复劝说，张大千这才勉强同意，答应了"当院长"。

于右任高兴了,决定第二天离开敦煌,以尽快回到兰州和重庆,去为设立"敦煌艺术学院"一事奔走呼吁。

1941年12月,于右任回到陪都重庆后,立即向国民政府行政院递交了尽快成立"敦煌艺术学院"一事的正式提案。在于右任、张大千等许多人士的大力呼吁下,1943年1月18日,国民政府行政院终于在重庆通过决议:正式设立"国立敦煌艺术研究所",直接隶属于教育部管辖,并于当日正式成立"国立敦煌艺术研究所筹备委员会",聘请高一涵为主任委员,并同时聘请了张大千、张维、王子云、常书鸿、郑西谷、张庚由、窦景椿等七人为艺研所筹委会委员。

至此,对于敦煌艺术的保护、管理的国家级正式研究机构于中国历史上第一次成立了。

6. 高薪从青海请来了喇嘛画师

自于右任走后,张大千依旧兢兢业业、勤奋努力地在莫高窟进行着编号工作。一直到了1941年的冬天,张大千才把莫高窟的编号工作完成,一共编得了309号。

张大千在莫高窟的编号工作完成后就离开了敦煌,来到了安西县榆林窟,临摹壁画。他发现,安西榆林窟的艺术与莫高窟的艺术同出一辙,可说是敦煌艺术的一个重要组成部分。

张大千在榆林窟冒着鹅毛大雪,临摹了约半个多月后,于1941的年底来到了青海西宁。

这次张大千来西宁的目的,主要有二:一是到塔尔寺用重金聘请藏族喇嘛画师，请他们赴敦煌协助临摹壁画；二是为下一步在敦煌大规模临摹壁画而采办画布、颜料、给养等，为临摹工作做准备。

通过在西宁的老友、时任国民政府蒙藏委员会专使赵守钰的帮助，张大千获得了"青海王"马步芳的批准，用高薪请得了昂吉、格朗、三知、小乌才郎、杜杰林切这五位藏族喇嘛画师，他们在绘佛菩萨像、打磨画布以及加工矿物质颜料等方面都各有绝技。接着，张大千又托当地朋友帮忙，不计代价在青海购买了数以百斤计的名贵藏绿、藏蓝、朱砂等矿物质颜料以及大量的泥金、金箔、珍珠粉等物。然后，张大千又赴兰州，在该地购买了大量的笔墨纸张、画布、画绢、生活用品和罐头食物等。张大千耗费巨款所购得这些东西，一共装了有 78 辆骡马大车，浩浩荡荡地一齐随着张大千西出嘉峪，直奔敦煌。

当年张大千的此番豪举曾轰动了整个河西。张大千从事艺术活动的大手笔、大气概、大场面，由此可见一斑。这也正是张大千得以撷取艺术菁华、攀登艺术高峰，并成为令人景仰的世界顶尖级艺术大师的奥秘之一。

7. 在敦煌大规模临摹壁画

1942 年春，张大千回到敦煌之后马上又驰书各地，请学生、子侄、朋友等前来帮忙。不久，张大千的夫人黄凝素、杨宛君，老友谢稚柳，学生肖建初、刘力上，侄子张彼德等人，纷纷由成都、重庆、北平等地接踵来到敦煌，使得张大千这下更是如虎添翼。

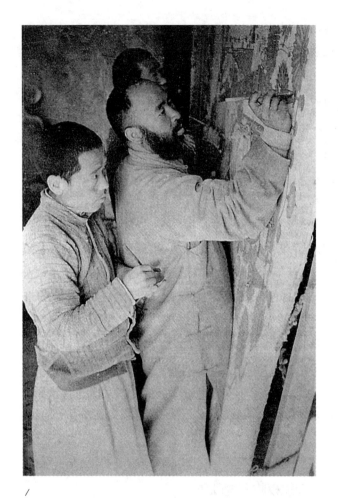

／
张大千率领藏族喇嘛画师在敦煌莫高窟内临摹壁画场景。可谓是苦苦面壁，
备尝艰辛，艰苦卓绝

从此，莫高窟内每日人来人往，十分热闹，而张大千率领着众人对敦煌壁画的临摹工作也由此大规模地全面展开了。

在临摹中，张大千把众人分成了几个小组，各有分工，又相互配合，责任明确。他们临摹壁画的方法是严格按照"复原临摹法"来进行临摹——即要一丝不苟地按照原始壁画的面积大小临摹下来，色彩也必须要依照古代壁画的颜色，同时更要求摹品的神形皆似，以完全忠实于原作。而对于壁画中那些年代久远、已经变色了的，张大千则首先要在反复调查的基础上考证出它们的原来本色，再在摹本上涂绘出壁画的原色，以恢复壁画刚刚完成时的那种最新鲜和最艳丽的本来面目。

不言而喻，这种临摹方法，其难度更大，要求也更苛。但张大千就是"明知山有虎，偏向虎山行"，勇于知难而上。这使他的摹品往往比原始壁画的本身还要更加鲜艳、更加漂亮、更为动人。乃至如今，张大千当年临摹出的这些极其精美的敦煌壁画摹品已成了今日中国的国宝级艺术文物。

临摹工作开始之后，张大千遂率领着众人天天在莫高窟里辛勤工作，苦苦面壁不止。当时，张大千在敦煌临摹壁画的工作的确是任务艰巨、程序复杂、劳动繁重、生活艰苦。在当年的条件下，张大千一行的压力之巨、困难之大、工作之艰辛更是常人所难以想象、难以承受，更难以做到的。而张大千怀抱着保护祖国文化遗产、弘扬民族文化艺术的宏大志愿，硬是咬紧牙关、想方设法克服了各种各样的困难，终于坚持了下来，并取得了令人瞩目的伟大胜利。

当年张大千在敦煌时的临摹工作非常辛苦。他每天皆是"出没于洞窟之间，手忙于笔纸之上"，并常常是"一头风沙，满身颜料"。

这亦正如当时也在敦煌临摹壁画的大风堂门人刘力上所记：

> "大家每日侵晨入洞，从事勾摹，藉暮始归。书有未完，夜以继泛。工作姿态不一，或立，或坐，或居梯上，或卧地下，因地制宜。惟仰勾极苦，隆冬之际，勾不行时，气喘汗出，头目晕眩，手足摇颤，力不能支，犹不敢告退，因吾师工作较吾辈犹为勤苦，尚孜孜探讨，不厌不倦，洵足为我辈轨式模范。"众人"终日蓬头垢面，席卧其间，逍遥竹素，寄情毫弦，不知时日，恍若身置于另一世界矣！"

而这一切，用张大千当时的话来说，则是："我们是自找苦吃，迢迢几千里，自费跑到这儿来'受徒刑'，而且还是心甘情愿！"

8. 在敦煌险些命丧匪手

张大千一行当年在敦煌工作时缺乏经费，缺乏人手，缺乏饮水，缺乏烧柴，缺乏蔬菜，缺乏娱乐……几乎是什么都缺乏。而张大千当时唯一的娱乐，就是在临摹壁画的空隙，坐在洞窟的门口听听留声机放一下京剧唱片，作为休息和享受。而其他的人则多是在不能临摹壁画时就各自骑马在沙漠中胡乱狂奔，斗风战沙，互相之间"引为笑乐"。

除了工作上的劳累、生活上的艰苦之外，张大千当年在敦煌时还经常受到野兽的袭击和土匪的威胁。尤其是后者，更使他们的生命安全得不到保障，时时处在惊恐与危险之中。

例如，就在张大千一行待在敦煌时，他们就曾遇到过最为危险的一天，几乎是险些命丧匪手。

这是1943年3月22日的凌晨，张大千被学生刘力上突然叫醒。张披衣急出，只见一回民鼻青脸肿、满面惊惶，指着外面直叫"哈萨！哈萨！"（"哈萨"为敦煌当地人对于沙漠土匪的统称）该回民说"哈萨"现正往莫高窟来，要他们赶快想法逃避。

张大千一听，大惊失色。他略微一想，赶紧命人叫醒了众人。大家急忙沿着梯子爬到了莫高窟的第305洞中去躲避，因为此洞最高，地势也最险，洞前的路径亦已毁坏，易守难攻，且"哈萨"们多是骑马，不容易冲杀上来。

不多一会儿，只见密密麻麻的"哈萨"们骑马打枪冲进了莫高窟。张大千等人躲在洞中，吓得连大气都不敢出。

这样子不知躲了有多久，天渐渐亮了。张大千听着"哈萨"们的声音在下面是越来越大，于是遂与众人低声商量，觉得老是这样子躲着总不是办法。大家商议的结果，觉得还是应该派人往敦煌城里去报信、搬救兵。这时，有一位藏族喇嘛自告奋勇要前去。他偷偷地从山后溜了下去，然后骑上一匹骆驼，飞快地消逝在戈壁之中。

过了一会儿，"哈萨"们的声音更是越来越近，众人显得非常惊恐。这时，有一个派来莫高窟当保安的士兵，姓窦，身上有一些武器弹药，又挺身而出说，他准备潜往后山里去放空枪，以吸引"哈萨"们的注意力。众人无法可想，也只好任他去了。

不一会儿，窦某的计策果然奏效，"哈萨"们开始移往后山，围山射击。一时间里，后山方向的枪声和手榴弹爆炸声大作，并且是连续不断。张大千等人躲在洞里，焦急万分，但又无可奈何，

张大千（中）在西北期间，为了深入少数民族地区写生，曾与友人们穿上藏族服装，与当地民众打成了一片

大家只得默默祷告："请千佛洞里的佛祖和各位菩萨们多多保佑我们，请求多多保佑！……"

就在这种无比紧张和非常惊惶的气氛之中，张大千一行躲在第 305 洞中，挨饥忍渴，担惊受怕，度过了整整一个白天。在那天里，张大千既担心洞中众人的生命，又挂念着放在下面的壁画摹品的安全，那真是如坐针毡、度日如年。

直到当天的傍晚，敦煌城里的驻军才赶到了莫高窟，把"哈萨"们撵跑了。张大千等人从洞里下来，回到莫高窟的住处一看，到处都被"哈萨"们搜、翻得凌乱不堪，很多贵重衣服、食物等东西都被抢跑了，损失极大。可谢天谢地的是，张大千他们临摹的佛菩萨像等敦煌壁画虽被"哈萨"们捣腾翻乱，但却没有一张损失。面对此景，张大千揩去了头上的冷汗，长长地松了一大口气。

哪怕是时过多年，张大千一回想起这件事，依旧是心惊胆战。他曾说："这是我在敦煌时最不好过的一天了！"

就这样，张大千当年在敦煌时不仅要克服物质和精神上的许多困难，而且更要冒着生命危险，但张大千并没有退缩。这正如他常讲的一句话：

"为了祖国的艺术事业，我要用自己的生命去拼、去搏！"

就这样，张大千在敦煌忘我工作、埋头苦干，度过了近三年的宝贵光阴。

第十六章
敦煌旋风刮遍全国

1. 甘肃省主席竟发来了"驱逐令"

张大千在敦煌期间，不仅要想方设法来克服临摹壁画等工作中的种种困难，而且还要与天斗、与地斗、与兽斗、与匪斗、与人斗。与自然界的斗争，张大千还好想法克服，但在与人的斗争方面，作为艺术家的他来说却多半是"外战外行"、力不从心、异常尴尬，显得是无可奈何。

前章曾述，自于右任一行于 1941 年中秋节来到莫高窟、张大千陪着他们参观时，南大佛窟外的那两堵非常破败的泥壁表层因为偶然的原因脱落之后，即有索画者因"欲求张大千画而未得，遂向兰州某报通讯"，诬控张大千在莫高窟"有任意剥落壁画，挖掘古画之嫌。于是一时人言啧啧，是非莫辨！"从此之后，"好事不出门，坏事传千里"，关于张大千在敦煌时的种种风言风语遂在社会上以讹传讹，被迅速地风传开来，对张大千造成了极其恶劣的"舆论影响"。

不久，张大千从青海请来了藏族喇嘛画师后，在返回敦煌的路上，又发生了甘肃某地的专员欲索张大千之画，但张大千最后却未给一事，这又"大大得罪了"该政府专员。该专员恼羞成怒，于是遂利用其职权、影响和"人脉关系"，拿着此事大做文章，又在甘肃省各地到处诬告张大千，甚至还不嫌麻烦，将张一直给告到了陪都重庆的"中央部门"。这使得张大千更像"黄泥巴钻裤裆——是屎也是屎，不是屎也是屎"，他就是跳进黄河也洗不干净了。

就这样，在甘肃省的那位地方专员的诬控之下，张大千在敦煌的工作与生活过得更是异常艰难。

不过，尽管如此，这事儿还没有个完，等着张大千的还有一场更大的灾难。

就在"哈萨"土匪来袭之后不多几天，1943 年的 4 月，正在莫高窟内辛勤临摹壁画的张大千突然收到了一封来自兰州的加急电报。该电报是由当时的甘肃省省政府主席谷正伦发来的，特命令由敦煌县县长陈儒学负责转交。张大千不知何事，疑惑中打开电报一看，只见上面写着如下字句：

> 张君大千，久留敦煌，中央各方，颇有烦言。敕　转告张君大千，对于壁画，勿稍污损，免滋误会！切、切！
>
> 甘肃省省政府主席谷正伦

张大千看完此电报后顿时目瞪口呆，犹如晴天霹雳、如雷轰顶，更好似万箭穿心，气得他浑身止不住地簌簌发抖。他目光呆滞，心中犹如打翻了五味瓶，感到极其难过、不解、愤怒、痛心。

当时，张大千对此电报百思不得其解。他想："天哪，为什么我为了发扬国光、振兴艺术，不惜倾家荡产，自费来到敦煌，含辛茹苦、栖风宿雨，为敦煌做了这么多的好事、善事，竟然会落到这个地步，得到这种下场？！我对于敦煌壁画的热爱、呵护、关切、宝爱之心，苍天可鉴，我将它们看得如同是我的眼珠子一般，我对它们的保护、爱护、崇拜等尚且唯恐不及，我又何敢'污损'？又何来'污损'？！我在这里拼命工作，废寝忘餐，熬更守夜，餐沙饮雪，苦苦奋斗，不知道耗了多少心血、吃了多少苦头，受了多少磨难，并冒了不知道有多少次的生命危险，担惊受怕，咬牙坚持，而这一切又为了什么？还不是为了弘扬中华文化，能够把敦煌艺术给宣扬出去，并光大开来！？可为什么，那些舒舒服服坐在兰州、重庆的官老爷们对这一切尽都是听而不闻、视而不见？！天呀，这究竟是为什么？为什么啊……"

然而，不论张大千当时对此是否想得通，但等他冷静下来，再仔细分析后，却不难明白，谷正伦的这封电报不管是出于什么原因发来，但都是明摆着"逼他走路"，是一道不折不扣、明确无误的"驱逐令"！因此，敦煌对他说来，已经是不能久留，更不宜再留了。

2. 克服重重困难在榆林窟里临摹壁画

本来，张大千的原计划是在 1943 年的夏天来临时，趁着敦煌这一年一度临摹壁画的最好季节，在敦煌再接再厉，更大显身手，大展雄图，以临摹下更多、更好的壁画精品，并把自己以前临摹未完的壁画摹品全部完成。但在谷正伦的这封电报的压力和催迫下，张大千没奈何，只能收拾起自己的雄心壮志，并带着那些已完成和未完成的全部摹品，含悲忍痛离开了敦煌。

这，也正是我们发现，在张大千当年临摹的精美敦煌壁画摹品中有相当一部分还尚未能够着上颜色，有许多还只有寥寥数笔，还只是一幅幅的未完稿、半成品或者只是草稿的缘故。这可说是敦煌艺术的一大损失，也是中国文化艺术的一个莫大损失，真令人叹息而又痛惜！

1943 年 5 月，在甘肃省省政府主席谷正伦的电报"驱逐"下，张大千不得不一步一回头、依依不舍地离开了敦煌。当他骑着骆驼离开莫高窟的时候，他的眼睛湿润了。他含着泪花，深情地向莫高窟挥手说：

"别了，莫高窟！别了，敦煌！别了，我的莫高窟和敦煌啊！"

张大千转过身去向着沙漠深处踽踽前行，他那佝偻的身影渐渐越来越小了。这时，风儿吹卷着黄沙，戈壁上响起了驼铃，白杨树在空中摇摆，似乎也在向着它们的这位老朋友张大千告别。

自张大千这次离开敦煌后，由于种种原因，他就再也没有能够回来。

张大千离开莫高窟后，他率着众人穿过戈壁滩，随即又来到了安西榆林窟。

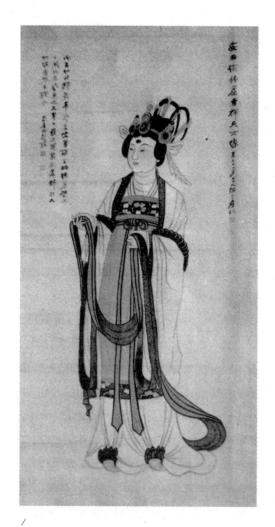

/
张大千在安西榆林窟临摹的壁画《吉祥天女像》

　　张大千一行在榆林窟一住下，立刻就马不停蹄地投入了对该窟的调查、编号、临摹、拍照等工作。他要抓紧时间、争分夺秒，争取在离开河西以前能够为伟大的敦煌艺术再尽量多付出自己的一份力。

　　张大千在榆林窟起早贪黑对该窟共编得有 29 号，计为东崖壁的 20 窟、西崖壁的 9 窟。另外，张大千还对附近的水峡口石窟亦共编得有 6 窟，同时也对之做了详细的记录。在历史上，张大千也是对榆林窟和水峡口石窟进行编号的第一人，为敦煌艺术做出了极其重要的贡献。

　　榆林窟的破败比起莫高窟要严重得多，其生活条件更差、更恶劣。张大千领着众人住在榆林窟中残留的、已经是千疮百孔的破房内，吃着自己从莫高窟带来的食物和蔬菜，忍受着蚊虫、蜘蛛、蝎子与毒蛇的袭击，坚持着紧张的调查、丈量、编号、考证、研究、摄影、临摹等工作。

　　当时，张大千一行在榆林窟的这种情况，正如其弟子刘力上后来的《莫高窟、榆林窟巡礼》一文所记：在工作方面，大家是在漆黑的石窟中，"左手持灯，右手秉笔，不一时辄觉手软，稍憩则继续为之，工作之苦则远甚过于千佛洞矣，第淬励之气未渝耳！"而在生活方面，"此间较莫高窟尤为荒僻，且居所年久失修，毒蝎集聚，同行者数数被螫。夜眠则蒙头裹被而卧，醒则又闻狼嗥之声，凄厉惨闻，虽有戒备，但犹令人颤栗无已！……"

　　就在如此恶劣、艰苦的条件下，张大千率着其一行人在榆林窟仍坚持工作了一个多月，直到编号、临摹等工作全部完成，带来的食物、纸张、用品等物也已基本用尽，他们这才恋恋不舍地踏上了归程。

3. 风尘仆仆胜利归来

　　1943 年 6 月底，张大千带着他的家属、学生、从人等从甘肃河西风尘仆仆地胜利归来了。从离开成都时算起，他这次出来度过了近三年时间。就在这几年里面，张大千调查清楚了敦煌地区的艺术文物的分布情况；为莫高窟、西千佛洞、榆林窟、水峡口等石窟群编了号；经过艰苦的调查、记录、整理、考证，张大千还在繁忙的编号、临摹等工作中，抽空写成了一本《敦煌石室记》的手稿，该书共计 20 万字，是我国敦煌艺术研究的首部学术专著，更是我国现代对于中国石窟艺术研究的第一部学术专著；除此之外，通过张大千及其所率众人的艰苦努力、共同奋斗，他们还临摹得敦煌地区的十六国、北魏、西魏、北周、隋、唐、五代、宋、西夏、元代等历朝历代的敦煌壁画精品约 300 余幅，其中之大幅者竟达到了 12 丈 6 尺之巨，耗去的心血及画布、画纸、颜料等物不计其数。这是一笔来之不易并且是非常宝贵的巨大精神财富与物质财富。

　　对于张大千敦煌之行的非凡壮举、对于敦煌之行的丰富收获、对于他为中华民族和中国文化艺术所做出的巨大贡献，张大千的老友、中国美术家协会副主席、著名画家叶浅予先生曾经非常感慨地说：

　　　　"张大千当时作为一个在艺术上已经很有成就的画家，为了追寻六朝隋唐遗迹，不避艰辛，投荒面壁将近三载，去完成只有国家财力才能办到的事。他的大胆行动已经超出了个人做学问的范围。尽管后来国家组织了敦煌艺术研究所，为保护石窟和艺术研究做了大量的工作，但不能不承认张大千在这个事业上富有想象力的贡献及其先行者的地位！"

——叶浅予：《张大千临抚敦煌壁画集》序言

然而，张大千为了这些收获，也为了弘扬中国优秀传统文化所做出的这些重大贡献，他个人却付出了极其惨重的代价。且不说他为了奔赴敦煌先后所遭逢到的丧兄、失子的感情之痛，也不说他在敦煌工作时所强加给他的大量诬蔑与谣言，这给他一辈子带来了非常巨大的名誉伤害与精神损失，而仅在经济方面张大千为此次敦煌之行、为了临摹敦煌壁画等工作所付出的庞大开支就达到了数十万元大洋之巨，这全是由他一个人自费承担。为了负担自己一行在敦煌时的巨额花销，张大千除了拼命绘画以卖画赚钱之外，他还忍痛出售了自己珍藏的大量名古书画以凑钱。但这一切仍不够，张大千就只好向外借款，背负巨债，由此差点儿拖垮了当时四川的一家给他贷款的银行。因而，当他从敦煌归来时，他当时欠下的债务总额已经达到了黄金5000两。张大千始终坚持着没要国家一分钱，而硬是依靠着自己的双手勤奋绘画卖钱来还债，由之竟整整还了20多年，一直到了20世纪的60年代方才还清。

不仅如此，张大千当年去敦煌以前还是满头黑发、满面红光、神采奕奕，可当他从敦煌回来之时却已经是两鬓霜染、面容苍老、疲惫憔悴，甚至就连他平时曾引以为傲的长长美髯这时也已是花白了许多。

张大千去敦煌前，还是须发尽黑，满面红光。而他从敦煌回来时，已经是
面容清癯，须发染霜了

4. 在兰州遭到了军统特务的严密搜查

1943 年 6 月底，张大千率领其一行，带着他临摹的敦煌壁画摹品，从安西县乘车回到了省城兰州。

然而，汽车刚刚抵达兰州汽车站，一大帮子荷枪实弹的军统特务便把张大千一行所乘坐的汽车给团团围住了——他们显然是早有准备。特务们亮出了"派司"（证件），说他们是军统兰州特别检查站的人员，现在奉上级命令要对张大千一行人所带的全部包裹、行李逐一打开验看。

对此，张大千感到非常诧异。他同带队的特务交涉，并拿出了国民政府军政部长何应钦开出的命令各地检查站"一律免检放行"的公文，要求免检放行。

但是，对于国民政府军政部长何应钦开出的堂堂公文，特务们却毫不买账。他们黑虎着脸，编造出种种理由硬要检查。

张大千没奈何，只好打电话通知兰州的朋友们。不多一会儿，国民政府监察院陕甘宁青新五省监察使高一涵、甘肃省政府秘书长王澍芳、第八战区东路总指挥鲁大昌、第八战区中将参议高参议等一大批甘肃省的军政要员们都急匆匆赶来了汽车站，纷纷为张大千说项，希望军统们能"高抬贵手，免检放行"。但不论这些官员们是如何求情，特务们却仍是脸若冰霜，对他们毫不给面子。特务们讲，他们只是奉命行事，要不检查也可以，请这些官员同重庆的戴笠直接通电话，只要戴老板发了话下来，他们就可以遵命不检查。

由此可见，这些特务们的来头之大、之凶与之狠。

张大千听了这些话后，知道此事系早有预谋。为了免得朋友们为难，张大千毅然说："身正不怕影斜，真金不怕火炼。就让他们查吧，看他们能检查出什么来？！"随即就和朋友们一起气呼呼地离开了兰州汽车站。

张大千走后，军统兰州特别检查站的这一大帮子特务们马上就对张大千一行所带的全部行李、箱笼等物逐一打开验看，看看里面是否有什么夹带的"违禁物品"。特务们检查得非常仔细，不但把箱底、箱盖给撬开了，甚至还把画轴乃至抬摹品的木棒都锯开，以查里面是否有什么"夹带"。

就这样，特务们忙前忙后，对张大千一行所携带的全部物品都进行了特别认真的检查，时间竟长达7个多小时之久，一直检查到天很黑了才结束。

最后，特务们汗流满面却一无所获。事实清楚地证明了，在张大千的一行中毫无任何"夹带"，也没有任何的"违禁物品"。而相反的是，张大千临摹的这一批无比宝贵的敦煌壁画摹品却被特务们一张张打开后，在汽车站肮脏的沙石砾地上给任意地拖来扯去，致使其受损不少。

事后，张大千才听说，这次在兰州汽车站所发生的突然检查风波，正是那个到处诬控他的甘肃省地方专员捣的鬼。他向上密告说，张大千不仅"破坏了敦煌壁画"，而且还"盗窃了敦煌壁画"，甚至还"盗走了敦煌的大量古物宝贝"云云，因此使张大千一行受到了军统兰州特别检查站的"高度重视"与"特别光顾"。军统们在兰州汽车站事先就布置好了，就等着张大千一行来"自投罗网"，以便他们能"人赃并获"、"当场拿下"。

张大千听见这些后，不禁悲愤地仰天长叹道："天哪，一句恶语不仅能毁坏一个人的名誉，甚至能把一个人置于死地啊！"

5. "张大千临抚敦煌壁画展览"在兰州开幕

经过了兰州汽车站的"检查风波"后，事实已经完全清楚地证明了张大千的清白磊落。但"无风不起浪"，社会上却反而更是谣诼蜂起，一时间说什么话的人都有。

张大千对于这些"社会舆论"无可奈何，他只能是苦笑、摇头、长叹，内心悲痛，喟然自伤……

然而，世上总有公理在，黑暗毕竟战胜不了光明，正义终究要压倒邪恶。张大千自带着他的临摹敦煌壁画摹品回来之后，不论他走到哪里，哪里便会刮起一场猛烈的"敦煌旋风"——人人交口说敦煌、议论敦煌、称赞敦煌、夸耀敦煌、向往敦煌。敦煌光辉伟大的艺术奇迹得到了前所未有的广泛传扬。

1943 年 8 月 14 日，西北发行量最大的《西北日报》在头版头条上用显赫字体登出了一条《介绍名画家张大千临抚敦煌壁画展览启事》，全文如下：

> 中国绘事，千百年来，六法多门，人物寝绝，宗师不作，
> 一发难维。大千先生近数年间，寄迹敦煌，研治壁画，黼黻
> 丹青，追风千代，使敦煌石室之名，隐而复彰，六朝隋唐之迹，
> 晦而复显。比将归蜀道出兰垣，因请出临摹之作，公开展览，
> 凡爱好古代艺术者，幸览观焉！
>
> 朱绍良谷正伦高一涵鲁大昌张维同启

在此启事上署名的五个人中，朱绍良是当时第八战区的最高军政司令长官，谷正伦是甘肃省政府主席，高一涵是国民政府监

/
张大千临摹的敦煌壁画之一唐代《愿舍贱从良像》

察院陕甘宁青新五省监察使，鲁大昌是第八战区东路总指挥，张维是甘肃省参议会议长。他们五人，号称为当时西北的"五巨头"。由西北"五巨头"同时联名发出的这样一个"展览启事"，更充分说明了当时西北各界对于张大千此次展览的高度重视。

同日，在兰州市的三青团大礼堂，"张大千临抚敦煌壁画展览"隆重开幕，朱绍良等西北"五巨头"及当时在兰州的许多军政要员与各界名流全部出席，场面非常热烈、壮观。

这次画展，展品分作了两处陈列。西厢房内为张大千的近作，共有 31 幅；大礼堂内则全是张大千临摹的敦煌壁画，共展出了 21 幅。其展品皆是气势雄伟、色泽斑斓、绚丽多姿，当即在兰州引起了轰动。

这次画展非常成功。开幕当日，张大千的近作绘画便被购买一空，"已定购"的红纸条贴了个满堂红。而张大千临摹的敦煌壁画摹品，虽然都标明了是"非卖品"，但亟想购买者仍络绎不绝，并有不少人屡屡说项，愿意出重金购买。他们讲："张先生的临摹壁画只要肯卖，无论要多少钱，我们绝不还价，请张先生随便开！且不论张先生是要黄金还是要美钞，我们也一定通通照付！"但这一切都遭到了张大千的含笑拒绝。因为张大千当时已经暗暗立下了计划，他费了千辛万苦与惨重代价所临摹得来的这一批无比宝贵的敦煌壁画摹品可以说是无价之宝，他准备将来要全部捐献给国家。

这次画展真是热闹非凡，轰动兰垣。据当时的报纸记载，画展期间前往参观者十分拥挤，参观者达到了万人以上。各界人士均一致认为，不论是张大千的近作还是临摹的敦煌壁画，"实为张氏近年之杰作，尽皆别具风格，观者无不饱赏眼福而去"，等等。

由于这次兰州展览是张大千临摹敦煌壁画在国内的首次展出，是具有无穷魅力的敦煌艺术第一次用如实、鲜艳、直观的形象展示在了国人面前，故而上下振奋、舆论大噪，社会各界的喜悦与兴奋之情实难言表。

为此，当时的《西北日报》等媒体屡屡发表专文，热烈赞扬和高度评价了张大千敦煌之行的重要意义与伟大功绩。文章还针对帝国主义强盗对于中国的肆意侵略和掠夺，并联系到当时全国正同心协力进行着的神圣抗战，满怀激情地强调说：

"看了这一次张大千先生的画展，西北的人士将更看重千佛洞的艺术价值，将更加深了对于敦煌的认识。这对于国内的史学界、艺术界也无异于注射了一针'兴奋剂'。这二十一幅临摹壁画的宣传力量比二十万言的宣传文字还有效。从今而后，中国的这一个国宝再也不会被人轻轻易易地摧毁了！"

正因张大千临摹敦煌壁画在兰州展览的巨大影响，1944 年 1 月 1 日，重庆的国民政府行政院宣布，国立敦煌艺术研究所在敦煌正式成立，由常书鸿任所长。从此，中国对于敦煌石窟艺术的科学保护与研究被纳入了国家计划，并正式轰轰烈烈地开始了。

6. 成都举办了声势浩大的 "张大千临抚敦煌壁画展览"

在兰州展览之后，张大千率其众人回到了家乡四川成都。

回到成都以后，张大千与其学生、子侄等即住进了城北素有"川西第一丛林"之称的佛教古刹昭觉寺，在那里继续整理临摹的敦煌壁画，以便在成都公开展出。

1944年1月25日正值农历正月初一，由四川美术协会主办，在成都市中心的提督街豫康银行大楼隆重举行了"张大千临抚敦煌壁画展览"。人们走进展场，迎面就看见了张大千亲书的画展序言：

河湟久客，乍返成都，旧雨相逢，奇观共诧，举石室之绘事，方海客以谈瀛。盖大千平生，流连画选，倾慕古人，自宋元以来真迹，其播于人间者，尝窥见十九矣。欲求所谓六朝隋唐之作，世且笑为诞妄！

独石室画壁，简籍所不载，往哲所未闻。千堵丹青，遁光莫曜，灵踪既秘，颓波愈腾，盛衰之理，吁其极矣！今者何幸，遍观所遗，上自元魏，下迄西夏，绵历千祀，杰构纷如，实六法之神皋，先民之矩矱！

原其源流，固堪略论：两魏疏冷，林野气多；隋风拙厚，款奥渐启；驯至有唐一代，则磅礴万物，洋洋乎集大成矣！五代、宋初，蹑步晚唐，迹渐芜近，亦世事之多故，人才之有穷也。西夏诸作，虽刻划板钝，颇不屑踏陈迹，然以较魏、唐，则势在强弩也！

大千磅礴坐卧其下者，几及三载，燃脂握管，目营手追，其间门人子侄，以及番僧匠史，各佐厥事，祁寒盛暑，劳苦相勉。计所程获，都凡巨细，得百有余幅。知旧朋好，往往迫促求观，而匆遽间，尚有修整未尽者。兹特先将临抚石室及榆林窟四十余幅，暂事陈列，以付群公先睹。他日稍暇，当再尽出其所作。俾吾国二千年来画苑艺林，瑰玮奇宝，得稍流布于人间，而欲知其宗流派别之正者，亦屹然当有所归！

　　这次张大千展出的临摹敦煌壁画共有 44 幅。其中，摹自莫高窟的有 33 幅，摹自榆林窟的有 11 幅。摹品中的面积最大者，系摹自莫高窟的《唐武周垂拱时之维摩变》，高一丈，宽一丈九尺；摹品中的尺寸最长者，则有《三十五佛图》，高二尺一寸，长五丈九尺五寸。著名的盛唐时之《晋昌郡太守乐庭瑰供养像》和《都督夫人太原王氏一心供养像》等等临摹敦煌壁画精品也皆在其中。同时，张大千还展出了他拍摄后放大成巨型的敦煌照片 20 帧，更是真实清楚地反映出了当时敦煌艺术的壮丽外景。

　　这次画展轰动成都，成了蓉城春节期间的一大喜事。每天来观画者人山人海，非常踊跃。画展原定只展出 7 天，但由于从各地专程赶来成都参观者络绎不绝，于是应各界观众之"强烈要求"，此画展不得不延期结束。

　　画展期间，各种各样关于敦煌艺术和张大千敦煌之行的报道、采访、介绍、评论等文章以及社会各界各种各样的感想、诗歌、文章、图片等，在各种传媒中连篇累牍，成了当时成都的一个"重要事件"和"新闻焦点"。四川美术协会配合此展，还专门出版了《张大千临抚敦煌壁画展览特刊》，集中编发了川中著名学者林思进、科学家周太玄、诗人兼书法家谢无量、书画金石家罗文谟等许多人的论文、文章、诗词、书画等，对伟大的敦煌艺术大加赞赏，对于张大千的敦煌之行的伟大功绩更是给予了高度评价与热情赞颂。艺评家芮善在其《观张大千临抚敦煌壁画记》一文中，就曾如此总结说：张大千临抚之敦煌壁画一出，"举千百年来韬匮弗曜之灵光，一旦表露，非惟沾溉学子，知画道之衰微，并将使华夏文起，益洋溢于世界矣！"

　　正因为张大千对于敦煌艺术和中国文化艺术做出了卓越贡献，

张大千临摹的敦煌壁画之一唐代《文殊菩萨赴法会图》

1944年3月25日，在重庆举行的庆祝中国首届"美术节"的大会上，张大千被选为了中华全国美术会理事，成了当时中华全国美术会的31名理事之一。

7. 重庆的"张大千临抚敦煌壁画展览"声震中外

张大千临摹的敦煌壁画展览在成都结束之后，鉴于敦煌艺术的巨大影响及在社会上引起的极大轰动，国民政府教育部决定调集此次展品赴陪都重庆展出。

1944年5月19日，由教育部主办的"张大千临抚敦煌壁画展览"在重庆上清寺中央图书馆隆重开幕。其展场布置之考究、画幅装饰之豪华、展品气魄之宏大、画幅色泽之鲜美，当即就震动了陪都的新闻界、学术界、文化艺术界等社会各界。各界之要人、名流们纷纷出席了此展。于是展场外面，每日皆是车水马龙、十分拥挤，顿时成了当时重庆的一大盛事和奇观。"山城人人仰上清，满市议论说敦煌"，正是此一画展盛况的真实写照。

由于敦煌艺术的巨大魅力，这次画展中所出现的热闹与拥挤情况在重庆的历史上还真是破天荒头一遭。在画展的几个售票处前每日皆排成了数条曲曲弯弯的"长龙"。同时又因为各界观众实在太多，乃至购买展览门票的"长蛇阵"常常是蜿蜒长达数百米。敦煌文物研究所的第二任所长、今敦煌研究院的首任院长、我国敦煌学的权威专家段文杰教授曾向笔者回忆说，他当时住在重庆南岸，第一次去看画展时门票已经售罄，于是失望之极，直到第二天他专门起了一个大早，急匆匆赶去了展场早早排队买票，才得以看成。

因此，在张大千的这个画展期间，重庆的各种传媒对于辉煌灿烂的敦煌艺术和张大千奋不顾身的敦煌之行也做了连篇累牍的密集报道，皆给予了极高的评价。中国敦煌学的巨擘、著名学者陈寅恪在看了此展后，非常振奋，特写了一篇《观大千临抚敦煌壁画之所感》，文中说：

> 敦煌学，今日文化学术研究之主流也。自敦煌宝藏发现以来，吾国人研究此历劫仅存之国宝，止局于文籍之考证，至艺术方面，则犹有待。大千先生临摹北朝唐五代之壁画，介绍于世人，使得吾侪得窥见此国宝之一斑，其成绩固已超出以前研究之范围。更何况其天才特具，虽是临摹之本，兼有创造之功，实能于民族艺术上别辟一新境界；其为敦煌学领域中不朽之盛举，更无论矣！

张大千临摹的敦煌壁画相继在兰州、成都、重庆盛大展出后，不仅促使了国立敦煌艺术研究所的成立，而且更是引起了社会各界的广泛关注，使国人从此知道了敦煌，了解了敦煌艺术。受张大千敦煌之行的启发、感召与鼓舞，无数的青年学子、美术工作者、历史学者等亦纷纷从内地奔赴敦煌，去学习、研究敦煌艺术，去发掘、整理、保护祖国的这一伟大文化遗产，更加努力地继承与发扬了中华优秀传统文化。有许多人还从此留在了敦煌，"献了青春献终生，献了终生献子孙"，为敦煌文物的保护、研究与敦煌学的发展做出了卓著的贡献。

无意中为敦煌召集了大批宝贵人才，这种情况是张大千的敦煌之行和临摹敦煌壁画展览所带来的另一个巨大的社会效益。这是张大千当初敦煌之行所没有料到的"意外收获"。

不仅如此，张大千的临摹敦煌壁画展览还极大地鼓舞了人们的爱国热情与抗战斗志，誓将中国神圣的抗日战争进行到底。这正如我国著名的敦煌学专家史苇湘研究员所说，当时抗战中的局势正处于黎明前的黑暗中那种最为艰苦的时期，而张大千临摹的敦煌壁画展览一出，"向人们展示了祖国灿烂的文化艺术和伟大的历史遗产，使人们的精神为之一振，从而极大地激发了广大人民的自尊心与自强心，增强了爱国主义精神。亦即张大千的画展，对于振奋抗战中的民心、加强爱国主义的热情，都起到了很好与很大的作用！"

这，不但是张大千对敦煌艺术的伟大贡献，而且也是他对抗日战争和中华民族的伟大贡献。

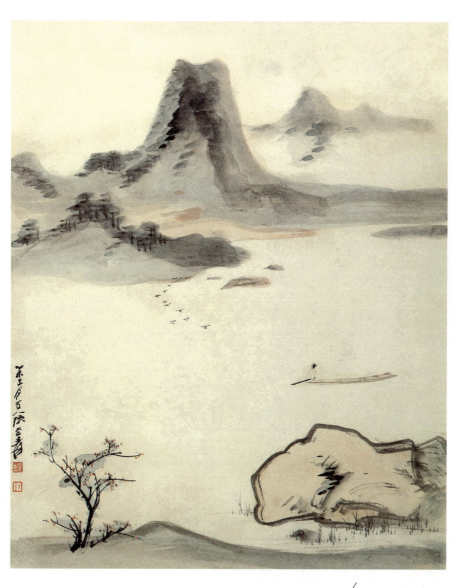

泛舟观鸥（1955 年作）

独往秋山（20世纪50年代作）

冬菇图（1957 年作于日本）

江寺静远（与溥儒合作　1958 年作于日本）

云绕雄山（1960 年作）

碧树平岗（1960 年作于巴西圣保罗八德园）

观山怀乡（1961年作于日本江户偕乐园）

千山月明（1962 年作于巴西圣保罗八德园）

泽畔行吟（1963 年作于巴西圣保罗八德园）

蕉阴逭暑（1963 年作）

忆同游峨眉（呈四哥文修　1963 年作于巴西圣保罗八德园）

风荷（1963 年作于巴西，1976 年重为点笔）

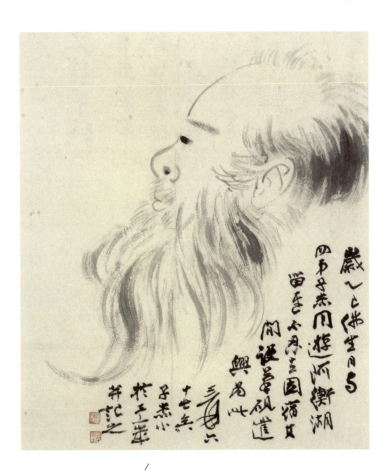

六十七岁自画像（1965 年作于奥地利风景胜地亚琛湖畔）

凌波仙子（1967 年作）

出水芙蓉（1967年作于巴西圣保罗八德园）

秋日山居（1967 年作于巴西圣保罗八德园）

第十七章
抗战胜利举国狂欢

1. 画笔奋飞欣喜欲狂

1945 年 8 月 14 日，日本天皇宣布无条件投降。中国人民经过了艰苦卓绝的八年浴血抗战，终于取得了伟大胜利。

日本投降的消息传来，人们欣喜若狂，奔走相告。大街小巷，顿时人声鼎沸，鞭炮炸响，锣鼓齐鸣。一时间，举国狂欢、普天同庆，神州大地沉浸在一片欢庆抗战胜利的巨大喜悦之中。

当抗战胜利的消息传来时，张大千正在成都的昭觉寺中作画。当他得知这个消息时竟有些不敢相信这是真的。而当他证实了这个消息后，张大千真是欣喜若狂、兴奋难捺。渐渐地，热泪从他的笑脸上淌了下来，他喃喃自语道："胜利了！我们胜利了！我们终于胜利了！……"

此时的张大千激动地望着四周，兴奋得手舞足蹈，不知道该做啥才好。

忽然，张大千在画案上铺开了一张大纸，顺手抓起大号抓笔，饱蘸浓墨，便在宣纸上挥洒开了。他任凭着自己的感情奔放着，也任随着眼泪在自己的大胡子上流淌。他把自己的狂喜、兴奋、激情、豪气……都合着浓墨一起倾泻到了白纸上。此时他想了很多、很多，但唐朝杜甫的那首著名的《闻官军收河南河北》诗却不知何时冒了出来，并伴着欢乐的节奏，在他的耳边不断回响：

> 剑外忽传收蓟北，初闻涕泪满衣裳。
> 却看妻子愁何在，漫卷诗书喜欲狂。
> 白日放歌须纵酒，青春作伴好还乡。
> 即从巴峡穿巫峡，便下襄阳向洛阳！

很快，在张大千面前雪白的宣纸上便出现了如风涌巨涛一般的荷叶、如钢铁般坚强屹立的荷梗、如太阳初升般娇媚万状的荷花，那真是满纸豪情，纵横壮阔，气象万千，磅礴狂放，翻滚潇洒，震人心魄！这里，张大千是把祖国比喻为了经过狂风暴雨后仍巍然挺立的荷花并且是含苞怒放，就像光芒万丈的太阳正冉冉升起在东方。

张大千看了看画幅，又在上面题了一首诗曰：

> 夫喜收京杜老狂，笑嗤胡虏漫披猖。
> 眼前不忍池头水，看洗红妆解佩裳！

抗战胜利，张大千喜极而泣，奋笔挥毫绘制的泼墨大荷花《喜浪摇荷》

接着，张大千又在一旁题写道："不忍池在东京，为赏荷最佳处。"写完，张大千把毛笔一扔，拂着长髯，和众人一起哈哈大笑了……

2. 重回故都举办画展

抗战胜利之后，成都、重庆乃至四川各地都掀起了一股"东归"的浪潮。那些因避乱入川而老家在东北、华北、华东、华中的同胞们，这时也都打点行装，急急踏上了返乡的路程。当时四川的各界人士蜂拥着争相出川，成了抗战胜利时的一道独特的风景。

张大千看见这些情况也有些按捺不住了。他虽说是地地道道的四川人，但他仍然非常怀念在北平、上海、江南等地的朋友们。于是他托朋友们帮忙，帮他买到了一张当时比黄金还要抢手的飞机票，从成都直飞去了北平。

1945年11月，张大千回到了北平后当即去拜会了各位老友。众友朋们听说张髯回来了亦纷纷来请。在这段日子里，张大千真是应酬不完笑声不断。

不久，在朋友们的鼓动下，张大千会同老友、著名花鸟画家于非闇，联合在北平中山公园水榭举办了一个画展。张大千在北平的四哥张文修还专门为此画展撰写了一篇序言，曰：

　　　　吾弟大千，少耽书画，长好胜游。尝云："翰墨精微，宜师造化；山川启发，厥在登临。宋迪画专潇湘，黄鹤景多箬雪，意穷于象，今古共然。"故其两跻峨眉，三涉黄山，时储三月之聚，而为五岳之寻，寄兴挥毫，触景延赏。年来返蜀，长住青城之仙都；复赴敦煌，考核唐人之壁画。京津旧雨，墨缘久疏，同好嗜痂，时殷问讯。

爰以赝鼎充斥，一望则面目全非，特将近作寄来，俾知其筚履所及。兹定于十二月十五日起，至二十八日止，假中山公园水榭，陈列于君非闇及吾弟大千最近作品，都凡八十余事，并附先兄善子虎幅三轴，敬希莅临赐教。契灵机于片楮，聊当卧游；御严寒于一朝，真伪视掌。爰好大雅，幸垂察焉！

在这次画展中，张大千把青城的深幽、峨眉的秀媚、剑门的雄险、三峡的壮丽等巴蜀景色，以及西北大漠的粗犷豪放、敦煌壁画的五彩斑斓等又都一一展示了出来，这令京、津的人士们眼界大开，顿时为之耳目一新，并充分领略了祖国山水的绚丽博大、华夏文化的源远流长。此时虽是北方最寒冷的时候，但在厚厚积雪的中山公园内，又挤满了络绎不绝前来观画的人群。参观者们看着、叹着、赞着、笑着，互相奔走相告："精彩极了，快去看张大胡子的画展去！"乃至张大千的这次画展又成了北平光复后的一大喜事与盛事。

3. 舍弃王府购买了国宝《夜宴图》

就在张大千在北平举行画展的时候，他还遇到了当时文物界的一件大事——末代皇帝溥仪以前从紫禁城内盗走的中国文物国宝被大量地流散在了市面上。

原来，民国建立、清王朝被推翻后，清废帝溥仪仍盘踞在紫禁城内。为了筹集经费以复辟已逝的大清王朝，溥仪勾结其亲信从故宫里盗走了大量的文物国宝，将之带到天津，后来又将之带去了东北。日本帝国主义投降后，伪"满洲国"土崩瓦解，"儿皇帝"溥仪被苏联军队俘虏，他从北平故宫里盗走的大约有1200多件中国历代名古书画，另还有许许多多的古籍善本、珍珠宝石、名贵艺术品等种种国宝文物遂散落到了市面上，被北平、天津等全国各地的古董商们统称为了"东北货"。

当时，张大千与其好友、著名的收藏家张伯驹等人见大量的"东北货"洒落坊间，他们担忧文物国宝被外国人所得，对之十分着急。为此，二张当时频频向南京政府大声呼吁，希望政府赶快拨出专款收购国宝，以免外流。可是，南京政府并不重视此事，致使故宫博物院无钱购买。当时的故宫博物院院长马衡对此也只能是长吁短叹、无可奈何。

张大千和张伯驹见状，痛心至极，决定用个人之力来抢救这些中国国宝，以能抢救到多少算多少。于是，他们放出风去，说要"大量收购'东北货'，特别是要收购那些顶尖级的国宝级书画文物！"

由于二张在中国书画界、鉴定界、收藏界的崇高声望，于是经过种种的曲折，张伯驹为之倾家荡产成功地收购了中国最早的绢画长卷——著名的隋代展子虔的《游春图》；而张大千也收到了中国的稀世之珍——五代南唐时的古画名作《韩熙载夜宴图》等一大批国宝。

张大千收到的这件古画《韩熙载夜宴图》为五代南唐时的著名画家顾闳中所绘。该画系绢本，长达3.36米，全画是南唐画院待诏顾闳中奉了李后主之命,对南唐大臣韩熙载夜生活的纪实性绘画长卷。全作共分成了五段,每个人物皆刻画得非常精细,设色则清雅绚丽,线条流畅舒润,是一幅功力很深、技巧很高的作品,更是中国古代人物画中的杰出代表作品之一,堪称是国宝中的国宝。

张大千当时一见到这件《韩熙载夜宴图》就爱不释手,执意要买。可是,卖主要价为 500 两黄金,分毫不少。而张大千恰巧也只有这么多钱,但却是用来买房子的。原来,张大千素爱北平,抗战胜利他来到北平后就准备在此地买房定居了。不久前,他刚刚看中了一所房产,那是一所旧王府,有三重三进院落,另还有六个独立的大花园,极得张大千的喜爱。该王府售价也是 500 两黄金,张大千已经交了定金,不日即要交割,他欢欢喜喜地就要乔迁新居了。

可是,这突然"杀"出的"韩熙载"却使得张大千犯了难。钞票只有这么多,买了房子就不能买画,买了画就必须要舍弃堂堂的漂亮王府!熊掌与鱼不能兼得,这又该怎么办呢?

张大千经过左思右虑,最后终于决定了下来:买画!他是如此考虑的:那座旧王府还不一定马上就有买主,而这张稀世至宝《夜宴图》却有可能是稍纵即逝、永不再返。张大千由此毅然决定,把买王府的金条全部移用来买画。

由此可见,在物质享受与事业需要发生冲突之时,张大千优先考虑的永远都是后者。

4. 又借巨债买回了董源巨迹国宝

就在买回《夜宴图》之后，张大千又投入巨资收购到了另一件国宝——五代南唐大画家董源的《江堤晚景图》。说起购买此图的经过，其过程还要曲折。

此画不属于"东北货"。那还是在抗战之前，张大千在北平同朋友们一起逛琉璃厂时偶然在一家古董店里发现了此画。这是一幅没有题款的巨型工笔山水，高有2米，宽约1.2米，画得十分细腻，而且韵味高贵华古，神势开阔磅礴，端的是一幅伟构杰作。

张大千一见此画极喜爱之，就要购买。但不论他是如何请求，哪怕他愿出再高的价钱，店主就是不肯卖。原来，店主也极爱此画，并且准备在自己百年之后将画拿来为自己殉葬，所以死活不愿出手。张大千无可奈何，只好唉声叹气着怏怏离开了该店。

不久之后抗战爆发，张大千离开北平回了四川。但不论他走到哪里，此画却依然是铭心刻骨，使得他魂梦难安，并经常在他的脑海中浮现。

所以，张大千这次一回到北平就托人打听这幅画的下落。最后终于得知，此画并没有被殉葬，而是落在了一个退休军阀韩军长的手里。张大千喜出望外。他想，只要画儿还在，就有办法。

于是，张大千觍着脸，径直找到了韩军长，要求韩"割爱"该画。那位韩军长也不含糊，眼珠一转，当场就提出了两个条件："第一，要500两黄金；第二，要再加上20幅明代的绘画。二者缺一不可，否则免谈！"张大千一听，这明摆着是敲竹杠。但为了得到该画，他思索再三，也只能硬着头皮答应了。

接下来，张大千即为完成韩军长的这两大任务而努力了。金条，

张大千用巨金购得的又一件国宝：五代南唐董源作《江堤晚景图》

张大千已没有了，但他可以采用老法子——借。于是他八方借贷，甚至向远在苏州的富有学生、著名收藏家曹大铁打电报借款。如此一来，钱倒是很快就凑齐了。倒是那 20 幅明代绘画很不好找，一时能到哪里去一下子搜齐这么多的明代绘画呢？不过，张大千也有办法——他赶紧打电报给成都家人，叫他们把自己收藏的明代画幅全部寄来，又加上从兄长处和朋友处收罗的，但数量还是不够。于是张大千干脆怀里揣上金条，拉上韩军长，直接上琉璃厂去"搜"——只要是韩军长看上的，就将它买下来。这样子七拼八凑，也总算是凑齐了 20 幅明代绘画。

当张大千好不容易从韩军长手里终于拿到了这幅他朝思暮想了长达八年之久的图画时，他的全身都在发抖。那种兴奋激动之情实在难捺，更是溢于言表！

从此张大千每天都要仔细欣赏这幅宝画，心摹目追。但看着看着，一个问题又出来了。

原来，中国古画在宋代以前都不时兴落款，这给后人判明谁是图画作者留下了极大的麻烦。张大千先是根据此图的画风，初步断定该画作者为元代的书画家赵雍。但此图买回来经过了重新洗涤和装裱之后却露出了五代南唐画家赵干的名字。但该名字的书法很差，且赵干当时还只是画院的一个学生，似乎还创作不出如此精细瑰丽的巨画。于是张大千又有些疑惑，并由此进一步推断：此画会不会是赵干的老师——时任南唐北苑副使的大画家董源所作呢？因为董源的绘画风格与此画也极为相符。

但张大千的这一推断尚还缺乏有力的旁证来支撑，于是这一推断遂不得不暂时"搁浅"下来。

正在这时，张大千的学生、女婿萧建初兴冲冲地跑来告诉张大千说，他在故宫博物院里查到了元代的书画家通信档案，里面所描述的董源传世作品正是此图。

至此，张大千方才肯定下来，这幅巨画的真正作者正是董源。他没想到，自己花了500两黄金和20幅明代绘画换来的竟是又一件稀世国宝。

在这之后，张大千又花了数百两黄金在上海收购到了董源的另一幅传世名作《潇湘图》。张大千对之喜之不尽，曾在画幅上题字曰："予先曾收得江堤晚景、风雨出蛰二图，并此为三源也。它日珍品，更有所获，当不令董老专美于前矣！"

当时张大千的那种喜悦兴奋欢喜得意，真个是表露无遗。

5. 叱咤全国举办画展

抗战胜利，张大千回到北平以后，他似乎是虎回山林、龙归大海，在画坛上爆发出了他的无限活力。为了展示中华文化艺术的无穷魅力，也为了宣扬他多彩多姿的绘画艺术，同时也为了挣钱来收购古画国宝，张大千继在北平举办了画展之后又迅即在全国各地举办了各种大型画展。这其中举其大者，有：

1946年6月，张大千在古城西安举行了规模浩大的"张大千画展"，共展出了各种绘画100多幅。其中有他临摹的敦煌壁画，有他新创作的巨型荷花画，还有他的青绿山水、工笔花卉、人物仕女等，皆是尺幅惊人、气势磅礴、笔精墨妙、令人震骇。八百里秦川顿时为此画展轰动了。尚在此展的"内部预展"当天，所有的展品就被邀请来的"内部"观画者高价抢购一空，因此到展览正式开幕之后，来参观者就只有纯粹参观的份儿，而欲想购画却不可得了。

同年 9 月，张大千从四川飞赴上海，回到了他已阔别多年的黄浦滩。10 月 4 日，面目一新的"张大千画展"随即在上海隆重举行，共展出了他的临摹敦煌壁画和各种近作约 80 余件，雄风再震十里洋场。在这次展览上，神秘美妙的敦煌艺术和张大千色彩斑斓的各种作品都极大地震惊了上海艺坛。据当时的报纸记，此次张大千画展之热烈，乃至"连日观画者，极为拥挤"，观众"仿佛如醉如痴、似梦似醒，流连忘返，啧啧称赞"。古老、迷人的东方艺术在十里洋场也掀起了巨大的波澜。

1947 年春末，张大千又在上海大新公司举办了抗战胜利后他在上海的第二次画展。展出展品 88 件，绝大多数是他根据敦煌壁画艺术而创作出的各种作品，鲜艳多姿，描写精细。其作品还将古老的国画技法与现代题材紧密融合，十分新鲜，不同凡响，同时又极富时代气息，使人耳目为之一新。这一次再度大大震动了黄浦滩。

1947 年夏初，由张大千亲自主持审定，在上海成都路的"中国画苑"内举行了声势浩大的"大风堂门人画展"，共展出了数十位大风堂学生的各种山水、人物、花鸟、走兽等画作 100 多幅。这是自大风堂成立以来对门人成就的一次空前大检阅。展场中各种精彩夺目、千姿百态的画幅更是显示出了大风堂众多门人的雄厚实力、精湛艺术与整体水平，因而此展开幕之后，各界观众十分踊跃，皆对大风堂画派赞赏不已。

当年 7 月，张大千从上海返回成都。时值洪灾，成都市区几成泽国，张大千遂与老友、时任中央银行成都分行经理的杨孝慈

/
1947年夏，张大千与友人杨孝慈等同游西康，将康巴地区少数民族地区的神奇旖旎风光又收入了笔下

同游西康，至打箭炉（今四川康定）方返。张大千回来后，将此次西行的写生画稿进行了整理，于10月在成都举行了规模盛大的"张大千康巴西游纪行画展"。西康的万重丛山、急流飞瀑、道路天险、茫茫草原以及藏族等少数民族的剽悍英姿、民风民俗和他们生动活泼的生活场景等又在张大千的笔下涌现，给人吹来了一阵草原清风，展现出一股生机勃勃的雄伟壮丽画面。这令观众们感到惊异、狂喜，蓉城又再次轰动了。

1948年春，张大千又在上海成都路的"中国画苑"内举办了他规模更大、气魄更宏的近作画展。共展出了作品99件，绝大部分为工笔重彩，辉煌夺目。每日的参观者人头攒动、拥挤不堪，"已定购"的红纸条更是贴了个满堂红。

对于该展，当时的参观者汤修梅曾记："在这次张大千的画展期间，我曾同好友平襟亚（秋翁）去看了几次，不但对丰富多彩、光辉耀眼的一百多幅展品同为刮目，大感快意，而看到临场的绅士商人们，对于会上所标出的那样远超市值、昂贵非凡的画幅价格，大家竟然不以为嫌，纷纷争购一空。有些画还被复定至三五起，画旁全贴上了'×××定'红纸字条的一番盛况，更不禁为之惊叹不止！"

汤修梅接着又说："在这次张大千的画展上，名画家吴湖帆当场就选定了三大幅，又另由平襟亚代定了好几幅，这就可以显见他并非仅为朋好捧场，乃是出于由衷的赞赏。会上，还听见有人为画展的所得试作估计，认为约可等价于市上的黄金达一百几十条之多（约相当于黄金高达一千几百两）！这样的画坛奇迹实为向所未有，洵可叹为观止矣！"

如此的手笔、如此的场面、如此的画价、如此的收获，不仅在中国古今的画坛上非常少有，就是在当今世界的画坛上也可说是一个奇迹，实为罕见，有如凤毛麟角！

与此同时，因为"诗画本一律，天工与清新"，"画是无声诗，诗是有声画"，由于人们都极其喜爱唐代大诗人李白的诗和张大千的画，而张大千和李白又都同是四川人，于是人们又把张大千誉为了是"画中之李白"和"今日中国之画仙"。当时的中国画坛还传出了两句诗说："欲向诗中寻李白，先从画里识张爱！"这两句诗一出当即便风靡了大江南北。从此，张大千的声名更是誉满全国了。

第十八章
白云悠悠永离故乡

1. 百岁千秋合做大寿

抗战胜利后张大千频频往来于北平、上海、成都、重庆等地，并时而下武汉走南京，时而逛苏州游杭州，又时而赴青城登峨眉，或举办画展，或搜觅名迹，或访友问旧，或旅游写生，其行旅之匆匆、足迹之广泛真是令人眼花缭乱。

在这段时间内，张大千还连续出版了《张大千临抚敦煌壁画》第一集、《张大千西康游屐》、《大千居士近作》第一集、第二集等种种画册。张大千还把他用彩色印刷的《临抚敦煌壁画》第一集主动寄赠给了世界各大博物馆、美术馆与图书馆。从此，敦煌艺术以它的绚丽多姿广为世界各国所知晓。

这几年，可说是张大千在国内画坛最为活跃、名声最响、影响也最大的时期。

1948年秋，张大千偕同新婚妻子徐雯波离开成都来到了上海。这一次张大千来沪的目的，主要有二：一是要与他的"红颜知己"李秋君合庆五十大寿；二是要让新夫人开阔一下眼界，认识一下朋友。原来这一年，张大千和李秋君，二人都满50岁了。

在李秋君生日的那一天，上海石门路的李宅张灯结彩，人声鼎沸，寿烛高照，喜乐盈盈。只见李秋君与张大千衣着一新，笑容满面地接受着众多朋友、世交、门人、子侄们的热烈祝贺，恭祝他们两人合庆五十大寿。这一天李宅的欢笑热闹不及细述。

在李、张二人合庆生日的这一天，他们二人收到的各式各样的礼物很多，但张、李二人觉得其中最有意义的礼物还是篆刻名家陈巨来送赠的一方亲刻印章——"百岁千秋"。由于此印把张、李二人的名字，还有他们这次合庆百岁的纪念意义等全都包含在了这方小小的印章之中了，于是在朋友们的鼓动下，张大千和李秋君当场就合绘了一幅祝寿画，并立即盖上了此"百岁千秋"印，以颂吉祥。

在寿宴上，张大千和李秋君还约定，今后他们两人要再合绘出50幅图画，另外他们每人还要分别各绘出25幅画，由此凑足100张，都钤盖上此"百岁千秋"印，以做纪念。但十分可惜的是，后来由于时局变化，张、李二人各自东西，他们两人合绘画幅的心愿再也没能够实现了！

这次在上海期间，鉴于张大千在国内外的广泛影响，李秋君首先提出张大千这位艺术大师是"国家之宝"！李还语重心长地对张的新夫人徐雯波再三叮咛说，要她对张好好爱护，一切当心，"以照顾好咱们中国的这一个国宝！"张大千闻此，非常感念。

1948年，张大千（前排右四）与梅兰芳（前排右三）、李秋君（前排右六）等友人及大风堂众弟子们在上海合影

/

1948 年，张大千（中）在北平颐和园与友人溥儒（右一）及大风堂弟子巢章甫（右二）、慕凌飞（左二）、张正雍（左一）合影留念

庆祝五十诞辰后，张大千和李秋君思及身后，他们两人还在上海合购了墓地，互相题写了墓碑，相约死后邻穴而葬——他俩在生前既不能结成伉俪，比翼齐飞，那死后也要邻穴而居、相互厮守。张大千当即郑重题下了"女画家李秋君之墓"的碑文，李秋君也为张大千题写了墓碑。但后来，由于风云变幻，张大千出走海外，与李秋君天各一方，他们二人从此再也未能相见。

1971 年，李秋君因病逝于上海，张大千则于 12 年后客死台湾、埋厝台北。这一对相交长达数十年之久的"发乎情，止于礼"的痴情男女却终于连最后的邻穴而居亦不可得，他们只能隔着台湾海峡的漫天波涛遥相呼唤……

2. 支持徐悲鸿的教育改革与国画改革

张大千和李秋君合庆了"百岁诞辰"之后，张大千马不停蹄又带着夫人徐雯波和上海弟子糜耕云，从上海飞赴北平，去看望老友徐悲鸿。

原来，抗战胜利后，徐悲鸿被调任为北平艺术专科学校校长，他与妻子廖静文于 1946 年 8 月底即到北平任职。不久，由于徐悲鸿倡导国画改革，又提出要将北平艺专办成一座"左的学校"，因而遭到了保守势力的猛烈攻击，并且还发起了一个气势汹汹的"倒徐运动"。就在徐悲鸿顶着沉重压力正在奋然抗争之时，张大千不顾社会非议，笑呵呵地前来看望他了。

那一天，张、徐二人谈得非常投机。尽管两人观点并不完全相同，但张大千对于徐悲鸿的教育改革与国画改革则表示全力支持。与此同时，张大千还应徐悲鸿的邀请，欣然答应担任了北平艺专的"名誉教授"，这使得徐悲鸿非常高兴。

当天，徐悲鸿还请裱画师傅刘金涛端出了一大碗事先研好的墨汁，请张大千绘画，准备送给当时的北平行辕主任李宗仁。因为那时北平艺专的校舍坐落在东总布胡同，十分狭窄、拥挤，徐悲鸿正在恳请李宗仁能够另拨一所宽大的校舍给艺专。

张大千听说此事之后，十分爽快地答应了。他笑呵呵地挽起袖子，提起笔来纵情挥洒，瞬间即画成了一大幅荷花。

张大千画成的这幅荷花画，系横披，纵3尺许，宽6尺余。该画荷叶用泼墨写成，白色的荷花则用线描，轻重虚实的对比恰到好处。全图的笔墨十分老辣、精到，气势豪迈、磅礴，意境清新、深邃，端的是一幅精品杰作。徐悲鸿对之连连赞叹，夸奖不已。

不久后，徐悲鸿将自己画的一幅《奔马图》和张大千画的这幅《荷花图》一起送给了李宗仁。李宗仁非常高兴，声称自己得到了"两件国宝"。李宗仁也真尽力相助，设法拨了一所相当宽阔的校舍给艺专，这即是后来北京中央美术学院的院址。

张大千以自己的实际行动支援了当时正处于困境中的徐悲鸿，也支援了北平艺术专科学校。

因此，1948年10月底，当张大千离开北平返回四川的时候，徐悲鸿和画界的许多朋友都赶来机场为张大千送行。大家衷心希望他能尽快再回北平。张大千也笑吟吟地回答说："请诸位放心，我一有机会就会回北平来的！"

但谁都没有想到的是，张大千的这一走竟是同他们的永别。而张大千自己也更未料到的是，从此之后他再也没有机会回到这座他无比钟爱、无限留恋的美丽古城和雄伟的文化古都了。

3. 在香港绘《荷花图》赠毛泽东

1948 年冬，张大千应香港有关方面的邀请，偕夫人徐雯波从成都来到香港，准备在香港举办画展。他们来到香港后，居住在九龙亚皆老街的一幢楼房中。

年底，"张大千画展"在香港开幕，共展出了张大千临摹的敦煌壁画及其近作山水、人物、花鸟、仿古等画 100 余件，堪称是济济一堂蔚为大观。这次画展又一次轰动了香江。港九的人士们第一次见到绚丽辉煌、精美绝伦的敦煌艺术，无不为之惊奇、赞赏。从此他们也知道了，在祖国西北的大戈壁中还有着一座伟大灿烂的中国文化艺术宝库。

张大千这次在港期间仍是日日交朋会友、谈书论画，或者是外出写生，生活过得很是自在、充实。

而就在此时，中国的政局正在发生着翻天覆地的剧烈变化。

1949 年 1 月，经过了"辽沈战役"、"淮海战役"和"平津战役"之后，国民党军队节节败退，兵败如山倒，其大势已去。

1 月 31 日，中国人民解放军兵不血刃，和平解放了北平城，使得这座千年古都免遭了战火的荼毒破坏。

张大千在香港听见这个消息后非常高兴和欣慰。他庆幸双方军队深明大义、顺应民心，保护下了这座文化古都和当地百姓的生命财产。特别是当他听说中共中央和人民解放军为了保护好北平这座千年古城和人民群众的安全，曾经采取了种种措施，并力求做到万无一失，他更为之深深钦佩和感动。

因此，不久后的一天，当其老友、著名的辛亥革命元老何香凝女士来请张大千为中共中央领袖毛泽东作一幅画时，张大千毫不犹豫就答应了。

这一次，张大千绘的仍是他的拿手好戏——被称为"张氏一绝"的《荷花图》。该画系立轴，纸本，纵高 132 厘米，宽 64.7 厘米。张大千对于此图的创作态度非常严肃，饱含了作者对于受赠方的高度敬意。只见此图的画面上，几匹正乘风摇曳的巨型荷叶犹如巨擘劈浪、天惊云涌；数朵超凡脱俗的荷花正亭亭玉立，英姿飒爽，柔中带刚，含苞待放。全图的画面给人一种纵横刚健、清新雅逸、英气磅礴、豪迈潇洒、生机盎然、万象更新的感觉。该图且把莲花的出淤泥而不染、迎风雨仍屹立的高洁品质描绘得淋漓尽致。

张大千把此图画完以后还在图中左上角的空白处，端端正正题了一行字：

"润之先生法家雅正。己丑二月　大千张爰。"

何香凝仔细看完此图后喜之不尽、赞美不绝。她小心地收拾好此图，并对张大千再三道谢后即兴冲冲地告别了。

不久后，何香凝女士离港北上去参加在北平举行的中国人民政治协商会议第一届全体大会。到北平后，何即把张大千画的这幅《荷花图》赠给了毛泽东。据说，毛泽东非常喜欢张大千的这幅荷花，曾托何香凝向张大千转致谢意。毛泽东还把这幅飞扬豪迈、气势冲天的荷花图挂在了自己的书房——菊香书屋中，以便时时欣赏。此图至今仍珍藏在北京中南海的毛泽东故居内。

何香凝女士离开香港前曾赠给张大千一幅自己的精心巨作《梅菊图》以示答谢，并题字请"大千大法家雅教"。何香凝的此画绘的是寒梅、秋菊，寄寓着"菊斗秋添叶，梅傲霜发芽"之意。

1949 年春，张大千在香港绘《荷花图》赠毛泽东

何还在此图上题诗一首，更是含意颇深，该诗曰：

> 先开早具冲天志，后放犹存傲雪心。
>
> 独向天涯寻脚本，不知人世几升沉！

何香凝的这首题画诗对于张大千来说的确是意味深长，因为张大千后半生所走过的人生道路及其独特经历竟然与该诗的诗意是非常的巧合！

4. 横眉冷对故意冷落"四川王"

张大千在香港的画展之后，1949年5月他又回到了家乡成都。

这时，中国东部地区的国民党政权已经被解放军给打得一溃千里，而西南地区的半壁江山虽然仍处在国民党政权的统治之下，但是工潮、学潮等却是日日蜂起，而金融崩溃、经济崩溃等更是险象环生。这许许多多的种种迹象都表明国民党的统治已经不稳，日薄西山、摇摇欲坠了。

当时，国民党四川省政府主席名叫王陵基，是一个典型的旧军阀。他镇压起革命群众来手段极为凶狠，外面都叫他"四川王"，百姓们则干脆称他为"王灵官"，以喻其之狠毒、凶残。这个"王灵官"当时也不知是怎么想的，他听说著名的大画家张大千回来了，竟然率领着诸多随从"礼贤下士"、"不耻下问"，亲自登门来拜访大千。

张大千素来都不喜欢同当官的打交道，现在他就更不愿意同镇压家乡人民的"王灵官"会面了。张大千当时灵机一动，赶快叫学生们谎报说自己"不在家"，让"王灵官"吃了一个闭门羹。

不料，这"王灵官"也是个"一根筋"。他明知张大千是在故意躲避他，但他却非要见到张不可。于是过了几天，"王灵官"一改常态，轻车简从又来到了张家，并且把正在作画的张大千给堵在了画室里。这一下，张大千是躲无可躲、逃更无处可逃，只能是硬着头皮来对付这位不速之客了。

只见张大千抬起头来，把画笔往空中一挥，冷冷地说了一声："来啦，坐，请随便坐！"然后就自个儿埋下头去，继续画着他的画，把"王灵官"给晾在了一边。

"王灵官"自觉没趣，更感到十分尴尬。他在画室里自问自答着，没话找话地胡乱说了一阵话后，见张大千对他横眉冷对、脸色冰冷、毫不答理，就只好讪讪地向张告辞了。

"王灵官"灰溜溜地走后，张大千和他的学生们随即爆发出了一阵开心的大笑。

5. 首次赴台北举办了新作展览

自然，张大千也知道，他故意冷落"王灵官"之举，肯定已得罪了这个仍大权在握的"四川王"。从此，他更是处处小心、时时谨慎、警惕提防了。

张大千想了又想，自己应该怎么办才能避开"王灵官"可能会对自己以及家人进行的打击报复呢？

就在此时，台湾省艺术协会给他发来的一封邀请函，使得他如释重负并喜出望外。

原来，台湾省艺术协会给张大千发来了一封正式邀请，请他立即赴台北举行一次个人画展。

于是，张大千经过一番筹备，于1949年的秋天从成都一个人飞去了台北。

11月，"张大千画展"在台北市中山南路北端的天主教会新落成的楼房中隆重举行，共展出了各种作品近100幅。除少数为临摹的敦煌壁画外，其他多数皆是他的近作。这是张大千在台湾的第一次画展，也是台湾民众首次接触到美丽动人的敦煌艺术。中国传统文化艺术的无穷魅力使得宝岛的观众们为之欣喜不已。

在这次张大千的画展中，各种展品美不胜收。其中有用日本金绢做底，在其上面画的大幅工笔荷花通景屏一套，画上的荷叶全用的石绿，荷花则全用的朱砂，那真是富丽堂皇、雍容华贵，漂亮至极。再加上张大千的各式各样的作品煌煌一堂、五彩缤纷、艳丽夺目。这令来观者眼界大开，极大地震撼了台湾艺坛。

画展之余，张大千趁这第一次来台的机会也好好地去游览了一下宝岛风光。台湾岛绮丽的热带景色给张大千留下了极为深刻的印象。

张大千回到台北时，已经是11月的下旬了，但他这时想回成都，却无论怎样都买不到飞机票。因为这时，海峡两岸的政治、军事等时局正在发生着天翻地覆的剧烈变化——国民党兵败如山倒，其各种机构、官员、军队等正纷纷从大陆撤向台湾，宝岛内正进行着极其严格的"交通管制"——只许进，不许出。张大千因为回不去成都，每天都急得团团转，不知道该怎样才好。

11月29日，张大千的老友、监察院院长于右任被迫抛妻别女，一个人从重庆孤身飞来了台湾，第二天重庆即告"撤守"。这个事情已经很明确表明，整个四川在不久之后也将要城头易帜了。

张大千听见这个消息后更是着急，他想尽快能飞回成都去与全家人待在一起。

12月1日，张大千突然收到了时任台湾省政府主席兼东南军政长官陈诚的请柬，邀请他于当天晚上去陈公馆吃饭。张大千本来不想去，但经不住朋友劝告，说是去了后可以打探一下消息，以做到心中有数，云云。张大千一听有理，这才去了。

当天晚上，张大千来到了陈诚公馆，只见满堂济济，多是台湾书画界的著名人物。尤其让他兴奋的是，他竟在这里见到了老友溥儒。原来，溥儒是在不久之前偕夫人由上海坐小船到了舟山，然后再从舟山乘飞机飞来台北的。陈诚素喜书画，更是久仰"南张北溥"之大名，于是特地举办了这个宴会，专门邀请"南张北溥"与台湾本地的书画家们相见。这本来是属艺坛的一个雅集，但大家谈着谈着，话题又被扯回了当前的局势。

谈话中，陈诚关心地问张大千家属现在何处？张大千灵机一动，马上说他家小现还在成都，他急想赶快回去接家属来台，但就是买不到飞机票。陈诚一听，说："这个容易，现在也还来得及！"说完，陈诚立即去打了一个电话给驻台的空军部队，要空军赶快安排一下，送张大千速回成都。

陈诚打完电话回来，高兴地告诉张大千说："张先生，您老的运气真好，明天正好有一架军机要从台北飞成都，您老可以坐此机回去！"张大千一听，自然是欢喜不迭。

6. 战乱中紧急飞回成都

12月2日一早，张大千按照指定的时间早早就来到了台北机场，坐上了一架小飞机。

飞机上的人很少，除了两名驾驶员和一个军官外，就只有张大千一个乘客。张大千坐在座位上，喜滋滋地想："哈，我今天真是好运气，等于是坐了一架包机回去，而且还是免费的！"

螺旋桨飞快旋转，飞机在跑道上疾驶一阵后就起飞了。张大千坐在机舱里，只见外面都是云雾，飞机不知道向何处飞去。张大千干脆闭上眼睛，打起了盹。

飞机飞了好几个小时后降落了。张大千抬眼一看，四周的景色非常生疏，不像是到了成都。他赶紧问驾驶员，驾驶员回答说："张先生，这里是海南岛。"

接着，飞机上的人都下了飞机。驾驶员向张大千解释说，飞成都的油不够了，他们要在这儿加油，另外还有一些事，需要在这里停留一阵。他们热情地邀张大千同他们一道进城里去吃晚饭。

但张大千想了想，却摇摇头含笑着婉谢了。因为张大千想，萍水相逢，又白搭了人家的飞机，怎么好意思再让人家破费请客吃饭？再说，张大千素来谨慎，他觉得好不容易才搭上的飞机，若是待会儿走散了，军情不等人，飞机飞走了，把他给撂在了这人生地不熟、两眼一抹黑的海南岛，他又到哪儿去喊皇天？所以，他宁肯忍饥挨饿，也要小心谨慎一些好。他觉得只要守住飞机，其他的一切便无大碍。

哪知道，这飞机一停便停了一夜。那几个军人一走，当天也没有回来，把张大千一个人给撂在了这个冷冰冰的机场里。

那天，张大千待在海南岛这个不大的飞机场里面，真是难受极了。该机场十分荒凉、简陋、狭小，也几乎见不到什么人。机场内除了自来水外，什么吃的、喝的都找不到。张大千灌了一遍又一遍的自来水，肚子胀得溜溜圆，但还是觉得饥饿难耐，直冒清口水。而且他还时时担心，这飞机会不会另有任务，不走了？那几个再也没有露面的军官是不是已经坐上了别的飞机飞走啦？……如此种种的胡思乱想，更是整得张大千心绪不宁、坐立难安。

这一天，特别是这一夜，张大千孤零零地一个人待在海南岛的机场内，又饿、又冷、又担心、又难过，时间显得格外漫长，真好像是度日如年，特别难熬。

第二天早上，当太阳重又升起，那几个军官才嘻嘻哈哈地出现在机场上，招呼着张大千重新上了飞机。当飞机又狂吼着直向北方飞去时，张大千坐在座位上才定下了心来，以手触额："啊，谢天谢地！"并轻松地吐出了一大口气……

7. 无比紧俏的赴台飞机票

张大千回到成都，发现全城乱糟糟的。人民解放军的枪炮声在城郊也已是清晰可闻，而且还是日夜不断。成都已经成了国民党政权在大陆上行将陷落的一座孤城。

在这危急时刻，家中人见张大千突然"从天而降"，那真是又惊又喜，七嘴八舌，询问不断。张大千在家中草草休息了一夜后，翌日清晨他又匆匆赶去城里，找负责空运的空军部门搞赴台的飞机票去了。

原来，张大千急于返回台湾，是他还在台湾举办画展之前，就接到了印度国家美术学会给他发来的邀请，盛情邀请他亲赴印度举行画展，这使张大千非常高兴。因为，赴印度可说是他还在敦煌时就已立下的一大夙愿。张大千害怕在这中间会发生什么变化而耽误他的印度之行，所以他就急着要再返台湾。

而在当时，南京的国民党中央政府自解放军渡江之际，就迁往了广州。10月广州"撤守"，又急迁到了重庆。11月重庆"蒙尘"，即又迁往了成都。可在成都尚立脚未稳就已闻炮声隆隆，现在又准备再迁往台湾了。此时，由于有大批的国民党军政官员、文书档案、军队武器、家属亲眷等等急于赴台，而剩下的唯一还通的"管道"就只有空运了。可是原中国、中央两大航空公司的4000余人在11月又发表了通电宣布起义，乃至国民党能够掌握的空运工具立即大减，万般无奈之下，就只能依靠其空军飞机"当民航"用了，因此把当时的国民党空军部门给忙了一个焦头烂额。故而当时赴台湾飞机票的"紧俏度"，一般的人甚至是普通官员，就是连做梦也不要去想。

于是，张大千来搞赴台的飞机票开始就被碰了一鼻子的灰。一个军衔很高的军官打着官腔对张大千说："对不起，张先生，按照陈诚陈长官的吩咐，我们只能解决你一个人的飞机票，至于要解决你家属的票嘛，请恕我们也无能为力！"

张大千急了，大嚷道："喂，你说的这个话，才真叫作滑稽哩！我一个人待在台湾好好的，要不是为了接家眷，我专门跑回来做啥子？嗯！你以为在这个时候我张某人是疯了不成？是为了坐起飞机来回兜风好耍呀？"

但那个军官仍是表情冷漠地耸耸肩："很抱歉，没有办法。"他刚刚说完，一大群人就疯狂地拥了进来，围着那个军官争先恐后，大吵大吼着要机票，硬是把张大千给挤在了一角。张大千无可奈何，只得悻悻离去。

怎么办？怎么办？张大千想，解铃还须系铃人，这事看来还是只有找陈诚。

于是，张大千通过熟人朋友"走后门"，找到了当时成都国民党某军用单位的一个内部机房，向陈诚发去了电报。几通电报联系下来，对方回答说现在空运太紧张，应允最多只能解决三张赴台湾的飞机票。张大千知道，对方已经是尽了最大的努力，他也不好意思再多说什么了。

8. 全家的生离死别

现在，总算是有三张飞机票了。那么，带谁一道走好呢？

接下来，张大千面临着人生中最为艰难的抉择。

本来，张大千根本就不愿意做如此痛苦的抉择，但他这时又不得不进行抉择，而且还必须要当机立断。

张大千经过反复考虑后，决定带一位夫人和一个孩子走。那么，又应当带谁走呢？

当时，因二夫人黄凝素已与张大千离异，这时他还有三位夫人：即大夫人曾正容、三夫人杨宛君、四夫人徐雯波，其中数徐最为年轻。从今后各方面可能发生的情况考虑下来，张大千决定带四夫人徐雯波走。

当时张大千的子女有好几个。其岁数最大者已经有20多岁，而岁数最小者尚还在襁褓之中。俗话说，手心手背都是肉，故张大千这时的选择就显得更加的艰难了。

张大千当时有一个小女儿，小名叫满妹，大约3岁，系黄凝素所生，但却最得徐雯波的怜爱。小女儿很乖巧懂事，常常拉着张大千的衣角，流着泪说："爸爸、爸爸，妈妈已经不要我了，我已经没有妈妈了！你可不能再不要我，让我连爸爸也没有了呀！啊！……"这听得张大千是心酸至极。张大千由此决定了下来，就带着小女儿一起走。

要走的人员定了，张大千接着又得决定需要带哪些东西走？这一趟出去，张大千的主要任务是要去印度展画，自然，他临摹的敦煌壁画不能缺，但这么多的壁画摹品肯定是没法都带走，他只能从中选择部分尺幅小的、便于携带的。

还有，张大千历年来收藏的那么多的宝贵名古书画又该怎么办呢？每一件藏品都有一个动人的故事，也都是张大千的心爱之物，都是他"视若性命"的范本和"老师"。张大千舍不得它们，但又绝不可能把它们都带走，那就只好选了又选、挑了又挑，将能带的尽量带走。那些不能带的，也就只有忍痛割舍了。

带走的东西确定之后，张大千接下来就是强忍悲痛和他的子女们告别，和他的夫人们告别，和他的学生们告别，和他的朋友们告别，和生他养他的亲爱故乡告别。在告别时大家互相之间的恋恋不舍的痛苦情形不及细述了。

特别是在离开成都的头天夜里，当张大千抱起还躺在摇篮里面的最小儿子张心健（徐雯波所生），并把自己的大胡子脸贴在了儿子那嫩嘟嘟的小粉脸上时，感情丰富的张大千再也忍不住了，大颗大颗的泪珠直从他的眼中涌了出来……

在这动乱年头的生离何尝不就是死别啊！

当时，张大千和他的夫人、孩子们心中仿佛都有着一种预感：这一次离别后，他们的再次会面很可能将会是遥遥无期。而后来的事实也证明了，这一次的离别的确成了他们的永诀。

因而，第二天的清晨，当张大千离开家的时候，他站在大门口望着他的亲人、学生和赶来送行的朋友们，望着川西坝子上那如诗似画的田野、茅舍、竹林、小桥、溪流等熟悉的一切，张大千的两腿就像是灌了铅似的抬不动，久久站着不愿上车。当他看见众人投过来的依恋目光，听到亲人、学生、朋友们对他的告别言辞，特别是当他听见自己幼小的子女们向他哭喊着："爸爸，你可要早点儿回来呀！"他的心真是要碎了！

最后，在汽车司机的再三催促下，张大千把眼一闭、心一横，咬牙转身，跨上了汽车。他带着夫人徐雯波和小女儿满妹动身去了飞机场。

9. 离川赴台的飞机舱中哭声一片

张大千原来以为到了飞机场他们就可以乘坐飞机离开了，哪知道情况完全出乎他的意料。只见机场里面黑压压的人山人海，到处都是狼藉的行李和各种各样的人群。当时的机场里面起码有几万人挤在这儿等飞机。

张大千没奈何，只好抱着画幅、行李，紧牵着夫人和女儿，小心地穿过人群缝隙，打听着如何去乘飞机。幸亏有一位也去台湾的空军军官认识张大千，他热情地招呼和帮助着张大千一家在登机坪前的长长人龙中排起了队。

等了许久，有一架飞机飞过来了，人群中顿时一片骚动。只见一队全副武装的宪兵跑来，团团围住了这架飞机。一名领头的军官恶狠狠地厉声说："现在我开始点名，凡叫到姓名者才能够上飞机！否则，一律格杀勿论！"

说着，这个军官打开手上的登机册便开始点名了。等了好久好久，只见上飞机的人越来越多，可是还没听见唤到自己，张大千的心一点一点地往下沉，已经差不多快绝望了。就在这时，张大千忽然听见那个军官竟叫出了他、徐雯波和小女儿的名字。张大千夫妇喜出望外，赶快抱着小孩，提起画幅、行李，挤了上去。经过一番严格盘查后被证明无误，张大千一家三人才终于被允许上了飞机。

飞机塞满了，机舱门随即关闭，发动机呜呜吼着，飞机开始在跑道上滑动。张大千看见飞机下面无数的人哭了，有许多人在拼命招手，似乎是想叫飞机回来，有一些人还跟着飞机跑着，双手狂舞，嘴里在喊着什么，有的人跌倒了……

飞机渐渐升高了，机场上的人群、房舍已经变得越来越小。不多一会儿，飞机来到了成都市区上空，而且还在市区上空慢慢地绕起了圈。这时机上的乘客，人人都透过那小小的舷窗争先恐后地朝下望。啊，看呀，看见了，他们看见了，那是成都古老的皇城，那是热闹的春熙路和劝业场，那是庄严的古大慈寺，那是尖尖的辛亥保路死事纪念碑，那是柏树森森林木茂盛的武侯祠，那是金碧辉煌的青羊官，那是庭院宽广的杜甫草堂，那是花木扶疏的百花潭，而像玉带一般紧紧围绕着成都市的则是清清的府河与南河，在飞机上，似还可以隐隐看见远处那翠木青青巍峨秀美的青城山和都江堰……

张大千把脸贴在舷窗上，贪婪地看着这一切，似乎是要把它们都永远地、深深地刻记在心底里。他的大胡子抖动着，赶紧招呼着妻小："雯波、女儿，你们快看，快看啦，这就是咱们的家乡，咱们住的成都啊！快好好多看几眼，看看生我们、养我们的故乡吧！今生今世只怕是……"张大千的嗓子忽然哽咽起来，他已经说不下去了。

终于，飞机在成都的上空绕完了圈子，它又摇了摇翅膀，好像是在代替机上的众人在向自己的家乡和这座美丽动人的文化古城，做着最后的、深情的告别。然后，它调转了机头，开始爬高，向着遥远的台湾海峡的那一边飞去。

不知何时，飞机上的人开始哭了。一开始，还只是几个人压低了声音呜呜小哭。接着很快，就变成了不顾一切、放开嗓门的号啕大哭。霎时间里，高高低低、悲悲戚戚的痛苦哭声弥漫了整个机舱。

张大千仰靠在座位上，眼泪哗哗地直往下淌。他的胸前已经被泪水湿透了。他的心里更是在一遍又一遍地高声呼唤着和喃喃自语：

"别了，亲人们！别了，成都！别了，我的家乡！别了，我的大陆！别了，我亲爱的山山水水、草草木木啊……"

这一天，是 1949 年的 12 月 6 日。

从此以后，由于各种各样的原因，张大千再也没有能够返回他朝思暮想、生他养他的家乡故土，再也没有能够回到他萦回九肠、无比热爱的中国大陆！

第十九章
印度之行感触良深

1. 在印度新德里举办画展

张大千离开祖国大陆之后，他从此就成了漂泊四方的游子，过起了萍踪不定、浪迹天涯的生活。

这正如何香凝赠送他的那幅《梅菊图》上的题画诗所说的那样：“独向天涯寻脚本，不知人世几升沉！”

1949 年 12 月 6 日，张大千从成都乘飞机抵达台湾后，随即从台北飞去了香港，然后又从香港飞去了印度首都新德里，这时已是快到 1950 年的元旦了。

经过一番紧张的筹备后，1950 年 1 月初，“中国画家张大千画展”在新德里全印广播电台旁边的印度国家美术展览馆内隆重

1950 年 1 月，张大千在印度首都新德里举办盛大"张大千画展"的宣传广告，将伟大的敦煌艺术首次介绍出了国门

举行，其规模十分浩大。印度美术界、文化界、学术界、教育界、新闻界等各界的许多头面人物，还有各国驻印度的外交官员等人，纷纷出席了这个画展。开幕式上喜气洋洋，各界来宾热烈致辞，祝贺画展取得圆满成功。

这次张大千的画展共展出了各种作品100多幅。因考虑到印度是一个佛教国家，因此展品以临摹的敦煌壁画为主，其他则有张大千所绘的山水、人物、花鸟、虫鱼、走兽等画，工笔、写意的均有，其中又以工笔画居多。这100多幅展品琳琅满目，挂满了整个大厅。这些技艺精湛、具有浓郁中华民族风情的中国传统绘画受到了印度各界人士以及各个使领馆外交官员们的极大称赞和欢迎，每天来参观者络绎不绝，立即在新德里引起了轰动。

在这次张大千的画展中，最引人注目的是他临摹的敦煌壁画。这也是张大千将古老、美妙的敦煌艺术首次直接介绍、宣传出了国门。印度的各界人士和各国的外交官们见了，都无不为之啧啧惊叹和赞美不已。由于来参观这次画展的人数实在太多，故画展一直进行了一个多月，方才结束。

2. 考察印度阿旃陀石窟

张大千在新德里举办了画展之后，他即携妻儿奔赴了印度的著名古迹阿旃陀石窟去考察——这也正是他要来印度的主要目的之一。

阿旃陀石窟位于印度西南部奥兰加巴德的东北文达雅山的山腰陡崖上，是印度的古代佛教徒作为佛殿、僧房而开凿的佛教胜迹。

该石窟群共有 29 个洞窟，开凿时间为公元前的二世纪左右，一直到公元的六七世纪，前后营建的时间共长达八九百年。窟中主要有石刻建筑、石雕佛像、藻井图案、古老壁画等，其中现存最多的还是壁画。壁画的内容主要是表现了佛陀的生平故事和古代印度的宫廷生活等。阿旃陀石窟是印度最重要的佛教石窟，也是印度早期佛教的著名遗存，堪称是世界上一处非常著名的古文化艺术遗迹。印度人民对于阿旃陀石窟非常重视，把它和雄伟美丽的泰姬陵同视为国之奇珍，并称为印度的"国宝双璧"。1983 年，阿旃陀石窟也被列入了"世界文化遗产"之中，成了全人类共同的宝贵文化财富。

张大千之所以要来印度，特别是要来阿旃陀石窟，这是他还在敦煌临摹壁画时就已立下的志愿。因当年在敦煌时，各地学者对于敦煌艺术的缘起众说纷纭，张大千曾与人争论不休。当时争论的焦点，主要是集中在敦煌艺术是"西来说"和敦煌艺术是"中土说"这两派。前者认为：敦煌艺术是从西方，特别是从印度传入的，是属于印度的艺术。而后者则认为：敦煌艺术完全是中国人自己的艺术，只不过是借鉴了印度佛教的表现形式而已。张大千是持"中土说"的最坚定者和最激烈者，但当时他与"西来说"学者朋友的观点相持不下，彼此争论得很凶，吵得激烈时互相拍桌子、打板凳的情况都有。可是，由于这两派的争论当时都属于是"空对空"，所以彼此间谁也说服不了谁，因而张大千当时就想，应该到印度来实地考察一下，进行一番深入比较研究与考证之后，这样才能正确弄清楚敦煌艺术的来源问题。

这次来到阿旃陀石窟后，张大千即逐洞进行了详细考察。他发现，自释迦牟尼创立了佛教后，从公元前一二世纪起，就有人

1950年春，张大千偕夫人徐雯波在印度阿旃陀石窟深入考察并仔细临摹，得出了"敦煌艺术是我们中国人自己的"正确结论。这是他感到自己印度之行的"最大收获"

在这里开凿洞窟，礼拜佛像，住居僧人。这里堪称是世界上最早的佛教艺术石窟群落。而该处石窟群的艺术，又可分为建筑、雕刻、壁画这三大部分，其中又尤以壁画的数量最多，也最为宝贵。

张大千通过仔细的实地调查研究后发现，阿旃陀石窟的壁画风格都强调写实，不论是人物的面貌、肢体还是服饰等，都完全按照了古代印度的模样。如石窟中的佛、菩萨像等完全都是印度人的面孔，其穿着打扮也都是印度的样式。即使是每窟中的藻井以及墙壁上的装饰图案等也全部都采自于当地的习俗，堪称是古印度装饰艺术的代表。至于其建筑物的雕刻，那更是以古印度的宫廷、民居等为模式，具有浓郁的印度传统风气与特点，与中国的石窟群，尤其是敦煌石窟可说是大不相同。

如此种种，经过了对阿旃陀石窟艺术和敦煌石窟艺术其各自在内容、风格、技法、表现形式等各方面的详细比较分析与研究以后，张大千终于得出了自己的结论：即尽管阿旃陀石窟的开凿时间要早于敦煌，且佛教和佛教艺术也都是由印度传入中国的，但敦煌石窟艺术却完完全全是我们中国人自己的，是中国人自己创造出来的伟构。它是中国的历代艺术家们，根据自己的民族思想、文化传统、历史习惯、审美理念、艺术技巧、绘制工具等因地制宜创造出来的。它绝不是摹仿而来的，更不是像某些人所说的那样是靠着印度的蓝本所画成的。

张大千根据在阿旃陀石窟的实地调查和比较研究后所得出的这个结论，与他原先在敦煌时的见解一致，同时他在这里还发现了大量的事实和根据，强烈支持了他原来所持的"中土说"的正确观点。这使他感到非常高兴，更觉得这是他此次来到印度的最大收获。

3. 赴印度佛教圣地游览

张大千当时通过对阿旃陀石窟艺术的详细考察研究之后才得出的这个结论，其过程也并不容易。他除了白天要进行艰苦繁忙的石窟艺术调查外，晚上还要翻阅中外书刊，遍找依据和进行考证。因此，他在阿旃陀石窟一待，就匆匆过去了有数月之久。这时，天气也已经炎热起来，张大千觉得自己来阿旃陀石窟的主要目的已经达到，于是他收拾起行装，带着妻小离开了该地，准备赴印度的风景名胜地大吉岭去避暑了。

在去大吉岭的路上，张大千觉得自己作为一个汉传佛教的居士弟子，能够来佛教诞生地印度的机会非常难得，因而他还专程去了佛教诞生的几个圣地参观拜谒。

张大千首先来到了印度比哈尔邦南部的佛陀成道地菩提伽耶朝圣。接着，他去了释迦传道的中心地王舍城拜谒。紧接着，他又去了释迦得道成佛后第一次说法的地方鹿野苑参观。然后，他还去了佛陀的降生地蓝毗尼花园瞻仰，不过这里已是属于尼泊尔了。最后，他还专程去了被誉为"印度之光"的历史名城——贝拿勒斯城游览。该城的历史非常悠久，被称为印度教信徒的圣地，也是古代印度的宗教、文化与学术中心，其古迹众多，景色非常优美。在印度所看到的这一切，张大千都感到十分新鲜。

一路之上，张大千风尘仆仆、兴致很高，那真是有观不完的美景、看不够的古迹。每当看到这些景致，他就不禁时时想起了自己的家乡，想起了祖国。因而他曾经长叹："这一趟旅行，虽然见到的东西很多，给我的感受也很深，但是，游山玩水的心情，似已不同于从前了！"

张大千当时作了许多画与诗来抒发自己浓郁的思国之情和怀乡之念。如他的《题山水》诗："一水停泓静不流，微风起处浪悠悠；故乡二月春如海，可许桃林一税牛？"他还曾作《无题》诗一首："嫩绿堆鬟尚嫩寒，春来何事强为欢；故乡无限佳山水，写与阿谁着意看？"以此来描绘当时他的无限感念。

4. 在印度大吉岭的幽居生活

张大千在印度的几大佛教圣地游览观光之后随即就去了印度的风景名胜地大吉岭。

大吉岭位于印度东北角落的边境上，西接尼泊尔，北邻锡金，东靠不丹，南挨近东巴基斯坦（今孟加拉），海拔达 2250 米。其山景幽美，气候凉爽，是印度最著名的避暑与旅游胜地。

说起来，张大千要来大吉岭也是他早就有的一个心愿。因为早在抗战时期，张大千还在成都时，他就被画家朋友杨鹏升所绘的一幅印度大吉岭的美丽风光所迷醉。后来，老友徐悲鸿曾两次来过大吉岭，对该地的美丽景色更是赞不绝口，并将之推崇为"人世之天堂"，这使得张大千更加非常羡慕。这次他既然已来到了印度，那大吉岭又岂能错过？故而当来印度的主要任务皆完成之后，张大千即带着妻小来到了美丽的大吉岭。

张大千来到大吉岭后，发现果然是名不虚传，此处优美绚丽的风景比徐悲鸿、杨鹏升所描绘的还要动人。他漫步在大吉岭上，观看着四周那如诗似画的迷人风光，呼吸着那异常清新的新鲜空气，真感到是飘飘欲仙、兴奋至极。张大千决定要在这里多居住一段时间，好在早晚晨昏的不同时间去仔细观赏山岚的变幻、观看山峰的雄奇，以充分了解、观察和欣赏到大吉岭的神异美丽风光，做到心领神会、体察入微，以便将之搬入画图。

张大千在大吉岭住的旅馆背山面水，十分干净、静谧，房间也很宽大，这便于他写字作画。尤其是旅馆的位置很好，大门前就是一块宽敞的大平坝，平坝上摆了些桌椅，旅客们可坐在这里饮茶、休憩、观景等，十分惬意。平坝下不远处有一汪大湖，水清如镜，微风吹来，涟漪泛起，令人能闻着清清水气，暑天坐在这里更是使人感到凉爽至极。在湖的那一头，则是高耸入云的皑皑雪山云雾缭绕，仿佛是仙山神岭。每当太阳初升或是落下时，只见阳光照在雪山和湖面上，彩光变幻，神秘莫测，真叫人仿佛是如在仙境。而当张大千知道，耸立在大吉岭北面的那座雄伟雪山正是全世界的第一高峰——中国喜马拉雅山的珠穆朗玛峰时，他更是为之感到欢喜不迭、无比亲切。因为在山的那一边，就是他亲爱的祖国和故乡了。

5. 断炊未废苦吟诗

张大千住在大吉岭期间，被该地迷人的风景所包围。他每天是脚不停步、眼不停观、手不停挥、写生作画不止，由此曾写下一组《大吉岭组诗》，并创作了大量的画图。这正如他自己所说："在大吉岭时期，是我的画多、诗多，工作精神最为旺盛的阶段。我的目力当时最佳，绘的也多是精细工笔……"

但在大吉岭期间，也是张大千的经济状况最为窘困、经济压力最大的时期。因为在 1950 年 6 月，朝鲜半岛突发战争，美国总统杜鲁门悍然宣布武装干涉朝鲜内政，同时宣布美国的第七舰队进入我国的台湾海峡，唇亡齿寒，中国人民立即掀起了轰轰烈烈的"保家卫国，抗美援朝"伟大运动。当年 10 月 25 日，雄赳赳、气昂昂的中国人民志愿军毅然开赴朝鲜，同朝鲜人民军一起并肩作战，向已进犯到鸭绿江边的以美国为首的"联合国军"发动了强大的全面反攻，由此爆发了规模极大、涉及范围极广的"朝鲜战争"。当时的东亚和东南亚的所有国家几乎都被卷了进去。

在这场战争的剧烈影响下，当时亚洲的艺术品市场急剧萎缩，乃至张大千的画作也缺少买主，这致使以售画为生的张大千经济上感到了十分的艰难。他几乎每天都要为柴、米、油、盐、酱、醋、茶这"开门七件事"发愁。由此，张大千曾在一首"答友人书"诗中描述了他远离祖国、独自漂泊在外，经济上又非常拮据的深深苦闷与伤感：

> 残年将破砚，归计已空谈。生蒜偶还受，晚菘今更耽。
>
> 独行宜痛哭，小酌亦沉酣。生性疏生懒，深怜七不堪！

因为钱不够用，旅馆住不成了，张大千只好在大吉岭上租了一间小屋，临时将就居住。该屋子十分狭小，而且是人、禽混杂，并且还不遮风雨，只是房租较为便宜而已，这使得张大千非常感慨。他曾作了《小屋》一诗，如此述说了他当时的这番窘况：

> 小屋如笼鸡并栖，老风老雨总凄凄。
>
> 苦吟拥被山妻起，认是饥猿作夜啼！

然而，就是在如此困难的条件下，张大千的艺术创作热情与干劲仍未稍懈，他把自己所有的时间和精力几乎都放在了绘画、读书和诗歌创作上。他曾在一幅《得句图》上题诗说：

> 穷年兀兀有霜髭，癖画淫书老更痴。
> 一事自嗤还自笑，断炊未废苦吟诗！

好一个"癖画淫书老更痴"，"断炊未废苦吟诗！"这两句诗更加充分显示出了张大千乐观的人生态度和苦苦创作的献身精神。事实上，张大千也正是凭借着这种刻苦的努力和顽强的奋斗，才克服了一个又一个的困难，从而取得了在诗、书、画等各个方面都戛戛独造的辉煌成就。

6. 念远怀人更忆家

当时，张大千虽然住在风光如画的大吉岭上，创作极丰，但是，他谈话无人、举目无亲，这使得一辈子都喜欢朋友和热闹氛围的张大千感到格外的孤独与寂寞。同时，由于卖画无门、经济拮据所导致的生活清苦，更使得张大千以前的老病复发了。再加上一天冒雨写生时，山路太滑，不幸摔了一跤，把腿给跌伤了，这更如雪上加霜，使张大千的精神更加黯然。

在穷、病、痛、愁的困顿之中，身处异国他乡的张大千回顾往事时更加思念祖国、思念故乡、思念亲人、思念朋友。为此，张大千写下了许多的诗句，反映了他当时非常苦闷、孤凄、感伤的心情：

> 夺眼惊秋早，熊熊满树翻。坐花甦病客，溅血泣屏魂。
> 绛帐笙歌隔，朱楼燕寝温。青城在万里，飘梦接灵根！
>
> ——《题青城红叶小鸟》

> 消渴文园一病身，偶思饕餮辄生嗔。
> 君家兄妹天同远，如今浑无戒劝人！
>
> ——《思李祖韩、李秋君兄妹》

> 故山山色乱云遮，念远怀人更忆家。
> 日日相思镂肝肺，不辞清瘦似梅花！
>
> ——《忆家》

在这极度的相思之苦中，张大千曾给国内的友人去了一信，倾诉了他对家乡和祖国的苦苦思恋。他还在信中附了一首诗说：

> 请君留后门前树，挂梦栖魂我或归。
> 别后岂无相见日，梦中犹有自由身！

待在这异乡外国，张大千身不由己，他就只好从梦中去寻求自由——"挂梦栖魂我或归"了。

就这样，经过了一段时间的休养之后，张大千的病情好了一些，跌伤的腿也基本痊愈了。但在 1951 的夏天，大吉岭上的山洪暴发，引起山体严重滑坡，并导致了强烈地震。张大千和妻小躲在家中，只感到地动山摇，一家三口吓得紧紧抱在了一起。突然，他们只听得轰隆一声巨响，山头上有一块大约数米见方的巨大岩石一下子从山顶上崩落滑下，并从空中腾翻过屋顶，正砸在了张大千居住的小屋门前，把地上给砸出了一个大坑。这看得张大千是目瞪口呆、胆战心惊。

大吉岭的大地震发生以后，张大千惊魂未定。他想，自己虽然是侥幸躲过了一场生死大劫，但如果像这样子在地震中不明不白地死在了异国他乡，那实在是太不值得。三十六计，走为上计！张大千再三思量之后，觉得还是赶快离开大吉岭为妙。

于是，1951 年 8 月，张大千匆匆收拾起行李，遂率领全家离开印度，返回了香港。后来有人开玩笑说："是大吉岭的大地震才把张大千给震出了印度，震回了香港来的！"

第二十章
举家迁移远赴南美

1. 不愿在台湾安家定居

张大千从印度大吉岭回到香港后住在了香港友人位于九龙的青山别墅。等诸事都安排好后，他立即在香港举办了一个画展，以卖画来筹集生活费用。

好在这时朝鲜战争开始停战谈判了，和平有望。鉴于张大千的名气与影响，再加上他的画展展出的作品多是印度的绮丽风光和身缠纱丽的印度女郎，还有他临摹的阿旃陀石窟壁画，以及描写精细、功力极深的巨幅仿古山水，设色鲜艳的人物、花鸟、蔬果、走兽等各种画幅五光十色，精彩纷呈，画幅不仅全部卖出，而且画价也较高昂，张大千由此又有了一笔钱款。

张大千素来闲不住，这下手中有了钱，他更是"思动"，同时他还得考虑自己的"下一步"。印度他是不想再去了，那么今后他把家又安在哪儿好呢？

对于这个问题，张大千觉得必须要慎重决定。他思来想去，觉得最好的办法还是先去实地调查一下，看看哪儿最适合于长期居住和发展，然后再做决定。

正在这时，张大千的许多已迁居台湾的老朋友纷纷向他写信，希望他能来台湾看一看。于是，在1951年的9月张大千把妻儿留在香港，一个人去了台湾。

张大千从香港飞到台北时，按照他的老习惯，他收藏的那几件"南北东西只有相随无别离"的最珍贵的宝贝古画——顾闳中画《韩熙载夜宴图》、董源画《潇湘图》、黄山谷书《张大同手卷》等古迹至宝也跟着他随身而走，一块儿都到了台湾。

在台北的旅馆里，台湾书画界、收藏界、文物界、教育界、文化界、新闻界等各界的朋友们听说张大千来了，都纷纷来相会。特别是当大家听说张大千随身带了古画来，都要求他拿出来一观。张大千慷慨地将《夜宴图》等国宝取出请众人欣赏。人人见了，无不为之喝彩叫好，连声惊叹，无比羡慕，一时使得台北的书画鉴藏界大为震撼。

这时，台湾收藏界有人愿出高价收购张大千的这些宝贵古画，特托人来与张大千"商谈"。张大千听后连连摇头，微笑婉拒，使得来者失望至极。

在台期间，张大千还专程去了台中的雾峰北沟，参观了当时尚未对外开放的台湾故宫博物院内所藏的古代书画等种种文物。这里主要收藏着国民党政权从大陆撤退时运去台湾的各种文物国

1951年夏，张大千在印度地震中大难不死，回到香港后摄影留念

宝，其中大部分又都是从北平故宫博物院运来的，还有原南京中央博物院筹备处保存的热河及沈阳清朝故宫的部分文物等，总数共约有 24 万多件。虽然其总量没有大陆藏存的多，但它们皆是最顶尖级的极品，堪称是中国历代文物里精华中的精华、国宝中之国宝。在战乱后，张大千又重新看到了这些价值连城、无比珍贵的中国历代文物藏品，真是有无限的感慨。

这一次台湾之行使张大千对当时的台湾社会有了更加深刻的了解。他感到，从种种迹象看，眼下的台湾并不适合于自己长期居住，更不适宜自己艺术的发展。

于是，1951 年的冬天，张大千又回到了香港。

2. 故山归梦已无家

台湾不能去，而又鉴于其当时之种种情况，张大千感到，香港也不宜久留。那么，他应该去哪里呢？

正在这时，张大千忽然收到了老朋友徐悲鸿从北京写来的一封信，徐热情洋溢地邀请张立即回北京，去与他一道工作。至于张到京后的工作位置，徐言已经安排好了。徐还说，如果大千不愿意在全国美协里任一个负责人职，那就在即将成立的北京画院担任院长，或者，还是由张自己决定好了。总之，徐是衷心希望张大千能回到祖国，和大家一起为繁荣和发展新中国的艺术事业发挥出更大的光和热。

张大千接到徐悲鸿的这封来信，非常欢喜与感动。按照他的本意，他是恨不得马上就回大陆去，回到他日思夜想的祖国去。

至于要让他当个什么"官",出任什么全国美协负责人或是北京画院院长啥的,他对之倒并不在意。他觉得,只要自己能够继续当一个布衣画家,能够纵情徜徉于神州的山水之间,自由自在,无拘无束,继续画他的画儿,那就行了。

但就在这时,忽然发生的一件事使得张大千回国的决心产生了根本的动摇。

原来这时张大千在大陆内地的几个侄儿、侄女突然来到了香港,向张报告了家乡的情况。他们说,张大千的大夫人曾正容在轰轰烈烈、暴风骤雨式的土改运动中也被站了高台,挨了斗争;就连张大千自己的住房——这是张大千在内地购置的唯一产业,亦被当地强派"购买公债",给抵押收走了;还有张大千所认识的一些老熟人中,有的已被关进了监狱,有的甚至已被"镇压";至于张大千在国内的许多画家朋友和学生,因时下没有了艺术品市场,他们的画作无人购买,有的人坐吃山空,已变得穷困潦倒,好多人无奈之下只好放下画笔,纷纷改行了;云云。

张大千听到这些,非常吃惊。他对于回国不禁产生了深深的疑惧。

张大千一辈子无比喜欢绘画,热爱绘画,视绘画"犹如性命",把绘画作为了自己一生的事业、一生的理想、一生的追求。他常常讲:"艺术家最需要的,就是自由!"他想,如果万一,自己今后若不能够自由思想,更不能够自由行动,特别是如果不能够自由掌握和挥洒心爱的画笔,不能够随心所欲地去画自己爱画的画儿的话,那自己活着还有什么意思?更何况,现在国内已经没有了艺术品市场,那他回去以后也没法卖画了,这即意味着没有了经济来源,那自己和一大家子人的生活又该怎么办?

对于这些，张大千无法可想。他只是觉得，自己尽管是很想回去、渴望回去，恨不得能一下子就赶快回去，但事关重大，鉴于目前国内的种种传闻，他还得需要再多等一等、多看一看……

为此，张大千又作了大量的诗词，述说了自己的疑虑、郁闷与彷徨。如他的"家书压枕啼号满"，"故山猿鹤苦相猜"；"不是野芳解留客，故山归梦已无家"；"总说平安是家信，信来从未说平安"；等等，就表露出了他当时极度惶惑与苦闷的心境。

3. 要为中国艺术去海外打天下

当时，张大千对台湾不愿意去，在香港又不愿再待下去，他很想回神州内地，但是又害怕回去、不敢回去，那他究竟应何去何往？

张大千感到，自己现在可说真是走投无路、前途茫茫。为此，他陷入了深深的痛苦与思索之中。

正在这时，已经人满为患的香港掀起了一股移民南美洲热。张大千见之，心中不禁一动，觉得升起了新的希望。他想，这倒不失为自己的一条出路。

原来，张大千想，如果去了人生地不熟的南美，这倒可以达成自己久已有之的三个夙愿：

第一，是远去了遥远的异国，缺朋少友，就可以避免不必要的应酬打扰，自己就能于寂寞之中经营深思，多作几幅可以传世的画。这可说是张大千欲远赴南美的主要目的。

第二，是他可以将中国的书画艺术介绍到西方去，使西方对中国优美的文化艺术有所了解和喜爱。特别是在缺少中国文化的地区，他更应该去播撒火种，筚路蓝缕，大力宣传和介绍中国文化。

第三，张大千发现，中国的历史名迹、书画墨宝近百年来流散海外的极多。他若能因便访求，将之设法买下送回祖国，虽然不一定都能够合浦珠还，但至少他也能够看一看，以收到观摩、学习之效。

张大千对于自己以上的这三个想法是越想越兴奋、越想越激动。这时，住在台湾的老友张目寒也应张大千之邀来到香港，以共同商量寻求一条最妥善的出路。张目寒帮助大千仔细分析了他目前的处境后，对张大千的欲去南美的设想极力支持。

张大千听了张目寒的剖析后，很是高兴。他十分豪迈地说："我就是要去没有中国文化的地区，去宣扬和开辟中国文化！我张大千没有什么本事，但我有一颗炽热的拳拳报国心，我就是要凭借着自己的三寸毛笔去叱咤乾坤，为中国艺术在海外去打天下！"此话语堪称是豪气冲天、铿锵震耳、掷地有声。

张大千做出了移居南美的决定之后，即积极筹备着率家远行了。

4. 将《夜宴图》等大批国宝捐回祖国

张大千既决定了要远赴南美，但他觉得行前首先要做的一件事，就是要把他所珍藏的《韩熙载夜宴图》等一大批中国国宝捐回祖国。

说起来,五代顾闳中画的《韩熙载夜宴图》、董源画的《潇湘图》等都是稀世之珍,是中华民族的宝贵遗存,极受张大千的喜爱,他把它们都视作了自己的眼珠和性命一般。张大千想,当初自己不顾一切、不惜倾家荡产把它们给买下来,其主要目的就是为了给国家保存下来这些世上唯一、价值连城、不可再生的珍贵文物。那么,现在自己要远赴南美侨居,为了这些国宝书画的安全,那最好的办法就是将这些国宝送回祖国。更何况,自己远赴南美侨居所定下的三大任务之一,就有寻觅流失到海外的中国古代书画珍品,使之回归祖国一事。因此,将这些国宝尽快送回祖国可说是正逢其时了。

说干就干!张大千马上就去找了他在香港的好朋友、著名收藏家兼鉴定家、时任广东省银行香港分行经理的徐伯郊,请徐帮忙办理此事。

真是无巧不成书,这位徐伯郊正是当时由政务院总理周恩来亲自批准、由国家文物局首任局长郑振铎亲自委派的"香港秘密收购小组"的组长,暗中代表国家文物局负责在香港地区及海外秘密收购中国珍贵文物,使之能平安回归祖国。徐伯郊利用自己在香港银行界工作和大收藏家的公开身份,孜孜不倦,为国效劳,已经成功地为国家收购回了已流出大陆的清乾隆皇帝"三希堂"中原珍藏的"二希帖"——晋代大书法家王献之的《中秋帖》和晋代王珣的《伯远帖》这两件极其珍贵的墨宝,以及大量的古代名书法绘、宋元古籍善本、中国历代完整钱币等极其珍稀的文物精品和国宝。因此,当徐伯郊得知张大千要把自己的宝贝收藏献给国家的时候,他自然是非常高兴,急忙向北京汇报了此事。

国家文物局局长郑振铎得到这个消息后,也是十分兴奋,并立即指示徐伯郊，一是向张大千表示感谢和慰问，并希望张大千能够回国；二是要徐伯郊和张大千多接触，同时更希望徐能向张大千先生"多做一些工作"，即希望通过张大千在国内外的广泛人际关系把已经流失去了海外、特别是已经流失去了日本、美国等外国的中国古代书画国宝，请张大千尽其最大的努力，帮国家将其收购回来。

徐伯郊把郑振铎的指示向张大千转达之后，张大千对郑的关心和慰问也非常感动与感激。但他考虑再三，还是按照原定的计划行事，似乎才更加稳妥一些。所以，自己暂时还是不回国更好，而是仍以远赴南美为佳，这样也才更加有利于为祖国进行收购国宝文物的工作。

徐伯郊闻之，对于张大千的上述打算与计划亦深有同感。

于是，按照自己原定的计划，张大千在离开香港之前遂把自己最心爱的五代顾闳中画的《韩熙载夜宴图》、董源画的《潇湘图》、北宋刘道士画的《万壑松风图》等一大批无上国宝，还有他以前用高价购买搜集和收藏的许多古代书画名迹，以及十分珍贵的敦煌卷子等文物至宝，通过徐伯郊之手全部捐赠回了祖国。徐伯郊经请示郑振铎后，当即代表中国政府和国家文物局向张大千表示了衷心感谢，并依照当时国家对于捐献文物的政策，向张大千发放了"感谢慰问金"两万美元，以资鼓励。

在当时，由于种种的复杂原因所致，张大千将其所珍藏的极其心爱的一大批古书画等国宝，通过徐伯郊之手，慷慨捐赠回了祖国大陆一事进行得十分隐蔽和秘密。凡是有朋友来打听此事，徐、张二人对外都是一致宣称，这批古画国宝都是张大千"售卖"给徐伯郊的。

/
张大千离开香港赴南美前捐献回祖国的无上国宝之———五代南唐顾闳中绘《韩熙载夜宴图》（卷首）。该图现已成了北京故宫博物院的镇馆之宝

5. 台湾当局严重警告张大千"下不为例"

张大千珍藏的这一大批文物国宝经徐伯郊之手捐回祖国送到北京之后，郑振铎等人非常高兴与激动，当即指示由国家文物局主办，在北京故宫博物院举行了一个"特展"，国内外的许多人士都参观了此展，一时之间轰动中外。郑振铎还曾专门为《韩熙载夜宴图》等古画撰文，在《人民画报》上详细介绍了这些无比珍贵的中国古代巨画名迹。郑振铎还在其《致友人书》中兴奋说道："近几天来，收到的唐、宋、元的名画真迹极多，心中万分高兴。有的是向来不曾见之于'著录'的，但最大多数还是溥仪携出故宫的东西。……研究中国绘画史的人，大可有'左右逢源'之乐了。汰尽伪品，独显真相，这是前人所未曾有的'幸福'。而这'幸福'，我们在毛泽东时代实现了！"

但殊不料，张大千将自己珍藏的中国书画国宝暗中捐献回祖国的这一高尚、热忱的爱国行动，在当时却给他带来了一些极大的麻烦。

原来，张大千收藏的《夜宴图》等这一大批国宝，早就被台湾、香港乃至外国的许多收藏家与收藏机构等万分觊觎，他们以前就曾以种种极其优厚的条件，甚至是达到天文数字的巨额美元，要求张大千"割爱"这批藏品，但都毫无例外，遭到了张大千的果断拒绝。现在他们听说张大千以极低的价格把这批中国国宝暗中"卖"回了中国大陆，因此他们个个都表现得非常气愤，并且是失望至极。

于是，一些人恼羞成怒的结果遂致社会上的议论蜂起，叽叽喳喳地流传不息，张大千又被横加指责，被泼上了许多的污水。

当时，台、港地区和美、日等外国的收藏家们和收藏机构，他们对张的"不满情绪"，张大千当时还好应付。而他最感到头疼和对付不了的，却是来自台湾海峡那一边的"雷霆震怒"。

原来，当张大千捐回大陆的《夜宴图》《潇湘图》《万壑松风图》等国宝名画在北京故宫进行了"特展"之后，明眼人一看便知这都是从张大千处流出去的。

台湾当局的"最高极峰"闻知此事后，对张大千非常生气，曾经大发雷霆说：

"张大千是怎么搞的，呃？他难道也想要投靠共产党，嗯？！他差钱用，向我们说一声就是嘛，我们可以出更多的钱，买他的《夜宴图》等古画嘛！他为什么要把国宝卖给大陆，而不卖给台湾，嗯？！难道，他也敌视台湾，要背叛我们？张大千这样做，明显是存心故意，偏袒中共，倒向中共，投靠中共！他这是典型的文化资敌！哼，这件事，马上给我查清楚，一定要厉行制裁，严惩不贷！"

台湾"最高极峰"的一声令下，手下人自然忙了个屁滚尿流。很快，他们又一五一十地禀报了上去。张大千遂面临着灭顶之灾，处在了万分危险之中。

霎时间台风骤起，黑云压城，乌霾满天，而且还是狂风暴雨，风雨交加，电闪雷鸣。

张大千在香港闻知后也是愁上心头，坐立不安，但又无可奈何。

后来，还是张大千在台湾的一批大官朋友如张群等人多次向上求情、说项。特别是非常欣赏和喜欢张大千绘画的"第一夫人"宋美龄也从中反复周旋、说情，这才使得这件事情稍微转圜。

但末了，台湾当局还是发下了一句话说："下不为例！坚决不许张大千再把其藏画卖给大陆！叫他，嗯，好自为之吧。否则，他得当心一点！……"

张大千从朋友处得到了这个消息后，不由得大汗淋漓。他深知来自台湾"最高极峰"的这些话语，是有着多重的分量！

可是，张大千毕竟是张大千。张大千非常清楚这个事情"很麻烦，不好办"，但一贯都心向祖国、忠于祖国的张大千，他的铮铮铁骨和耿耿丹心却并未因有对岸这些"分量极重"的"严重警告"而有丝毫之改变。他依然是不顾危险、我行我素、"冥顽不化"。就在不久以后，张大千又同徐伯郊悄悄商定，决定将其全部藏品由徐经手陆续捐献回祖国。只不过这些行动，双方自然是进行得格外的小心，也更加的隐蔽了。

就这样，张大千后来又通过徐伯郊将自己收藏的北宋画家王居正的《纺车图卷》、赵佶的《祥龙石图》等一大批著名古画与书法统统捐回了大陆。这使得张大千用其心血和巨金换来和精心保存的许多中国古代书画国宝回到了祖国的温暖怀抱。

6. 举家移居南美阿根廷

1952 年的夏末，张大千将自己珍藏多年的大批书画国宝捐回祖国之后，感到已实现了自己的部分心愿，他当即率家属离开香港，乘轮船来到了南美洲的阿根廷侨居。

阿根廷，位于南美洲的东南部，素来号称是"白银之国"。该国的土地面积有 278 万平方公里，居民却只有 2000 多万人，是一个风景优美、山清水秀、土地肥沃、地广人稀、森林覆盖面积极密、各种矿藏资源繁多、农牧产品十分丰富、居民的文化程度也很高的国家。

张大千来到阿根廷之时，为了表现出自己是从泱泱大国中国而来的画家风度，再加上他又是远程搬家，所带的各种物品极多，气派十分惊人。他与妻、子、女、侄儿、侄女等全家共有九人，所带去的装满了四季衣服、画纸、画具等各种物品的大箱子就有100多个，另还有他驯养的作为绘画"模特儿"的黑白长臂猿6只、波斯猫8只、名狗4条，以及其他的小动物一大群，就活像是一个小马戏团。再加上张大千戴着一顶高高的黑色丝织的"东坡帽"，身披着青色呢料大氅，一身中式长衫，银髯飘舞拂胸，真好似神仙中人，顿时在阿根廷引起了轰动。他刚一上岸就成了当地的"新闻人物"。

张大千到了阿根廷后，在其首都布宜诺斯艾利斯的市郊——名叫曼多洒处租赁了一座两层楼房暂居。该楼房后面还有一个大花园，占地大约二亩有余。园中花木扶疏，树草茂盛，风景秀丽，人和动物各得其所。张大千很是喜欢此地，他特地将该楼取名为"昵燕楼"。该楼名之含义十分丰富，其中既有他对《夜宴（燕）图》的思念，又寓意自己就像那外来的飞燕飞入了别人的屋前，虽然是寄人篱下，但却愿全家住在一起，能够甜蜜平安地生活下去。

不久，中国大画家张大千来到阿根廷侨居的消息也引起了阿国高层的重视。一天，阿根廷的总统夫人艾维塔·庇隆在总统府著名的玫瑰宫里亲自接见了张大千夫妇，向张表示了热烈欢迎，希望张将神奇美丽的中国文化艺术多多介绍给阿国民众。在会见时，宾主二人还互相寒暄、互赠礼品，气氛十分亲切而又热烈。

总统夫人会见了中国名画家张大千的消息马上便登上了阿根

1952 年夏，香港众多友人和弟子们欢送张大千（中）赴南美侨居

廷各地报纸的头版头条。由于当时的艾维塔·庞隆夫人热心推广
民主、教育、慈善事业和文化活动等，在群众中的威望很高，极
受阿根廷民众的爱戴，被誉为阿根廷的"国母"。因而此事一出，
张大千在阿根廷顿时大红大紫。

张大千住在阿根廷后，觉得生活安定，景色美丽迷人，很是
欣慰。为此，他曾作了一首《阿京寄友》诗，如此描绘了他当时
的愉悦心情：

> 南游快遂平生愿，风物于人信美哉。
> 多士衣冠倾上国，长年花木孕奇胎。
> 老安食肉鱼豚健，卜可为居襟抱开。
> 为报结邻陈仲子，两家杨柳径须栽。

由此，张大千远赴南美阿根廷后，总算是暂时侨居了下来。

第二十一章
侨居巴西建"八德园"

1. 梁园虽好不宜久留

张大千在阿根廷住了一段时间,虽然该地风和日丽、景色优美、物产丰富、生活舒适,但他却遇见了一件悲痛事——随他远赴南美的爱侄张心德因病忽然逝世了,终年只有 32 岁。这使得张大千非常伤心。

张心德是张大千四哥张文修的儿子,自幼就过继给了二伯父张善子。他从小就喜欢绘画,并跟着张善子和八叔张大千学得了一手好技艺。当年张大千赴敦煌时,张心德也跟着去了,勤奋学习,苦苦面壁,临摹了很多的壁画,并成了张大千的得力助手。张大千对心德的期望很大,张心德的未来也的确是不可限量。

但在 20 世纪 40 年代末，张心德不幸患上了肺病，瘦得皮包骨。他从四川辗转来香港后，紧接着又来阿根廷，一路上很是辛苦，导致病情加重。再加上他来阿根廷后思乡心切，情绪消沉，于是渐渐卧床不起。不料他又突患急性阑尾炎，刚刚送入医院不久就发病逝世撒手人寰，永远躺在了这离家有万里之遥的异国土地上。

面对着张心德的灵柩，张大千是老泪纵横，异常悲恸。白发人哭黑发人，他觉得自己没有照顾好心德，从而对不起心德，也对不起心德的生父四哥张文修，更对不起心德的嗣父张善子。张大千陷入了深深的悲痛之中。

不料，一波未平一波又起。就在张心德逝后，张大千又遇到了一件麻烦事令他很是"头疼"：即他们来到阿根廷都已经快一年了，可是还没有拿到"绿卡"，仍是属于"黑户"，这给子女们的读书、找工作等都带来了极大的困难。张大千曾去阿国的有关部门询问过多次，可对方回复"还在研究"，这使得张大千对于阿根廷方面的"欢迎诚意"表示出了怀疑与不满。

后来，张大千才从种种渠道听说，他在阿根廷的"绿卡"之所以久久未能办出，是因为他把《韩熙载夜宴图》等大批国宝文物都捐献回祖国大陆后，台湾当局的余怒未消，指令当时的"中华民国驻阿根廷大使馆"从中作梗。知道了这件事情的详情后，张大千更感到十分难过与伤心。

按照中国的古话说："梁园虽好，不是久恋之家。"而"此处不留爷，自有留爷处"。于是，张大千把寻觅的目光又投向了别处。

2. 迁居巴西建"八德园"

为了排解烦闷，1953年秋张大千去了美国旅游、散心。

在美国期间，张大千到多座城市和大学的美术博物馆里参观了所收藏的许多中国历代法书名画，那真是琳琅满目，古色古香，精彩纷呈。张大千看见这些，为中国文物至宝大量流落海外深感痛心。

接着，在美国华侨朋友们的陪伴下，他又去游览了著名的尼亚加拉大瀑布和大峡谷等风景名胜。对于自然界的这些壮丽景色，张大千更是流连忘返、夸奖不绝。

从美国返回阿根廷的路上，张大千在巴西圣保罗做了短暂停留。他偶然发现，在圣保罗的市郊有一块土地，其地形、地貌、风物、物产，甚至就连地名等都极像故乡四川的成都平原。张大千见此情景，他的思乡之情油然而生。他久久伫立，顿时移不开步了。

非常巧合的是，那块土地上刚好挂着出售的牌子。张大千立刻决定把这块地买下来，作为自己的"终老之所"。

在巴西朋友们的帮助下，张大千终于如愿以偿买下了这块土地。

于是，1954年春，张大千兴致勃勃地率家离开阿根廷，来到了巴西。

张大千在巴西购下的这块土地，其面积大约有270亩，原先是一个柿子园，上面栽满了柿树和各种西洋玫瑰花。张大千对之不满意，于是雇请工人将那些西洋玫瑰花全部拔去，另外种植下了梅花、芙蓉、菊花、秋海棠、牡丹、芍药、荷花、杜鹃花、山茶花等原生于东方的花卉，又命人栽下了松、柏、翠竹、杨柳、银杏、桃树、李树、梧桐树等各种东方的树木品种。而这些树、竹、花、草也皆是张大千从香港、台湾，甚至日本等地购来的。

与之同时，张大千还根据自己对长期居住过的苏州园林、浙江园林、四川园林、北京园林等的回忆，因地制宜，在该园中挖掘了水池，堆筑了假山，布置了亭廊，摆放了盆景，喂养了动物、鸟禽等，把该园建设成了一个具有浓郁中国色彩的美丽东方园林。

佳园建成不可无名。由于该园原是柿子园，张大千遂根据唐朝段成式的《酉阳杂俎》记载，柿有一寿、二多荫、三无鸟巢、四无虫、五霜叶可赏、六嘉实、七落叶肥大这"七德"，张大千又给它加了一德：柿树叶泡茶喝可以治胃病，于是将该园命名为"八德园"。

"八德园"另外还有着一个深层含义，即暗寓不论身在何处，都始终不忘自己是一个中国人，更不忘中华民族的传统美德——"四维八德"。所谓"四维"，即"礼、义、廉、耻"；而所谓"八德"，即指"忠、孝、仁、爱、信、义、和、平"。张大千认为，"四维八德"是中国的国粹，更是所有中国人的根，自己时时刻刻都要牢记"四维八德"。

因此，按照张大千的计划，他是要把"八德园"营造成一个纯粹的中国式的林园，以作为他的"海外故乡"和"理想家园"。虽然自己身在海外，但他仍要居住在自己一辈子都无比熟悉和无限喜爱的"中国环境"之中，以慰乡思，以解乡愁。

就这样，张大千在"八德园"内一住就17年之久，使巴西成了他在海外生活最久的地方。

/

张大千在巴西八德园中的柿子树下摄影

3. 张大千展览轰动了亚、欧

张大千自移居巴西之后，每日就在他的"八德园"内全力打造他的这个"人间天堂"与"梦中家园"。

久而久之，占地广阔的"八德园"遂以它极其浓郁的中国特色和精心的布局、精美的景致、精稀的动植物品种以及它那如诗似画般的自然风光和人文环境构成了一幅巨大的立体型的优美"中国山水画"，并迅速名传巴西、广播世界，成了一座闻名遐迩的"东方名园"。

与此同时，张大千仍在继续致力于中国传统绘画的继承、创新、实践、研究与探索。

1954 年冬，张大千从自己大量的收藏中精选出了从唐至清的中国代表性画家共计 37 人，每人的代表性作品各有 38 幅，由此编成了厚厚的《大风堂名迹》一书。不久，该书在日本正式出版发行。它顿时风靡了世界，成了世界各大博物馆、美术馆、图书馆的必备书籍。

1955 年，张大千在香港、日本分别举行了《张大千近作书画展览》。展品中多为阿根廷、美国、巴西等地的风景山水，也有一些仕女、人物、荷花、折枝花卉等传统中国画作品。展品中那些异域的景色被张大千用传统的中国画笔墨和绘画语言给活灵活现地表现了出来，引起了各界观众的极大兴趣与好评，因而纷纷"抢购"。由此，张大千又获得了可观的经济收益，为他继续大规模地营造"八德园"提供了经济保障。

1956 年 4 月，应日本方面的邀请，由日本朝日新闻社主办，张大千又在东京举行了十分隆重的"张大千临摹敦煌石窟壁画展览",场面非常宏伟壮观。其丰富的内容、璀璨的画面、艳丽的色彩、豪迈的气魄、精湛的笔墨,顿使日本各界为之沸腾,每天的参观者非常拥挤。中国伟大、迷人的敦煌艺术被张大千头一次介绍给了日本民众,东瀛从此掀起了一股"敦煌热"。而且不仅如此,这次展览的巨大影响竟遍及到了大西洋的那一边。

因此,张大千这次在日本的临摹展览结束之后,又被邀请至法国巴黎展出。1956 年 6 月,"张大千临摹敦煌石窟壁画展览"又在巴黎东方艺术博物馆隆重举行。这次展览共展出了张大千临摹的敦煌壁画 37 幅,同时还展出了大风堂藏存的中国历代代表性画家的作品名迹 60 幅,向欧洲观众介绍了中国光辉灿烂的古代文化艺术。

巴黎的这次展览是张大千临摹的敦煌壁画第一次在欧洲展出,也是敦煌石窟艺术首次以它原有的风貌同欧洲观众们见面,因而展览开幕之后,欧洲各国各界的观众纷纷登门,齐来观展,络绎不绝,热闹万分。人们观赏着此展,无不为中国的传统绘画艺术大为倾倒、赞美连连,顿时在巴黎又掀起了一股追捧中国艺术和敦煌艺术的旋风。

就在张大千的临摹敦煌壁画展览还在进行之际,1956 年 7 月,声势显赫、规模宏大的"中国画家张大千近作展览"又在巴黎卢浮宫美术博物馆内隆重开幕。中、法等国家的各界人士齐聚一堂,共同出席了这个画展。该展览展出了张大千最新创作的山水、人物、花鸟、走兽、蔬果等各种作品,工笔、写意的均有,水墨、设色的纷呈展现出了中国传统绘画艺术的各个画科。其内容丰富、形式多样、笔墨精湛、色泽艳丽、意境深邃、气势磅礴,顿时又轰动了法国甚至整个欧洲的艺坛。当时西方的各种媒体对张大千画展的报道、评论等都是连篇累牍、铺天盖地，从而使得张大千的影响迅速从法国传遍了整个欧洲。

4. 与西画泰斗毕加索会面

在巴黎举办这两次画展时，张大千还应举办方的邀请，亲赴巴黎出席了展览的开幕式。这是张大千第一次赴欧洲，因而他利用这个机会好好观摩、考察了一下西方古今的绘画艺术，从中受益良多。他曾说："艺术没有国界，它是人类共同的产物和财富。不论中西艺术，尽管它们表现的方式有所不同，但艺术家们所讲求的亦不外是境界、功力和技巧。"

因而，张大千在巴黎期间遂萌生出了要与当时红得发紫的西画泰斗毕加索会一会的念头。他想去与毕加索见一次面，以互相探讨、切磋一下东西方的文化艺术。

不料，张大千的这个想法却遭到了几乎所有中外朋友的"强烈反对"。众人说，毕加索现在是整个西方艺术界的"最高峰"，是西方艺术的"偶像"，他的架子那么大，他愿意同你见面吗？若是他不肯见，碰了钉子，那不仅只是你张大千一个人丢了面子，还将使全体中国画家们都"脸上无光"。

但性格一贯倔强的张大千就是不信这个邪。他决定，没人帮忙就自己想办法。于是，他雇请了一位姓赵的中国人当翻译，直接从巴黎坐车去了毕加索居住的坎城。

一到坎城，张大千就叫赵翻译给毕加索打电话。双方约定，在第二天举行陶器展览的小镇上会面。

第二天，张大千早早就按照约定的时间去了，只见小镇的陶器展场内外彩旗飘扬，人山人海，拥挤不堪。不多一会儿，毕加索来了，并且像英雄一般被众多的民众给抬了起来，在展场上到处游行，欢呼之声不绝于耳。在这种情况下，二人自然是无法会面了，于是又约定翌日到毕加索的别墅去。

1956 年 7 月 29 日，张大千夫妇和赵翻译一起按约定的时间来到了毕加索在尼斯港的"加利福尼亚"别墅访问。毕加索早就在家中等候，并一反他在家里只着短裤的习惯，而是穿着长裤、皮鞋，打扮得规规矩矩，以示对中国客人的礼貌与尊重。

毕加索请张大千在他的大画室内落座后立即拿出了五大本画册，要张"不客气地给他提意见"。张大千一看，原来这是毕加索在摸索学习中国画的习作，也为之大吃了一惊。张大千一边看，一边评论，讲得毕加索频频点头。

画册看完后，毕加索即直截了当地说："我最不懂的，就是你们中国人为何要大老远地跑来巴黎学艺术？不要说巴黎没有艺术，就是整个的西方、整个白种人都没有艺术！"

毕加索继续强调着："真的，这个世界若谈到艺术，第一是你们中国人有艺术，其次是日本的艺术，当然，日本的艺术又是来自于你们中国，第三是非洲的黑人有艺术。除此而外，白种人根本就无艺术！所以，我最莫名其妙的是，何以有那么多的中国人、东方人都要跑到巴黎来学艺术？！"

毕加索的这番言论，使张大千既兴奋又吃惊。他联想到毕加索那厚厚五大本摸索学习中国画的习作，知道刚才毕加索所说的都是他的真实看法而不是恭维之辞。

谈话之后，毕加索邀请张大千夫妇到他的古堡房间和大花园

1956 年，张大千在法国与西画泰斗毕加索会晤。此事顿时轰动了世界艺术界，从此国际艺坛称呼张大千、毕加索叫"东张西毕"

里去参观。毕加索兴致勃勃，在花园中同张大千夫妇合照了多张"化装相"，还同张大千夫妇互相抛掷鲜花花瓣，犹如儿童一般双方打起了"花仗"，以此引为笑乐。在毕加索的别墅里，张大千夫妇度过了十分愉快的一天。

毕加索还赠给张大千一幅他画的《西班牙牧神像》，并在画上题字留念。张大千回巴黎后也专门画了一幅《双竹图》回赠给毕加索，同时还将一套汉代石刻画拓片以及几支精致的中国毛笔一起赠毕，以帮助毕加索学习中国画之用。毕加索对此非常喜欢。

张大千与毕加索会晤的消息，第二天即被法国报纸刊发了出来，并被西方的各种媒体纷纷转载。西方的许多评论家还将张、毕二人的这次会晤誉为"全球艺术界的最高峰会谈"。有的艺评家还断言说："这是中西艺术史上值得纪念的年代"；"这次历史性的会晤，显示出了中西美术界相互影响、调和的可能"。当时的西方艺术界和舆论界还一致认为："在当今世界，张大千和毕加索堪称是分踞中、西两大画坛的巨子与骄子！"从此，"东张西毕"一语即立刻在全世界传播开来。

5. 双眼不幸失明

张大千在巴黎举办了两个画展又同毕加索会面之后，声震欧洲和全球。接着，张大千去了西欧的瑞士等国，旅游达数月之久，从而把西欧的美丽风光又都纳入了他的笔下。

1957年春，张大千回到了巴西又继续修建"八德园"。园中的草草木木、山水房屋及诸景等全是由张大千亲自安排，并皆为他"灵想之独辟"，显示出了他在园林艺术上的渊博造诣与深厚功力。

但不料，当年夏天，张大千在"八德园"中亲自搬动假山巨石的时候不慎用力过猛，他突然觉得双眼发黑，金花乱冒，什么东西都看不见了。他急忙去巴西最好的医院检查，医生发现其眼底的毛细血管因用力过度而不幸破裂，医嘱他必须静心休养，并严禁作画、看书等。张大千闻之，非常懊恼。

几个月过去，张大千的眼睛仍未好转。他对之十分焦急，于是专程赴美国就医。在纽约的医院里，医生检查后，仍是同样的结论，并进一步说这是由张大千的旧疾糖尿病所引起，手术及药物均不能根除，只有先医治糖尿病，同时做保守治疗，待眼底瘀血自行吸收散去。张大千听了，更失望至极。

张大千本是急性子，而他作为一个画家全靠卖画为生，依靠的就是眼睛。那他今后又怎样画画，又靠啥为生呢？张大千是越想越着急，并悲伤得流出了眼泪。

素称是全世界医学最为发达的美国竟然都治不好自己的眼病，张大千当时的失望、失落可想而知。没奈何，就在当年底，张大千又去了日本的东京医治。但其结果，还是与以前差不多。张大千躺在东京的医院里，郁闷至极，遂作了《自题》五言诗一首，表露了他当时极其哀伤和愁苦的心情：

> 吾今真老矣，腰痛两眸昏；药物从人乞，方书强自翻。
> 径思焚笔砚，长此息丘园；异域甘流落，乡心未忍言！

6. 荣获"当代世界第一大画家"荣誉称号

张大千在东京的医院一直住到了1958年春，觉得目疾仍旧没有多大的进展，于是决定返回巴西。

从东京临走之前，张大千依然在日本各地购买了大量的高级画纸、毛笔、颜料等物以作备用。这表明，他决不愿"焚笔砚"、"息丘园"，而是仍继续热衷绘画、追求绘画，渴望着自己能再潇洒挥笔。

回到巴西之后，张大千接到了美国国际艺术学会寄来的征稿函，谓在纽约将举办一次规模浩大的世界艺术博览会，请他送交绘画作品以作展出与评选。张大千思量，这倒是一个机会，自己不妨试它一试，在目前眼睛如此昏翳之下所创作的作品质量又究竟会是如何？

于是，张大千在家中蘸色挥毫，克服其眼病眸昏的种种困难，精心创作了一幅没骨花卉画《秋海棠》，寄去了纽约。

不料，就在当年年底，从纽约传来消息说，张大千的这幅《秋海棠》中国国画以其独特的构思、深邃的意境、潇洒的气韵、精湛的笔墨、艳丽的色彩、飘逸的画面、生动的语言、丰富的联想，竟一举夺得了这届世界艺术博览会的最高大奖——"当代世界第一大画家"，并荣获了国际艺术学会颁发的金质奖章与荣誉证书。

此大好消息传开，许多朋友齐来相贺。他们举杯庆祝说，张大千是取得该称号的第一位中国人，他以自己的不懈努力为中华民族和中国文化艺术争得了极大的荣誉。

从此之后，张大千名字遂成了中国画的一个代名词，在世界上是更加的响亮了。各国各地的人们也皆称张大千是"当代世界第一大画家"，是代表了东方文化，特别是中国文化的"东方之子"

和"东方之笔"了！

7. 开拓创新泼墨、泼彩与泼写兼施

张大千自从病目之后，虽然一直都在医治，但其效果却时好时坏，弄得他的视力也是反反复复。医到最后，张大千竟瞎了一只眼睛，这使得他成了"独具只眼"（其印章语）。而在最严重的时候，张大千的双眼视力几乎全无，他摸索着在纸上提笔写信时其字体个个都有核桃大，而且还常常被墨水给浸缠纠结成了一个黑墨团团。甚至有的时候他还不知不觉把字写出了纸外、笔尖落在了毡子上，可他仍在继续写，自己一点儿都没发觉。

家人们看见他这种情形，都非常着急和伤心。

而张大千本人可以说是对于自己的视力情况最为明白和清楚了。他现在，不要说再继续画那些描绘精细的工笔画或者细笔画了，哪怕就连写信，他也是看着模模糊糊的，真好像是在雾里看花。那么，在这种情况下，他今后又该怎么办呢？

素来都争强好胜、不肯向困难低头的张大千，此时也陷入了深深的思索。

张大千根据自己绘画的成功之道以及艺术的发展规律，决定还是按照老法，向古人学习、向时人学习、向外国人学习、向大自然学习，以扬长避短、推陈出新、承前启后、大胆创变，在从未有人走过的荒漠上踢踏出一条新路来。

于是，张大千在目疾之中又进行了苦苦的实践、钻研和探索。

张大千将中国古老的破墨、泼墨画技法，重新翻寻了出来，

张大千在巴西八德园的松林里散步，思索着如何向艺术高峰再次冲击

将之与西方绘画中最新的抽象自动画表现技法相融合。久而久之，张大千逐渐创立出了自己的一种独特的破墨、泼墨，再进而发展为泼彩和泼写兼施的新颖技法与画风，从而为古老的中国画又创造出了一个新领域，提升上一种新境界，开拓出一片新天地。

张大千的这种新画法，其步骤大致如下：在首先构思好自己欲画的作品之后，即将大量的墨汁或彩色颜料分门别类地洒泼于纸上，然后急速摇动纸张，使墨汁或色汁在纸上散布开来。然后，他再依势布局随意发挥，又分别进行破墨或者破色。最后，他再根据画面的实际形状，或用墨、彩勾勒线条，或者用笔进行皴擦，或者随意点染，或者添加景物，等等。这样，经过细心地收拾与整理之后，一幅新的极具时代感的中国绘画即告完成。

张大千对于自己摸索创造出来的这种新技法很是得意。他曾说："在此之前，我完全临摹古人，一点也没有变。自从这样画后，我发现不一定用古人的方法也可以用自己的方法来表现！"

接着，张大千又说："这样画可以因势利导、取其自然、得其天趣，能发前人之未发、写前人之未写。艺术无止境，我们作画的人就应当这样，时时进步，不断创新！"

张大千对于自己艰苦创出来的这种独特的破墨、泼墨、泼彩和泼写兼施的新画法为之大喜，非常高兴。从此以后，他是作风大变，使得其泼墨、泼彩和泼写兼施大行其道、大施于世，在世界各地的展览会上都展出了他的这些新作品，令人们有如遇石破天惊之感，受到了极大的震撼与冲击。

张大千的这种新画法既继承了传统并将之发扬光大，同时也是利用了他的优势与长处，避开了他因眼病而不能作细致的工笔画的短处，同时又能同国际"接轨"，和时代同步，真可说是独树一帜、别具匠心、一举多得！张大千的这种新画法给面目陈陈相因的传统中国绘画又注入了新的养料、带来了新的面貌，并具有生动活泼的新鲜气息。因而张大千的这些新作一出，顿时就受到了中国画坛与世界画坛的高度称赞和热烈欢迎。

因此，当时中外许许多多的资深艺评家说："张大千发明的破墨、泼墨、泼彩和泼写兼施的新技法是中国当代美术史上的一次大革命，更是他对中国绘画艺术做出的又一大发展和贡献！""张大千的这些最新的作品尝试了高度概括的手法，'意足不求颜色似'，信手挥洒，一片泼墨完成，'元气淋漓障犹湿'，那才是他自己的画！欧游归来，张大千不再拘泥于形似，正拟以生辣与拙重的笔墨来表现神似。苏东坡说：'诗画本一律，天工与清新'，这不就是至高无上的境界么！"

就这样，年已花甲的张大千不顾自己身体的老迈和眼睛的疾患，又高瞻远瞩、高屋建瓴、豪气霄汉、大刀阔斧，奋力"血战"，继续带头冲刺在中国画改革创新的最前沿。

第二十二章
离开巴西移居美国

1. 被尊称为"中国无任所文化大使"

张大千离乡去国之后，从上世纪 50 年代开始，他就到处举办画展，着力地宣传、介绍了中国文化。据不完全统计，张大千自移居海外的头 20 年里，他曾在印度、泰国、日本、阿根廷、美国、巴西、法国、英国、德国、瑞士、新加坡等许多国家以及中国的香港、台湾等地举办了许多次画展，出版了很多画册，更发表了无数谈话，从而把美妙绝伦的中国传统艺术遍撒人寰。

张大千来到海外之后，始终不忘自己是一个中国人、自己的"根"在中国。他曾经反复教导儿孙和弟子等人："我们是炎黄的子孙，是黑眼睛、黄皮肤的中国人！我们的血管里奔流着黄河与长江的汁液，华夏神州上埋藏着我们的'根'！""月是故乡明，水是家乡亲。外国虽也有山水，但总不及中国的好！""我们既然是中国人，那就一定要会讲中国话！不会讲中国话的，那就不能算是中国人！"……

张大千自己对于这些更是身体力行。为了表示他是一个堂堂正正的中国人、为了努力宣扬中国文化艺术，他总是时时奉行中国传统，毫未动摇、松懈。不论是在巴黎、伦敦、欧洲的闹市街头，还是在巴西、美国、日本的贵宾席上，张大千总是一袭长衫，脚蹬布鞋，偶尔再加戴一顶苏东坡帽，长髯拂胸，显示出一派源出华夏的仙风道骨。他这副打扮，再加上其满口的四川话，令人一见都以为他似神仙中人。

张大千在世界各地频频举行的中国画展都取得了很大的成功，收到了很好的成效。例如，辛亥革命烈士喻培伦大将军的后裔、当时正在西德留学的张大千的表弟喻钟烈回忆，当他经过巴黎去西德求学时，"赫然在法国国家画廊看见他（指张大千）的画正在做特别展出，进门处挂着他善画的长臂猿，真是栩栩如生。那时正值'冷战时期'，中国在'自由世界'可说毫无地位，而骤然在异国看见巨幅丝裱的中国画，的确是倍感亲切，更何况还是自己表哥的大作！"

喻钟烈接着又说："就在那国民党偏安台湾、北京政府又与西方国家处于敌对的岁月里，他就像是一个超然的'文化大使'独自在海外展出书画，足迹遍及欧、美、日本及东南亚各国，着实地宣扬了中国文化。而他那挽袖挥毫、落笔拂须的神态，确也堪称是一位表里相符的'中国文化大使'。日后与他有了较长的相处，使我一向对于中国传统文化的冷漠态度也逐渐转变，对祖

/

张大千以他高昂的爱国主义精神和高超卓越的绘画艺术，赢得了国际艺坛的极大尊重。此为著名画家兼雕塑家潘玉良历经 20 余年才创作完成的《张大千塑像》，是潘玉良一生中最著名的雕塑杰作，现永久陈列在巴黎法国国立现代美术馆

国重新获得了'认同'。"

就这样，张大千通过自己单枪匹马的长期、顽强、非凡、卓越的奋斗，其步履所及到处都掀起了一股中国文化艺术热。他也被世界各地的人们尊敬地称为"中国无任所文化大使"、"当代中国最伟大的画家"、"当今世界最富盛誉的中国大画家"。

2. "八德园"处要修建水库

张大千在巴西侨居了 16 年后，1968 年夏他又遇见了人生中的一个大难题。

原来，早在 1936 年时巴西政府制定的"全国远景经济发展规划"中即准备要在"八德园"一带修建一座大水库，以作为圣保罗市的饮水补充来源。时过 30 多年后，随着当地的经济发展人口骤增，巴西的这个远景规划也终于被提上了日程。于是，"八德园"同附近地带的许多地区都被划入了修建水库的征地范围。张大千苦心经营了许多年的这座美丽的东方名园也即将被沉入水底，成为水库的一部分了。

"八德园"将被破坏并永远沉入水底的消息，当时不仅震惊了张大千，更震惊了全球艺术界的许多朋友。这些朋友们纷纷向巴西政府写信或向有关部门和人士"斡旋"，反映"八德园"的巨大历史价值、艺术价值和文化价值，要求保留下这座美丽的东方名园。

但可惜的是，当时各方做出的这些努力最后都以失败告终。

张大千对此虽感惋惜，但也无可奈何。同时他亦处之坦然地觉得："得之于己，又失之于己，夫何恨之有？"

于是，为了未来的栖身之地，张大千又开始了新一轮的寻觅。

叶落归根！按照张大千的本意，当时他最最想去的地方，还是恨不得能马上结束自己这种到处漂泊、萍踪不定、寄人篱下的海外侨居生活，尽快地返回生他养他的大陆故乡，返回生他养他的神州祖国去。

然而，中国大陆从 1966 年起就爆发了史无前例的"文化大革命"。在这场大张旗鼓"兴无灭资"、席卷神州大地每个角落的"文化大革命"中，人妖颠倒、是非混淆，无数的干部被打倒，无数的人士被迫害，无数的秩序被破坏，无数的文物被毁灭……中华民族陷入了浩劫与苦难之中。

这场"横扫一切牛鬼蛇神"的疯狂运动锋芒所及，遍至无遗。甚至就连远在海外的张大千，当时也未能逃掉被"炮轰"、"油炸"、"火烧"、"声讨"、"打倒"的可怕命运。在这种情况下，张大千要回祖国故乡，势不可能。

那么，回台湾去？虽然自古以来台湾就是中国的一部分，但张大千摇摇头，也打消了回台的念头。因他知道，尽管台湾是非常欢迎他回去，可台湾毕竟太小，而更为重要的是，他一旦去了台湾，那按照两岸当时的敌对状况，他就有可能永远也回不去大陆故乡了。对此，他是于心不忍，更是于心不甘啊！

大陆回不去，台湾不想去，而巴西现在又在"撵客"，那他究竟该去哪里？

张大千对此考虑来、考虑去，步履蹒跚，徘徊不定。最后，他长叹一声，终于拿定了主意：此处不留爷，自有留爷处！看来，自己只能先去美国安身了。走一步算一步，有什么事，待今后再说。

于是，1969 年秋，张大千离开了"八德园"，率家来到了美国侨居。

3. 移居美国加州卡米尔城

张大千来到美国后，先把家安在了美国加州旧金山南边的观光小城卡米尔。他决定来此地居住的原因，主要有四：一是美国欢迎移民，特别是像他这样的有着世界影响的大艺术家，更是欢迎；二是他在美国已经有了一定的知名度和影响力，并有着较广阔和较稳固的顾客市场，无须他再重新去挣名声、打天下，这容易解决他的"吃饭问题"；三是他在美国的华侨朋友比在巴西要多得多，他来此之后，可以高朋满座，经常聚会，比在巴西要热闹得多；三是美国的医学先进，他可以就近求医，这比在巴西要更加方便。对于他日渐老迈和日益衰弱的身体，他不能不予重视，这是一个必须关注的重要问题；四是卡米尔城的气候宜人、风景秀丽、苍松翠柏、花草铺地，全城宛如一座大花园，他以前游览此地时就非常喜爱这里，并喻为"人间仙境"。

因而这次搬家，张大千率家属来美国后首先就选定了住在这里。

张大千来到卡米尔后，先是住在了汽车旅馆里，这自然是极不方便。然后他到处搜寻，购买下了一幢二层小楼房作为暂时的居所。该楼房位于一座小山坡上，周围的草木茂盛，空气清新，景色幽美，尤其是生长了许多松树，很得张大千的喜爱。他遂将此楼叫作了"可以居"。该名源出于宋代郭河阳的山水画论曰："昔人论画山水，有可行者，有可望者，有可游者，有可居者。但可行、可望不如可居、可游之。为得此，君子之所以渴慕林泉者，正谓佳构难得也！"

张大千住在这个"佳构难得"的"可以居"中，每日游逛于青山碧水之中，徘徊于松柏林木之下，感到十分高兴。他曾作了《移家美国卡米尔》一诗，如此表达了他当时的喜悦心情：

> 四山俱是百年松，松下新添一翁官；
>
> 我与青松原旧识，而今却作主人翁！

"可以居"虽然很好，但是其面积实在太小。按照中国古话，安居才能乐业。因而过了一段时间后，张大千又在离"可以居"不远的地方购买下了另一处较大的旧宅园。该园坐落在美国西海岸著名的"十七哩海岸公园"里面，占地近达6亩，周围的修林环绕，尤多苍松翠竹，一片浓绿覆盖，望去青葱可爱。张大千见之大喜，想方设法将该园买了下来。

张大千购下此园后，随即又大动土木对之进行改建。他雇人将园中原有的西洋橡树全部拔去，准备修一间大画室，同时又命人挖土为池、垒石为山，并到处搜寻原产于中国的花草树木等遍植园中，拟将该园再修建成一座纯粹中国式的园林。张大千还根据该园的风貌，将它命名为"环碧庵"，又叫"环筚庵"，隐含着他又将在此地"筚路蓝缕，以启山林"了。

张大千有了"环筚庵"后很是兴奋。他曾又作了一诗《移家环筚庵》，表达了他当时的欢喜和得意：

/
张大千移居美国后在古老的柏树下留影

万竹丛中结一龛，青毡能守自潭潭。老依夷市贫非病，久侍蛮姬语亦谙。

得保闲身惟善饭，未除习气爱清谈。呼儿且为开萝径，新有邻翁住屋南。

4. "张大千四十年回顾展览"轰动全球

张大千自移居美国之后，为了宣扬中国文化，也为了解决自己和一大家子人的"吃饭问题"，他又到处举办了画展。根据不完全的统计，他曾先后在美国卡米尔的拉奇美术馆、洛杉矶的考威克美术馆、纽约市文化中心、纽约圣约翰大学、纽约的佛兰克·卡诺美术馆、波士顿的阿尔伯特·兰敦美术馆，乃至西德的科隆市，以及中国的香港、台湾等地又举办了多次画展。张大千的名声不仅迅速传遍了美国的东、西海岸，而且在全世界更是大震。

转眼之间到了1972年，张大千应美国旧金山砥昂博物馆之邀请，于该年11月15日举行了声势浩大的"张大千四十年回顾展览"。预展当天，虽然天降大雨，但不顾风雨前来祝贺的中外各界来宾竟突破了超纪录的2000多人，仅仅是在签名簿上正式签名报到的各地各界来宾就达到了2236人之多。由此足见，张大千当时在美国及世界艺坛上的号召力和影响力之大矣！

张大千的这次回顾展览，共展出了他从1928年至1970年间的历代代表作品54幅。作品有他早年的仿古、有他中年的创作，亦有他近年发明的泼墨、泼彩画。其中，山水、人物、花卉、翎毛、走兽等画各类皆有，真是琳琅满目、美不胜收。这次展览既反映出了张大千 40 年来在绘画的各个门类上所达到的杰出卓越成就，也表现出了 40 年来他的画作历程及其画风的演变。

就在这次展览会大厅的迎面大墙上，贴着张大千自撰的展览序言，其文曰：

先友徐悲鸿最爱予画，每语人曰："张大千，五百年来第一人也！"予闻之，惶恐而对曰："恶，是何言也！山水石竹，清周绝尘，吾仰吴湖帆；柔而能健，峭而能厚，吾仰溥心畬；明丽软美，吾仰郑午昌；云瀑空灵，吾仰黄君璧；文人余事，率尔寄情，自然高洁，吾仰陈定山、谢玉岑；荷芰梅兰，吾仰郑曼青、王个簃；写景入微，不为境囿，吾仰钱瘦铁；花鸟虫鱼，吾仰于非闇、谢稚柳；人物仕女，吾仰徐燕荪；点染飞动，鸟鸣猿跃，吾仰王梦白、汪慎生。画马，则我公与赵望云。若汪亚尘、王济远、吴子深、贺天健、潘天寿、孙雪泥等诸君子，莫不各擅胜场。此皆并世平交，而老辈文人，行则高矣美矣，但有景慕，何敢妄赞一词焉！五百年来一人，毋乃太过？过则近乎谑也。"悲鸿笑曰："处世之道，对人自称天下第二，自然无怍。君子伪谦，不亦同予之天下第二者非耶？"此一时笑乐，忽忽已是四十余年事，言念及之，不胜感叹！……

就在这篇序言中，张大千的交游之广、识见之深、态度之谦、治学之严、创作之勤，皆表现得淋漓尽致、跃然纸上。这正如中国古语所说："学进于振，而废于止。"也正如杜甫所言："别裁伪体亲风雅，转益多师是吾师。"这使得张大千能够吸取众长，不断奋进,从而攀上了世界顶尖级绘画大师的巅峰。

因而,"张大千四十年回顾展览"在美国盛况空前,轰动了全球的艺术界。从该画展开幕以来,中外各界的观众络绎不绝,许多艺术评论家、收藏家、美术家、爱好者们甚至是远从亚洲、欧洲、南美洲等地赶来专门参观这个展览。至于世界各地的各种媒体对这个展览的报道、介绍、评论、赞美等,那更是铺天盖地、连篇累牍,乃至这个画展整整进行了一个月之久方才结束。

鉴于"张大千四十年回顾展览"的巨大影响,台北"国立历史博物馆"特邀请此展赴该馆展出。1973年5月,此展由台湾"教育部"主办,在台北历史博物馆隆重开幕,张大千也应邀亲赴台湾主持了该展。

此次画展,展出了张大千的历年代表作品108幅,规模比在美国的更大,顿时又轰动了宝岛。各界人士齐聚台北历史博物馆,甚至还有香港、澳门、日本、东南亚各地的许多艺术家、收藏家与爱好者等也纷纷专程来台北观览。参观之中,人们无不为张大千的杰出艺术钦佩倾倒、赞美连连。

张大千的这次四十年回顾展览之后,他的名声愈发响亮,在当时西方观众的眼里,张大千几乎成了中国画的代名词。他们一提到中国绘画艺术,往往就会不约而同地说:"中国画——张大千!"张大千为中国文化赢得了巨大的荣誉!

5. "独具只眼"犹自勤奋

张大千的一生视绘画犹如生命,而且是生命不息、奋斗不止。

他曾经多次说过："我的画笔不会停，我会一直画到死的那一天！"

张大千是这样说的，也是这样做的。他一贯认为："从前的人说'三分人事七分天（才）'，这句话我却绝端反对。我以为应该反过来说，'七分人事三分天'才对。这就是说，无论你天分如何好，但不用功是绝对不行的。"因此，他历来的座右铭就是："学习、学习、再学习！用功、用功、再用功！"

张大千从年轻时开始，为了攀登艺术高峰，他就学习、读书、行路不止，向古人学习、向时人学习、向大自然学习，从中吸收了许多养料。而他的用功，那更是人皆尽知，无论何时他都在练习绘画、琢磨绘画、钻研绘画，寻思着在绘画上如何能更一上层楼。因而其老友、著名画家叶浅予曾经非常感慨地说："在中国画坛上，张大千堪称是最最用功的第一人！"

张大千自50年代出走海外之后，特别是他在1957年病目以来，他的"学习、学习、再学习！用功、用功、再用功！"的这个习惯仍是一以贯之，从未动摇。虽然他的眼睛看不清楚，但他仍是坚持着时时绘画——他自己称之为"瞎画"。由于他的绘画时间已很长、功力深厚、技艺娴熟，乃至他"瞎画"出的作品看起来都"绝不像是一个视力昏茫混沌的人所能画得出来的"，这竟然还引起了一些香港朋友们的"误会"与"猜疑"——谓"这是他一种高明的借口，可以作为婉拒索画的托词"。

如果说绘画倒还好办的话，那在写字特别是写信时，张大千目力不济，他往往就只能是睁着眼睛"瞎写"——跟着感觉走了。他常常是写着写着，就将毛笔写在了信纸外的桌案上，而他自己还不知道，仍继续在桌面上"写信"。其笔迹更是粗浓一团，乃至整个信笺上，都是大大小小的黑墨团团。朋友们瞧见此信时，

张大千晚年时，虽只剩下了一只眼睛可用，但他仍是脚不停步，手不停挥，继续向着艺术高峰奋勇攀登

才真正相信张大千的眼睛确实是已经看不清了。

到最后，张大千不幸瞎了一只眼睛。这对于他的打击之大，自是不言而喻。但张大千并未退缩，而是想方设法克服困难，继续在艺术的道路上奋进不息。他请人为自己刻了几方印章，印文即是"一只眼"、"独具只眼"、"一目了然"……这些话均含意双关，它们既形象地说明了他的眼患，更表明了他在绘画上的"大智大慧"与"大聪大觉"。他针对自己的视力模糊，又请人特为自己刻印——"辟混沌手"，专门将之用在了他所作的水墨或者青绿泼墨、泼彩画上，显得异常醒目，更是表露出了他的自我期许和自诩得意。

张大千这种热爱生活、钟情事业、蓬勃乐观、化不利为有利、始终向上的奋斗精神和拼搏劲头，令无数人为之无比钦敬和感动。

在张大千的勤奋中，其最具典型和最为突出的一个例子可说是他的"笔冢"了。由于他的勤奋创作，他一生中用废了的各种各样毛笔不计其数。多情的张大千对这些毛笔舍不得扔掉，而是建起了"笔冢"，把它们给埋起来以示纪念。这些"笔冢"，当年在苏州有，在成都有，后来在巴西有，在美国也有。而张大千在世界各地的这些"笔冢"不仅是他勤奋的象征，也可以说是他得以冲破种种藩篱，在诗、书、画、印等各项艺术上都取得了成功的奥秘所在了。

也正因如此，张大千从他的不懈勤奋中也获得了十分丰厚的回报：他的作品得到了各方面的极高评价，并成了世界各国美术馆、博物馆、图书馆、著名财团、名收藏家等的必藏之物；其作品在市场上供不应求，其售价也屡屡刷新当时艺术品市场上的中国画售价的世界最高纪录。

/
由于张大千在中国书画艺术上的精深造诣与博大成就，特别是他在宣扬中国传统优秀文化上的突出贡献，1974 年，美国加州太平洋大学特授他该校的荣誉人文博士学位。此为张大千接受该校荣誉博士学位典礼时之情景

不仅如此，张大千以勤奋换来的精湛的技艺、渊博的学识、深厚的造诣与辉煌的成就，还得到了国际社会的极大赞扬和尊重。1959 年，法国国家博物馆成立永久性的"中国画展览"时，张大千一人就有 12 幅作品被选入了该展做永远展出；同年，法国国立现代美术馆又购藏了中国旅法著名画家潘玉良雕塑的《张大千胸像》，在该馆做永久陈列；1962 年，梵蒂冈罗马教皇还曾特别颁授奖章一枚给张大千，褒奖他在艺术上的卓越成就；1972 年，美国洛杉矶市议会通过决议，授予张大千以该市的"荣誉市民"称号；1974 年，美国加州太平洋大学又颁授张大千以荣誉人文博士学位；等等。

一滴汗血，一番收获。由勤奋得来的如此之多的鲜花、荣誉、奖牌、掌声、赞颂等，张大千实实是当之无愧。这正如著名诗人兼书法大师于右任赠张大千的一首《浣沙溪》词所说：

> 上将于今数老张，飞扬世界不寻常；龙兴大海凤鸣岗！
> 作画真能为世重，题诗更是发天香；一池砚水太平洋！

6. 愈到晚年怀乡愈深

可是，就在这些表面上轰轰烈烈、辉煌灿烂、风风光光的背后，在张大千的内心里却有着挥之不去的深深痛苦、郁闷、纠结与悲哀——这就使他长期以来极其强烈的思国怀乡之情无法遏止。

张大千自从去国以来，历经印度、阿根廷、巴西、美国等地，在外漂泊已经长达近 30 年。在这段漫长的日子里，身在海外的张大千，对于家乡故国常常是魂牵梦绕、日思夜恋；他对亲朋旧友那更是萦回九肠，无比恋眷。为想亲人，他曾经是一夜又一夜地哭醒；因思故山，他更是时时暗自感伤、老泪盈眶。怎奈，"相思日日镂肝肺"，"念远怀人更忆家"，这使得张大千是牵肠挂肚，食不甘味，寝不能安，由之平添了许多忧愁。而这种"剪不断，理还乱，别是一番滋味在心头"的绵绵相思和离情别绪曾引起了他无数的暗自垂泪与悲怆呼唤。

早在印度时期，张大千的思乡之情便已非常浓烈。当时他曾作了大量的诗、书、画来倾诉自己的游子之痛和眷国之恋。

而到了阿根廷后，张大千的怀乡之思愈发炽热。他曾在一幅《招山图》上题诗曰："岸花送客雨绵绵，樯燕留人意惘然。万里故山频入梦，片帆今日是归年！"表达了他急欲"回家"的迫切意愿。

可是在阿根廷说归未归，反而又去了巴西侨居，张大千环视四周，更是人地生疏，四顾茫然，于是他又作了《怀乡》等诗词与绘画，表现出了他的一片惶然和哀切心声：

"不见巴人作巴语，争教蜀客怜蜀山；垂老可无归国日，梦中满意说乡关！"（《怀乡》）

"与君同岁复同乡，老病摧颓只自伤。把酒凄然天北望，故人应念我投荒！"（《投荒》）

"投荒乞食十年艰，归梦青城不可攀；村上老人应已尽，含毫和泪纪乡关！"（《青城老人村》之一）

"十载投荒愿力殚，故山归计尚漫漫；万里故乡频入梦，挂帆何日是归年？"（《青城老人村》之二）

/

家国情深、感情丰富的张大千，自离开祖国大陆之后极度地怀乡思亲。他常常为之魂牵梦绕，日思夜念，萦回九肠，痛哭不止。这是早在 1954 年时他在巴西寄给国内女儿张心裕照片上的题字，饱含了他对祖国故山和家乡亲人们的无限深情

张大千自欧游归来后，尽管他到处风光，鲜花、掌声和荣誉满怀，其名声在全世界已是大红大紫，但这仍掩不住他深深的怀乡愁苦与乡恋悲哀。他又洒泪凄苦唱道：

"海角天涯鬓已霜，挥毫蘸泪写沧桑；五洲行遍犹寻胜，万里归迟总恋乡！"（《恋乡》）

而自张大千移居美国后，随着岁月的流逝，身体的老迈，疾病的增多，致使他的思国怀乡之情更炽。虽然物质生活富裕，但他内心的思亲煎熬，却愈不能止。因而他更是时时哀叹："老依夷市总凄然，""去国宁知竟莫回！""共对春盘话巫峡，挂帆何日是归年？！"

在极度的无奈和愁苦之中，张大千只好靠作诗书画来寄情、解闷。但画着画着，故国的山山水水又浮现在了他的眼前，使他"哪得心情着泉石"，"对影挥毫苦忆家"，这使他陷入了更深的苦闷与惆怅。

为此，张大千安排了一些出外旅游。可异国的一场春雨、一片杏花，却又引起了感情敏锐的张大千触景生情：

"一片红霞烂不收，霏霏芳雨弄春柔；水村山店江南梦，勾起行人作许愁！"（《题杏花春雨图》）

于是，家国情深的张大千，只能把自己的满腔希望，都寄托于想象和梦境。他幻想着自己：

　　"谁将折柬远招呼，长短相思无日无；挈取酒觚诗卷上，一帆风雨过姑苏！"（《题风雨泛舟图》）

　　"玉妃岁月影鬖鬖，燕罢瑶池酒正酣；夜半不知香露冷，春风吹梦过江南！"（《题折枝红梅图》）

　　然而，当虚幻打破，活生生严酷的事实就摆在眼前时，年已古稀的张大千更是禁不住长吁短叹、老泪纵横。他在泪眼蒙眬中遥望故山，极度痛苦地呼喊出了：

　　"八桂山川系梦深，七星独秀足幽寻；漓江不管人离别，翘首西南泪满襟！"（《题侯北人画桂林山水图》）

　　1975 年，年老体衰、已有 77 岁高龄的张大千由于糖尿病、心脏病、高血压、双眼疾患等百病缠身的困扰，已经是精疲力竭了。他还乡的迫切心愿更已变得急不可耐。他含着热泪向东眺望，渴望着回家、回家、回家……

　　可是，在当时的那种情况下，他又究竟能回到哪里去呢？

第二十三章
心怀祖国永恋故山

1. 思乡心切移居宝岛

1975年，住在美国的张大千感到心情烦闷、精神委顿，遂进医院检查，诊断结果使他大吃一惊。原来，医院的检查已经证实，张大千的健康情况令人堪忧，已患有多种严重疾病：

（一）心脏病：冠状动脉硬化症合并陈旧性心肌梗塞症；

（二）糖尿病：此病已经患有几十年，且有越来越严重的症状；

（三）十二指肠溃疡及胆结石：以前就曾经发作过，今后还有复发之可能；

（四）重度腰间退行性关节病：因腰椎间的距离变窄，导致神经受损，致使行动十分不便；

（五）眼病：右眼原患有糖尿病性眼底毛细血管破裂症，虽经多次治疗，但无效果，现已基本失明。左眼原患有白内障，经摘除后虽有好转，但仍有重度之糖尿病性视网膜病变，需要格外当心；

（六）皮肤病：全身患有多种皮肤病，致患者日夜不舒。

医嘱：除须每天按时打针、服药外，平时还应与心脏科等专科医师时刻保持密切联系。

张大千看到这里，不禁长叹了一声。他知道自己这架"老陈破旧机器"经过了几十年的风雨飘摇和长期透支超劳服役，可能会随时"散架"了。

在这多种多样严重疾病的折磨与威胁之下，当时已经是77岁高龄的张大千更是想起了故山，想起了祖国。他想，如果自己还在异国他乡，就这样子"走了"的话，那他实在是不甘心，更是不死心，而且是死不瞑目的啊！

"胡马依北风，越鸟巢南枝"；"羁鸟念旧林，池鱼思故渊"；"鸟飞反故乡兮，狐死必首丘"；"居常思土兮心内伤，愿为黄鹄兮归故乡"……这许多中国古诗老在张大千的耳边不断回荡。他想，自己活着是中国人，死了是中国鬼，自己哪怕是死也要死在中国的土地上。

于是，眼昏手颤的张大千拄着拐杖，泪眼茫茫，痴痴地向着东方不停地凝望。他想趁自己还有一口气落叶归根，赶紧还乡，返回祖国去。

然而，当时中国大陆正在进行的史无前例的"文化大革命"依旧开展得如火如荼，"批林批孔"的熊熊烈火正在一波高过一波；

而且"论对资产阶级的全面专政"、"誓将无产阶级文化大革命进行到底"、"彻底砸烂封资修,建立一个红彤彤的新世界"……的种种巨大声浪仍然高高笼罩在神州的大地上。而以"批走资派"、"批还乡团"等为先导的"批邓(小平)"和"反击右倾翻案风"的浩大运动当时也已经现出了种种端倪,并即将掀起滔天的狂风巨浪。

在国外了解到这一切,张大千心知,依照自己身体的状况,已经是到了"时不我待",甚至是"争分夺秒"的地步了。他深深痛感到——"老依夷市总凄然",他急切渴望着——"回家"、"回家去"!为此,他已是漫漫期盼和苦苦等待了近30年。而自己现在已经属于是长途疲马、风中残烛、时日无多、"无奈流人两鬓霜"了。他更是深深觉得,自己已经没有多少时间再这样子无休无止地"继续等待"下去了——谁知这究竟会等到哪一天?最后是否能够等得到?这都很难说。而在当时的形势下,他要回大陆故乡的耿耿和迫切心愿已被"文化大革命"和"反击右倾翻案妖风"的熊熊烈火无情阻断,看来是永远都没法实现了。

这时,他悲从中来,哀从心起。他心头的那种酸楚、痛苦、怅惘、悲伤实在是难以形容,更难以述说。

万般无奈之下,已经是百病缠身、行将就木的衰弱老人张大千便只好把自己苦恋祖国的深情目光移向了离故山仅只有一海之隔的宝岛台湾。

因为,从小到老,张大千都始终坚定不移地认为:台湾,自古以来就是中国的领土,是中国神圣的不可分割的一部分。眼下自己既然回不了祖国大陆,那就退而求其次——暂时先回台湾去吧,回到台湾,也就等于是回到了中国。

于是，就在这种情形下，张大千终于做出了一个非常艰难而又重要的决定：离开美国，回台湾定居！

2. 拒绝公款自费建宅

经过一番准备之后，1976 年 1 月 25 日正逢中国的农历春节前夕，张大千率夫人徐雯波从美国飞去了台北，正式申请定居台湾。

张大千下了飞机，刚刚踏上了台北的土地就兴奋激动地向蜂拥而来的记者们吐露了他的心声："我好想家哟！在国外时我并不快乐，就像是在大海里浮动的木块，随风追逐，随浪漂流，不知此身将系于何处！"

对于张大千的回台定居，台湾的上上下下均表现出了极其热烈而又隆重的欢迎。就在张大千返台后的第 6 天，1 月 31 日，正逢农历春节初一，台北"国立历史博物馆"就举行了声势浩大的"张大千先生归国画展"。台湾各界首脑、名流、老友等统统云集一堂，场面非常热烈壮观。在此画展的开幕式上，台湾"教育部部长"蒋彦士还代表台湾当局，向张大千颁赠了"艺坛宗师"牌匾一方，以示褒奖。

这次画展轰动宝岛，张大千的作品也被全部抢购一空，共得到新台币约 1000 多万元。张大千这次回台的卖画所得，使他又有了充裕的生活费用。

接着，鉴于张大千以前和北京故宫博物院建立的良好关系，台湾"国立故宫博物院"也立即盛情聘请，聘任张大千为该院管理委员会的正式委员——这也是一个地位很高、名头很响的社会

/
1976年1月，思乡心切的张大千从美国回到我国台湾定居，受到了台湾上上下下的热烈欢迎。这是在台北"国立历史博物馆"举办的声势浩大的"张大千先生归国画展"开幕式上，时任台湾"教育部部长"的蒋彦士代表台湾当局向张大千颁赠"艺坛宗师"匾额时的热闹场面

头衔。

不久，由台北"国立历史博物馆"精心编辑印刷的《张大千作品选集》和《张大千九歌图卷》亦正式出版，更是广泛宣扬了张大千的生平及其艺术。

稍后，由台湾电影导演吴树勋热情编导并由张大千亲自"主演"，拍摄了一部纪录影片《张大千的绘画艺术》。该片制作完成举行公演时，立刻轰动了整个台湾。

从此，张大千在宝岛的名声是家喻户晓、妇孺皆知了。

张大千对于台湾方面如此热烈地欢迎自己，自然是感到非常欢喜。

俗话说，要安居才能乐业。对于张大千的回台定居，当时的台湾当局也很是高兴，曾经做出了一个决议：用公款赠送给张一座豪宅，以便他安家。但张大千听说此事后却是"甚感不安"。他坚守着自己一生都一直奉行的"公私分明"的原则——"自己从不也绝不能占公家便宜"，婉辞了台湾当局的这番好意，而是坚持着由他自己出钱在台北市买下了一块地皮在上面自费建房。

张大千买下的这块地位于台北市郊的外双溪畔，毗邻故宫博物院和他要常去看病的荣民总医院，面积共有578坪（约合2.7亩）。该地区的树木成荫，风景秀丽，鸟语花香，流水潺潺，空气清新，四围静谧，交通也十分方便，很是得到张大千的喜爱。

张大千买下了这块地后，随即亲自设计布局，并请人修建，于1978年夏终于落成。他携家欢天喜地搬入了新居。张大千曾引用陶渊明的《饮酒诗》来称赞该屋曰："结庐在人境，而无车马喧。问君何能尔，心远地自偏。采菊东篱下，悠然见南山。山气日夕佳，飞鸟相与还。此中有真意，欲辩已忘言。"

张大千将台北的这座新居命名为"摩耶精舍"。该舍中有画室、花园、假山、鱼池、流水、长廊、茅亭、小桥、竹丛、盆景、花石、鸟兽，等等。张大千花巨款远从美国和巴西运回的奇石也都巧妙地布置在了园中，形成了美丽的自然景观。

为了把"摩耶精舍"布置得更美，张大千还到处奔走，搜遍了宝岛各地的花石市场，只要是他看中了的奇花异卉、树石盆景，不论再贵，他都要买回来放置在园中细细品赏。于是有许多花木商人借此机会漫天抬价，趁机发财。例如，平常最多只售几千元新台币的花石、盆景等物，若是张大千要买，他们则"起码要喊价 20 万元"。因而有不少人言，当时台湾的花石市场行情都被张大千给"搞乱了"。

对此，张大千曾哈哈大笑着说："这是我定居在国内的家，自然要把它弄好一点。虽然其面积不及美国的环筚庵和巴西的八德园，但是在感情上，我却感到是最为亲切！"

就这样，张大千住在了台北的"摩耶精舍"中，他心中的欢乐喜悦自不必提。这正如他在自己的那首《外双溪卜宅口号》诗中，所表达出的喜悦和兴奋心情：

> 万里归还结宅新，山边水浃绝纤尘。
> 平生饥饱无牵累，但有情亲便慰人！

3. "三张一王"笑乐融融

张大千自住进台北"摩耶精舍"之后，每日将院门大开，热

一辈子都从不占公家便宜的张大千，谢绝了台湾当局欲赠送他一座豪宅的好意，而是自己掏钱，在台北市外双溪处购地建屋，于 1978 年正式落成，将之命名为"摩耶精舍"。此为张大千在"摩耶精舍"的花园中观赏荷花

情接待着来自各方的宾朋，乃至每天前来拜会他的旧友新知络绎不绝，客厅与花园中的朗朗笑声连绵不断。那真是高朋满座，欢笑连连——"座中客常满，杯中酒不空，谈笑尽鸿儒，往来无白丁。"素喜热闹也最重友情和亲情的张大千，这时真感到其乐融融、无比温暖。这正如他常说："我一生中最爱朋友，回国定居就是要常与朋友们谈古论今。人生至乐，合乎我心！"

这，也正如张大千在他刚回台湾后所作的一幅山水画上所题："病后返国，故人握手，神为之爽，三胜服良药矣！"……

在"摩耶精舍"的常开之门中，当时有三个人来得最勤，他们和张大千的友谊最深，也最得张大千的尊敬、信任与欢迎。久而久之，张大千和这三个人遂形成了十分紧密的"特定关系"。由于他们这四个人彼此经常轮流做东、互相请客，时时团聚，因此被台湾媒体和外界叫作"三张一王"转转会。

所谓的"三张一王"，指的是张群（岳军）、张大千、张学良（汉卿），再加上一个王新衡。由于种种原因，他们这个"转转会"极少邀请外人参加。

在这"三张一王"中数张群的年龄最大。他比张大千要大10岁，比张学良要大12岁，比王新衡要大20岁。但他们四人都喜爱书画，也都很喜欢收藏，因而他们聚在一起常常是品茗把酒，赏花观景，谈诗论画，说古道今，上下五千年，纵横八万里，真是过得欢声笑语、乐趣无穷！

而在这"三张一王"中，张大千觉得和自己最谈得来的还是历史名人张学良了。张大千和张学良二人早在1936年的"西安事变"以前彼此就已认识，并结下了极为深厚的友谊。后来虽然世事多变，但他俩之间的真挚友谊却已经绵延长达半个多世纪。

这时的张学良，尽管已被台湾当局明令解除了"管束"，但仍被众多的情治人员"重重保护"，所幸他赴"摩耶精舍"访问还能得到"上面"的"恩准"。张学良遂利用此机会，只要"有空"，他就经常去"摩耶精舍"与老友张大千谈天说地，观花赏草，论诗品画，互相讲些逸闻趣事，村野笑话，交流一些如何种花养草、怎样烹饪美食、如何延年益寿等，而极少言及政事。

"平生饥饱无牵累，但有情亲便慰人！"一辈子重亲情、重友情、重感情的张大千处在当时这种闲暇、散漫、热闹、亲切、温馨的舒适日子中，在其他二张一王与众多朋友的呵护下，经济不愁，生活无忧，真是过得其乐融融，以"得其所哉"了。

4. 不顾年迈自我挑战犹画《庐山》

自20世纪的六七十年代以来，台湾的经济"迅速起飞"，快速增长，成绩骄人，乃至它与香港、新加坡、韩国一起被并称为"亚洲四小龙"，创造出了令世人惊奇的经济奇迹。在财富增长的刺激下，当时台湾的艺术品市场也价格高涨，一片繁荣。这使得张大千的作品不但一点不愁销路，而且是严重的"供不应求"。乃至台湾当时有许多人惊呼："张大千的双手可以说是点纸成金，就像是一架会造钞票的机器，随随便便就能来钱！"对之真是眼热万分、羡慕不已。

然而，作为艺苑宗师的张大千却始终牢记着"艺无止境"。虽然他名声已经红遍天下，被誉为了"当今世界最富盛誉的中国画大师"，尽管又是岁在暮年，身体且又衰弱多病，但他仍思在艺术上要继续进取、勇敢攀登，不但要超越别人，而且更要超越自己。因此，1980年，时年已经82岁高龄且只有一只眼睛可用的张大千，经过反复考虑，又勇取地接受了一次挑战：要画出一幅自己还从来没有画过的泼墨泼彩巨画——《庐山图》。

张大千要画《庐山图》的决定，使朋友们非常吃惊。因为他们知道，张大千一生中虽游遍了神州大地，但却从未去过庐山，故而此图的难度之大不难想见。

张大千欲画《庐山图》的准备工作也很是惊人。首先，张大千托在日本工作的好友黄天才，代他在日本购买最大尺幅的整幅绢，并谓"此幅画能否画成，关键就看是否能找到这么大尺寸的绢了！"黄天才不敢怠慢，在日本各地到处寻觅，终于在京都花巨价定制到了一幅纵高2米、长达10米的整绢，然后又在日本高级画材商店里将该绢"上矾水"后才将绢送来了台北。

画绢有了，但原有的画桌却不够大。于是，张大千又不计代价重金雇人赶造出一张长12米、宽3米的大画桌，以便绘画。但大画桌制好后，却发现台北"摩耶精舍"中原来的大画室内容纳不下。张大千干脆又请来了建筑队就地施工，大兴土木，改造画室，仅此项工程就耗资新台币高达数十万元之巨。故黄天才惊叹曰："当今之世，除了张大千，还有谁能够有如此之大手笔、大气魄！"

与此同时，大千老友、时任香港《大成》杂志社的社长兼总编辑沈苇窗也经常将有关庐山的各种资料寄来台北，供张大千参考。不久之后，张大千对庐山的各种情况了如指掌，并烂熟于胸。

一切准备工作都做好以后，1981年7月7日，张群、张学良夫妇、王新衡夫妇等人齐聚在"摩耶精舍"的大画室内，隆重参加了张大千绘《庐山图》的开笔仪式。众人只见张大千笑呵呵地拿起有如拖把般的大毛笔，分别蘸上清水、墨汁、颜料等，在大画绢上连泼带洒，然后再根据情况用大拖把似的毛笔在画绢上拖拖刷刷、点点染染。这时在场的众人才真正体会到了绘画是多么的不易，特别是绘制如此庞大面积的大画，不仅要心智，更要技艺，而且还得要体力。

从此之后，张大千待在"摩耶精舍"中时时绘制着这幅大画。由于此画实在太大，张大千在画靠近画桌的部分时倒还好办，而在绘制画的中间部分，尤其是绘制画的上端部分时，因手够不着，他就只好叫家人将他抬到画桌上去，自己趴在桌子上，颤巍巍地艰难绘画。但常常是画着画着，年迈多病的张大千就感到了头昏眼花、心动过速、气喘吁吁、体力不支。这时又要由家人赶紧拿来救心丸之类的药物喂他服下，然后坐在桌上稍微歇一歇，接着继续趴着再画。由此，张大千自己也分外感慨道："我这哪里是在绘画啊，纯粹是在拼老命啊！"

张大千艰难绘制《庐山图》的消息也传到了社会上，记者们纷纷来访。他们对于张大千"奋不顾身"创作这幅大画的精神做了大幅的报道，并纷纷给予了极高的评价。关心张大千的朋友们更是经常来访，或给他送药送食，或为他献计献策，或陪他聊天谈笑，以让他休息休息。……所有这些，都给了他极大的安慰与鼓励。

/

年已老迈且百病缠身的张大千，仍然继续向艺术挑战，向自我挑战。1981年7月7日，张群（左一）、张学良（右二）、王新衡（右三）等人齐聚在"摩耶精舍"的大画室内，隆重参加了张大千绘《庐山图》的开笔仪式

5. 隔海相望老泪涟涟

当时的张大千对《庐山图》这件巨作画画停停，进度极慢，一方面是这幅大画的创作极艰，而另一方面却是他的身体状况很不好，不得不经常住院治疗，特别是他的心情很差，他的"怀乡心病"仍时不时地剧烈发作——他心中充满了对家乡故国和华夏神州的强烈思念。

而在这时，他的祖国正在发生着翻天覆地的变化。

原来，就在张大千移居台湾的九个月后，1976年10月中国一举粉碎了"四人帮"，宣布了"文化大革命"的结束。两年后，中共中央十一届三中全会召开，号召全党和全国人民把一切工作重心都转移到社会主义经济建设上来。从此，中国人民在"实事求是"的理论大旗下开始了浩浩荡荡的改革开放、振兴中华，中华民族步入了一个前所未有的崭新时代，开始了向现代化蓬勃进军的新长征。

春天来了，随着中国大陆的解放思想、改革开放，张大千留在大陆的子女、学生、朋友等人也获准纷纷出境或者出国探亲了。由于当时台湾对大陆仍然封锁，他们只好来到香港、美国等地，希望能够看见自己已多年没见到的老父、老师、老友。

在台北"摩耶精舍"中的张大千听见这些消息后，极为高兴、激动和振奋。他迫切地希望着在自己已经不多的有生之年能与自己的子女、学生、朋友们相见，与骨肉团圆，亲人团聚，老友晤欢。他甚至还进一步打算，若有可能自己如果能够趁此机会再回到他萦回九肠、日思夜恋的大陆故山去走一走、看一看的话，那该有多好啊！这正如他以前的怀乡诗所盼望的那样："得向湄南重握手，春风鬓影满宾宴！"

可是，由于台湾当局的故意阻拦和百般阻挠，张大千欲离开台湾赴香港或者是美国去探亲的计划却都一个接一个地落空。在台湾的张大千陷入了寸步难行、动弹不得的境地。

顿时，张大千由喜转忧，为之大悲。他痛感到，自己人待在台湾，但却是身不由己和无可奈何。他不禁又一次跌进了思家、想家、念家、怀家的"无底深渊"。

没奈何，身在台湾的张大千只得通过鸿雁传书或是通过远洋电话同已到香港或者美国的子女及亲友们交谈和"见面"。在这些信函中，张大千是"墨水无多泪水多"；而在这些远洋电话里，父子、父女、亲友们只能闻声而不能会面，张大千更是为之百感交集、连声呜咽、哽噎难言、肝肠痛断。

1982 年 6 月，当在美国探亲的侄女儿张心素（张善子之女）即将返回大陆家乡四川重庆时，她从远洋电话中向在台湾的八叔大千流泪叩别。张大千闻之，老泪长流，悲莫能已，遂检出己作《陶渊明觅菊图》赠给心素，作为临别纪念。张大千在该图上题写了杜甫的怀乡诗一首，然后又含泪跋云："壬戌夏四月，拈少陵语写此与心素三侄，还蜀示诸新友知、诸亲友知，使友知予老病，颓废不堪。时念三叔、四叔年近百岁，无由相见，老泪纵横，泣不成声。世世为兄弟，徒成虚妄矣！"

次日清晨，张大千起来展观此画，潸然泪落，又在此图上加题曰："晨起为汝检点行李，发现题字错欲零乱，心素心素，汝当知为叔心情为如何！八叔爱，摩耶精舍，时年八十有四，怅汝亦六十八岁矣！"……

"相恋方晓高山浅，相思始觉海非深。""天涯地角有穷时，只有相思无尽处！"处在这无限巨大的思恋与伤悲之中，百病缠身、行将就木的张大千颤巍巍地提起毛笔，蘸泪挥毫，在他创作的一幅《春风燕子图》上，用他最后的余力吼出了他血泪交织的哀痛心声：

> 梅花落尽杏成围，春风二月燕子飞。
> 半世江南图画里，而今能画不能归。

这些悲愤、沉痛的话语集中地表达了张大千长期去国离乡的游子之恋和当时能画不能归的凄苦与哀伤心情。那时的他真恨不得变成一只燕子插上翅膀飞向蓝天、飞向海峡的彼岸、飞向梦中的家园、飞回他那无比熟悉又无限热爱的神州大地和故园山川。

6. 万里归迟心总恋乡

张大千的巨画《庐山图》从 1981 年正式开笔以来，中间不断地画画停停、行行止止，一直到了 1983 年初该画才基本完工。当年的 1 月 20 日，当台北历史博物馆又一次举办规模盛大的"张大千画展"时，《庐山图》也随之面世、公开展览。它当即震撼了全场，在宝岛内外又引起了轰动。

这幅《庐山图》纵高 2 米，长 10 米，它可以说是张大千一生中绘制时间最长的一幅画，也是他最后的一幅巨画。只见此图气势磅礴，群山逶迤，层峦叠嶂，气象万千，飞瀑倾泻，山峰连绵，云蒸雾腾，山水伟岸，古木蓊翠，郁郁葱葱……给人以极大的震撼力和冲击力，引起了观众的无限遐想与神往，并令人无比惊奇和感叹。在这幅画中，泼墨、泼彩、层染、细描以及各种皴法都已用上。虽然张大千从未去过庐山，但这幅画所表现出来的却正是他心中的庐山，是张大千的四川老乡、宋代大文豪苏东坡身在山中犹不识真面目的庐山。

巨著《庐山图》的完成标明张大千的绘画艺术又登上了一个新的高峰。该画所取得的艺术成就，正如中国美协副主席叶浅予先生的评论所说："此画论景，是千山万壑，气势雄伟；此画论意，是寄情山河，缅怀祖国！"而台湾许多艺评家的评论文章也赞：此画之制成是张大千"集一生之经验，用全部的心力，来全其最后之一击！"因此，台湾的上上下下皆认为此画堪称是张大千作品里"精华中之精华"、"杰作里的杰作"，是中华民族的又一个国宝。

然而，《庐山图》的长时间艰难制作却使得年已老迈的张大千精疲力竭、元气大伤。在身体上，他本来就已是疾病缠身，三天两头跑医院、住医院，而在他的心里，更是牵肠挂肚，思恋故乡，想念亲人。他对仅只有一水之隔的大陆故土的切切向往已经变得是急不可耐，此时更已达到了焦迫难忍、无以复加的程度。

在苦苦的乡思苦恋之中张大千又作了许多画、书、诗来倾诉他的乡土之思和恋亲之情。如《题红梅》："百本栽梅亦自嗟，看花坠泪倍思家。"《题芍药》："看花忆昔到丰台，万萼千葩称意开。"《题海棠》："我家香国为邻国，想到花时意便销。"《题飞泉》："眼前便有千里思，蜀笺一幅乡山梦。"《题牡丹》："不是长安不洛阳，天彭山是我家乡；花开万萼春如海，无奈流人两鬓霜！"《题奇石小鸟》："江湖难忘情难忘，白蓝丹青泪

张大千在"摩耶精舍"后园里的"梅丘"巨石旁摄影。1983 年 4 月 2 日，张大千逝世之后，即埋厝在这块"梅丘"巨石之下

暗吞；梦里江山谁阻隔，笔端画鸟最伤神！"《题青城》："寰海风光笔底春，看山还是故乡亲；平生结梦青城宅，蜡屐苔痕画里情！"……

在这样的情况下，张大千情不能已，便只能是"鬓虽残，心未死"，"静忆家人皆万里"；"诉不完绵绵乡恋"，"滴不尽血泪相思"。他一次又一次地关切询问故乡的每一点变化，细心打听每一个亲朋故旧的消息，并频频地写书作画，辗转相托，送赠给大陆的亲人老友。与此同时，他还多次传书带信，要天府故乡的肥泥沃土，要桑梓地内江的蜜饯甘果，要川剧《白蛇传》的录音带，要青城山道士的棕拂尘……他恨不得能把故土的一切都全部搬来。而当这些东西越过千山万水辗转送到了他的手上时，鬓须斑白的张大千睹物思亲怀乡，往往是浑身颤抖、放声大哭。

一次，一个美国人从大陆四川来台访问，特意给张大千带来了一包成都平原的泥土。张大千嗅着这几十年来都未曾嗅到过的故乡泥土时立刻为之大恸老泪纵横，并把这包泥土紧紧地抱在了胸前，然后又贴在了脸上，深情地吻着，最后又把它恭恭敬敬地供在了先人的遗像前，朝夕焚香，合掌行礼。

为表答谢，张大千曾不止一次地慷慨赠画给那个美国人，使得该人喜出望外。乃至台湾的许多人都讲，乡土故国之思是张大千感情上"最最脆弱的一环"。

"白蓝丹青泪暗吞"，"看花坠泪倍思家"；"相思日日镂肝肺"，"万里归迟总恋乡"。处在这种刻骨铭心的相思、苦恋、哀愁、忧伤、烦闷、抑郁、过劳等情境之中，张大千的健康状况急剧恶化。

1983年3月，《张大千书画集》第四集在台北刚刚出版，张大千就支撑着病弱的身体忙着在此书上一一题字，以分赠给在大陆的故交与学生。家人和护士曾加以劝阻，但他说："此时不写，以后便再无机会了！"可当张大千勉力题写到第 13 册时只感到眼前发黑，胸中一阵剧痛，他手中的毛笔砰然脱落，身子突然倒下……

从此，张大千再也没有能够站起来。

就这样，张大千将自己最后的一捧心血与深情绝笔赠给了大陆故人。

1983 年 4 月 2 日上午 8 时 15 分，张大千昏迷了长达 20 多天后，终因抢救无效，病逝于台北荣民总医院，享年 85 岁。

7. 挂梦栖魂含笑归来

张大千为国家、为民族、为中华文化艺术、为人类文明进步，创造了辉煌的业绩。他带着满身的荣誉，也带着深深的痛苦，终于撒手去了，永远去了。

他用自己耿耿的丹心和勤奋的双手为世人和历史留下了他永远光辉的艺术，也留下了一个永远光辉的名字——张大千。

张大千的逝世震惊了世界艺坛。全世界的报纸、广播、电视纷纷发布了有关的消息、报道、评论，沉痛悼念这位国际艺术大师。

海峡两岸的人们对于这位中华民族优秀儿子的去世更是两岸同悲，相对挥泪，齐声哀悼，共同纪念。

在北京的杨宛君听见这个噩耗，悲痛得几乎昏死过去。她大哭着说："大千，大千，你是给累死的，是给累死的呀！"

而在台湾则又有无数人说："张大千太想家了！除了太累以外，他实际是得了最严重的'乡思病'，给恋死的，愁死的！"

张大千一生爱国怀乡。这是他临逝之前，
为家乡四川省内江市的《内江市志》题
字，饱含了他对故乡的无限深情

　　张大千逝世以后，根据他留下的遗嘱，他所有的一切，包括他占地广阔、布置典雅、富丽堂皇的"摩耶精舍"的全部房产、地产、盆景、摆设、花木、珍禽、异兽等，还有他平生所珍藏的所有古代名人书画、文物等，甚至于他的文房四宝和全部个人用品，都毫不保留地全部捐赠给了公家（现归属于台北故宫博物院）。而他留给自己妻子和子女们的仅仅只有他的自作书画。可后来清点其遗产时才发现，他自作书画留存下来的数量极少，遗属们实际上每人还分不到一幅。

　　面对此情，台湾的众多媒体一致惊呼："大风堂之珍藏涓滴归公！""张大千没有给其家属们留下任何遗产！"

　　由此，海内外舆论纷纷赞扬，张大千做到了真正的大公无私！真正做到了赤条条来、赤条条往！真正做到了捧着一颗心来，不带半根草去！

　　张大千还曾在"遗嘱"中提到，他的所有后事费用全部皆从自己的"遗产"中扣除。可他去世之后，他所有的财产都已捐公，又没给其家属留下任何费用，那他的这笔丧葬费又从何而来呢？再加之，根据张大千的遗愿，其丧事力求简单、朴素，治丧会决定不发讣文，不收花圈、挽联、挽幛，更拒绝收取任何"奠仪（礼金）"，亦即此丧事将没有任何"收入"。那这笔丧葬费用又将怎么办？

　　最后，还是四川同乡兼"老长兄"张群出面解囊相助。他从自己的积蓄中先后拿出了 77 万元新台币，蒋经国先生也拿出了 10 万元新台币，合在一起，这才把张大千的丧事给隆重办完。

　　张大千把什么都考虑到了，唯独没有考虑到他自己，也没有考虑到他的家属。

　　正因如此，在张大千逝后不久，台湾方面即做出决定：为了纪念这位中华民族的杰出儿子和中国绘画的一代宗师，为了表彰张大千的高风亮节，决定把他捐出的台北"摩耶精舍"特辟作"张大千先生纪念馆"，以供各界人士瞻仰、参观、纪念。

几乎与此同时，张大千的家乡——四川省内江市的父老乡亲们也做出了决定：要在内江修建起一座"张大千纪念馆"，以表达桑梓人民对于自己优秀子女的尊敬与怀念。

1991 年，在内江市"张大千纪念馆筹备委员会"的请求下，远在台湾的大千老友、历史名人张学良将军饱含感情，欣然为四川内江的"张大千纪念馆"题写了馆名。

1992 年中秋节时，四川内江的"张大千纪念馆"隆重开馆。该馆依山傍水，占地达 30 多亩，修建得古色古香，平凡朴素，庄严肃穆。

乃至如今，在中国的艺坛上，海峡两岸都建有纪念馆的，唯有张大千一人。这是他的荣耀，更是海峡两岸的共识。这两座纪念馆，一个在他的出生地内江的沱江畔，一个在他的去世地台北外双溪，一个临江，一个夹溪，皆具山川风光之胜，环境优美如在画中。虽然这两座纪念馆的距离遥远，中间又有海天阻隔，且其建筑、风格、陈列等也不一样，可说是各有所长，但它们都在衷心地怀念着中国文化史上的这位艺术伟人。

自 1949 年之后，张大千就再也没有能够回到他日思夜想、魂牵梦绕的家乡看看。在外漂泊的 30 多年中，他曾经遥望祖国和故山，相思不尽，热泪涟涟，口口声声吟诵着"海角天涯鬓已霜，挥毫蘸泪写沧桑；五洲行遍犹寻胜，万里归迟总恋乡！""念远怀人更忆家"、"挂梦栖魂我或归"等沉痛诗句。故而他在临逝之前，曾经多次嘱告家人说："以后一定要将我的骨灰运回大

四川内江张大千纪念馆外观。为纪念自己优秀杰出的儿子，张大千的家乡四川省内江市也为他修起了一座纪念馆。乃至迄今，在海峡两岸都建有纪念馆的艺术家，张大千仍还是唯一的一人。这是他的荣耀，更是两岸的共识。如今，海峡两岸的张大千纪念馆已经互相接触，开展了密切的交流

陆！""故土难离，叶落归根。我生不能返故乡，死后也一定要归故土、回大陆！"

这些话语，闻之，人人莫不流泪呜咽，感念心伤。

如今，巴蜀桑梓地的父老乡亲们已经按照自己远方儿子的意愿，替张大千把"家"安好，并热诚期盼着远离故乡的游子能够翩翩含笑归来。

"蜀国曾闻子规鸟，宣城还见杜鹃花；一叫一回肠一断，三春三月忆三巴！"

"横涂竖抹千千幅，墨点无多泪点多；""世间无限丹青手，一片伤心画不成！"

"昔人已骑黄鹤去，此地空余黄鹤楼；黄鹤一去不复返，白云千载空悠悠！"

俱往矣，往事如同秋山梦，一寸相思一寸灰。遗恨绵绵终有尽，骑风驾鹤笑归来！

夙愿何日偿？携家还乡忙。相思几时休？梦里回神州！

呜呼，国画大师张大千先生，魂兮归来吧！

蜀山幽居（1967 年作于巴西圣保罗八德园）

彩墨荷花（1968 年作于巴西圣保罗八德园）

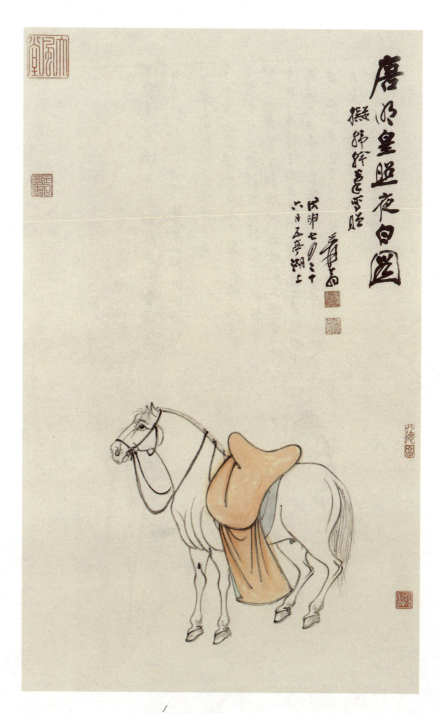

唐明皇照夜白图（拟唐代韩干　1968 年作于巴西圣保罗八德园）

十載寒名滿京華 白眼把臂都云云
銅琶鐵板歌話賞 坡公蘇仙逝稼軒

三十年來即問庚孫派名棄
李東原先生恨少為凡亡蓋六月歸國以目
官實秋紹介於時合北抵此李壬歲為壬
歌廻遠津笃主郎碟砂瘾語劇且錄青以壯
于新已屬寄三巳五歲湖州病瘋三月始小
廖隅眾於奔因至蘇辛兩亡滬堂壽一志釘停
單山為念乎諫于健用暨床弦洞妻心
五十九年壽庚戌十二月初心
東原兄弟心西曰

苏东坡辛弃疾二公画像（1970 年作）

云山幽居（泼墨泼彩　1973 年作）

一枝独秀（1976 年作于台湾）

岭上踏云图（1976 年作于台湾）

看花堕泪倍思家（1976 年作于台湾）

溪山观瀑图（1977 年作于台北）

涉翠山庄图（1978 年作于台北）

江山帆影（1978 年作于台湾）

泼墨荷花（1978 年作于台北）

罗浮白鹤观（贺陈立夫八十大寿　1979 年作于台湾）

书法·五言楹联（1979 年作于台湾）

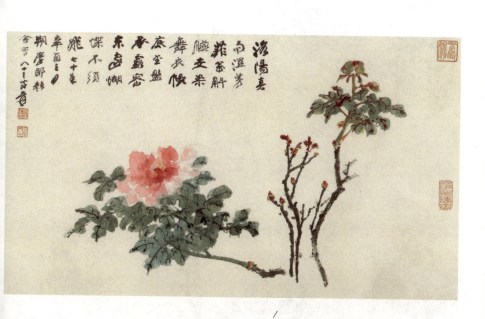

忆河南洛阳牡丹（1981 年作于台北摩耶精舍）

清水出芙蓉（1982 年作于台北摩耶精舍）

后记

改革开放以来，随着人们思想的不断解放，关于国画大师张大千先生的各种文章、专著、画册、画展等已是越来越多。而被徐悲鸿先生尊称为"五百年来第一人"的张大千，不仅已经进入了中国美术史的许许多多权威理论文章、著作、辞典、画册等，而且张大千的作品多年来亦已成了中外书画市场价格的"领头羊"，当下更是成了国际艺术品市场的"龙头股"和收藏机构、收藏家们的"抢手货"，并被国内外的业内人士称为是研究与预测中国大陆乃至全球艺术品市场趋势之"风向标"。与此同时，中国美术界、学术界、新闻界等社会各界均已形成一个共识："张大千是中华民族的骄傲，是中国文化的杰出代表！他不仅是属于中国的，他更是属于全世界的！"这表明，中国及海外的各界人士与广大民众对于张大千的艺术都极其喜爱、非常重视、广为推崇。

与这种局面相互呼应并互为因果的是，当下的广袤神州，在无数热心人士的积极努力下，大大小小、各种名称的张大千艺术研究会、学术会、书画会、创作会、研究院、创研中心等民间书画团体和艺术研究机构等也已如雨后春笋般到处建立，并纷纷举办了各种规模的展览、纪念、研讨、论坛、讲座、出版等活动，以深切纪念艺坛宗师张大千先生，大力宣扬他的以爱国主义为核心的民族精神和以开拓创新为核心的时代精神，并努力学习、继承、发扬张大千的优秀艺术，以弘扬民族文化，推动我国文化艺术的大发展、大繁荣，从而为中国文化走向世界与中华民族伟大复兴做出我们每个人都应该有的一点贡献。

因而，曾有无数人说，当今世界已经出现了一股"张大千热"。

就在中国文化建设喜逢春雨的这种从未有过的大好形势下，由四川省社会科学界联合会、四川省教育厅于 2007 年联合批准成立的"四川张大千研究中心"也早已挂牌运行多年了。这个研究中心，迄今仍是海内外唯一的一所由官方专门设置的张大千研究学术机构。该中心还是经四川省社科联、四川省教育厅联合批准的首批"四川省哲学社会科学重点研究基地"暨"四川省教育厅人文社会科学重点研究基地"之一。这十分突出而又非常鲜明地表明了，天府的各界人士对于中华民族的优秀儿子——著名世界顶尖级四川籍中国画大师张大千先生的尊敬、喜爱、自豪与重视。故而，本书能够成为四川张大千研究中心正式成立后的第一项重点研究课题（"四川张大千研究中心重点科研项目 ZDQ2008－01 号"），作为本书作者的我，自然是感到莫大荣幸！

此处需要说明的是，本科研课题的项目原名为《张大千画传》。但出版时，出版社为了统一安排，特将此书改名为《张大千传》。

这里还须指出的是，本书在写作前及写作中曾得到了张大千先生的女儿张心庆老师和张大千先生的儿子——曾荣获甘肃省第一届最高音乐奖"黄钟奖"（终身荣誉奖）的甘肃省音乐家协会顾问张枭（心玉）老师的大力支持；并得到了大风堂许多入室高足弟子——如北京著名的书画家张正雍老师、四川著名的书画家龙国屏老师与王永年老师、江苏著名的书画家谢伯子老师等许多老师的热情鼓励和大力支持。张正雍老师还在百忙之中亲自写了长信给我，深情鼓舞，勉励有加，这使我非常感激。

本书在写作过程中，还得到了上海名家艺术研究协会会长兼上海张大千研究会执行会长、著名鉴藏家曹公度先生，上海著名书画家兼鉴藏家马燮文先生，江苏常州谢伯子画廊负责人谢建新先生，北京著名张大千研究专家包立民先生，四川著名张大千研究专家、书画家兼鉴藏家杨诗云先生、范汝愚先生、刘振宇先生等许多先生的热情支持。

这里要特别指出的是，本书还得到了我国著名的张大千研究专家、张大千书画鉴藏家兼艺术品市场评论家程恩嵘先生与王世华先生的鼎力支持。他们为本书付出了极大的热情与辛劳，这使我更是十分感动和感谢。另外，全国各地的许多著名书画收藏家们，他们对本书也是积极相助。

因此，正是有了上述的这许多老师、先生、朋友的热情鼓励、积极支持、大力帮助，才使本书得以胜利完成，也才使张大千先生以前许多鲜为人知的重要历史照片以及他更多的各种各样的重要精美作品能够在本书中头一次公开同读者见面，以便读者能够更加真实、直观、形象、生动、清楚地了解到张大千一生的奋斗经过和艺术历程。阅览本书的文字与图片，读者们不仅能得到一次非常精彩的对于中国博大精深、源远流长的优秀传统书画文化艺术的欣赏与享受，而且还能够知晓和领悟张大千是如何从一个普通的农村放牛娃逐步成长为一位世界顶尖级艺术大师的成功奥秘。张大千并不是一出道就惊天动地、光芒万丈、星射斗牛，而是依靠他一步步脚踏实地的勤奋努力，依靠他日夜手不释卷、脚不停步、笔耕不辍的大量实践、刻苦钻研与千锤百炼，才使他得以克服一个个的困难、坎坷甚至磨难，闯过一道道的激流、暗礁乃至险滩，终于攀登上了一座座风光无限的艺术峰巅。张大千的成功之路，符合古今中外艺术发展的客观规律。他的艺术也是经过了从低级到高级，从摹仿到创作，从简单到复杂，从浅显到深入，从生疏到成熟，从精炼到升华，从写景到写情、写心，等等，是经历了一个由初出茅庐到炉火纯青的漫长岁月，是走过了一条目标明确、锲而不舍、不懈奋斗的艰辛历程。张大千是一个经过了苦苦的、一点一滴与日积月累的长期"修行"，才变成了一位荣登仙境、位列仙班的得道"和尚"，并不是那种轻而易举、一蹴而就、顿悟成佛的"幸运儿"。

另外，本书在出版过程中，中国青年出版社的编审王斌俊先生对此书也很重视与关心；本书的责任编辑叶施水先生为编辑好此书，付出了大量的劳动和心血，这些使我非常感谢。

所以，一书之成，绝非只是作者一人之功，而是许多人共同努力的辛劳结果，是大家精诚合作的璀璨结晶。

在此，本人谨向以上的老师、先生、朋友，表示我最衷心的热烈谢忱！

李永翘

于成都市百花潭畔
四川省社会科学院

（京）新登字083号

图书在版编目（CIP）数据

张大千传 / 李永翘著. –北京：中国青年出版社，2014.1
ISBN 978-7-5153-0764-0

I. ①张… II. ①李… III. ①张大千（1899～1983）–传记
IV. ①K825.72
中国版本图书馆 CIP数据核字（2014）第023174号

责任编辑：叶施水
装帧设计：瞿中华

出版发行：中国青年出版社
社　　址：北京东四十二条21号
邮　　编：100708
网　　址：www.cyp.com.cn
邮　　箱：shishuiye@sina.com
营销中心：010-57350370
编辑电话：010-57350406
印　　刷：北京富诚彩色印刷有限公司
经　　销：新华书店
规　　格：880×1230　1/32
印　　张：15.25
字　　数：340千字
印　　数：7001-10000册
版　　次：2014年8月北京第1版
印　　次：2019年4月北京第3次印刷
定　　价：48.00元

本图书如有印装质量问题，请凭购书发票与质检部联系调换 联系电话：010-57350337